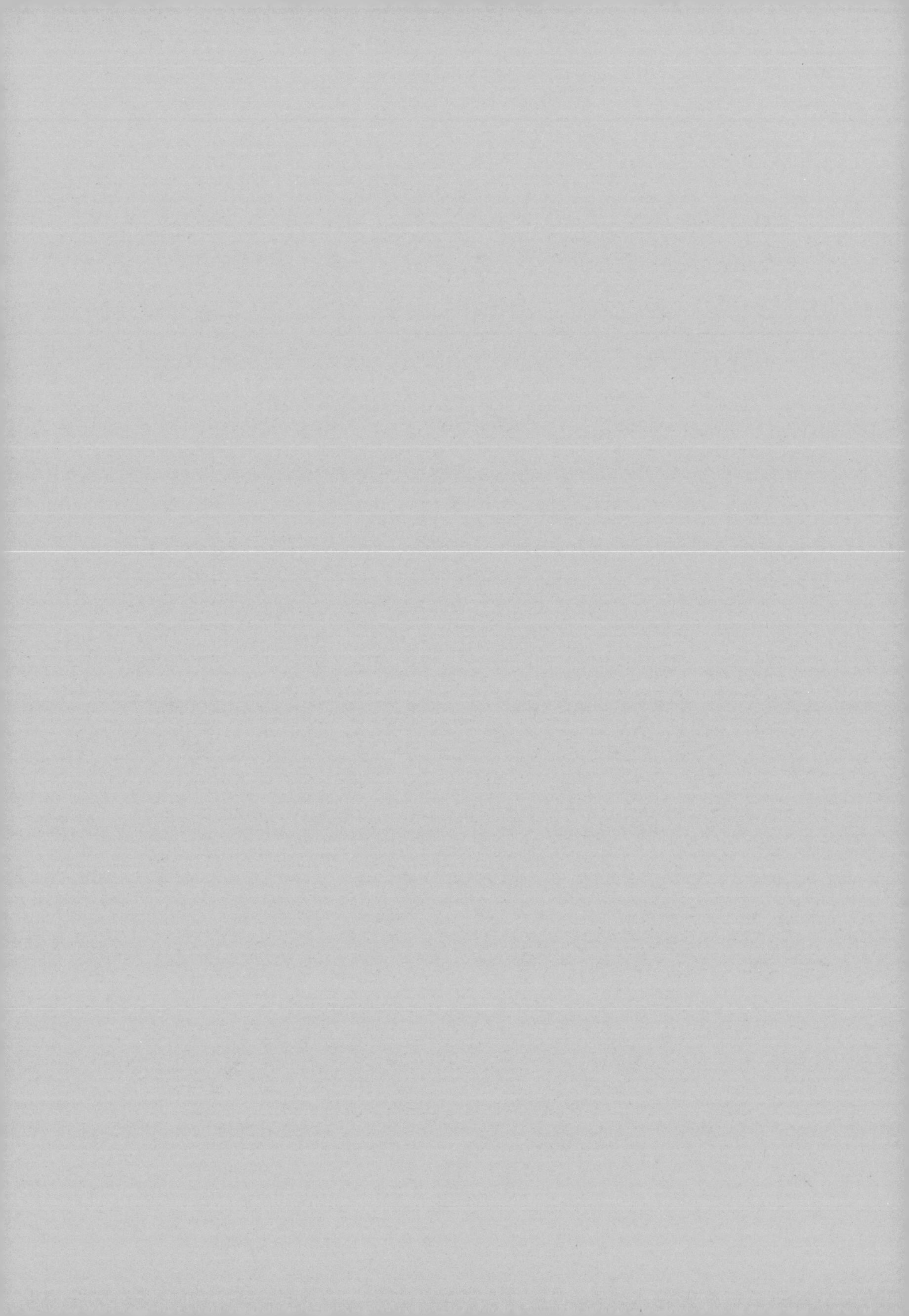

역사로 여는

과학문화유산 답사기 1

조선 왕릉 편

역사로 여는

과학문화유산 답사기

1

조선 왕릉 편

이종호 글 · 사진

북카라반
CARAVAN

들어가는 말

500년 이상 이어진 한 왕조의 왕릉이 거의 훼손 없이 남아 있는 예는 세계적으로 조선 왕릉이 유일하다. 조선 왕릉은 무려 42기나 된다. 태조 이래 왕위를 공식적으로 이어받은 사람은 27명에 불과하지만, 왕후와 왕위에 오르지 못하고 사망했어도 사후 추존된 왕과 왕비의 무덤도 왕릉으로 인정했기 때문이다.

문화재청은 42기의 왕릉 중 북한 개성에 있는 제릉과 후릉을 제외한 40기를 2008년 유네스코 세계 문화유산으로 등재 신청했고 단 1년 만에 유네스코의 엄격한 심사를 통과했다.

2009년 6월 동구릉, 광릉, 태릉 등 왕릉 40기가 일괄적으로 세계 문화유산으로 등재된 것은 조선 왕릉이 얼마나 세계적으로 중요성을 인정받고 있는지 알려주는 증거이기도 하다. 국제기념물유적협의회ICOMOS는 왕릉 40기 전체

2009년 9월, 중요성을 인정받은 조선 왕릉 40기가 일괄적으로 세계 문화유산에 등재되었다.

를 실사한 후 유네스코 세계 문화유산에 등재되어야 할 가치를 다음과 같이 보고했다.

⊛ 유교 사상과 토착 신앙 등 한국인의 세계관이 반영된 장묘 문화 공간이다.
⊛ 자연 경관을 적절하게 융합한 공간 배치와 빼어난 석물 등 조형 예술적 가치가 뛰어나다.
⊛ 제례 의식 등 무형 유산을 통해 역사의 전통이 이어져오고 있다.
⊛ 왕릉 조성이나 관리, 의례 방법 등을 담은 『국조오례의國朝五禮儀』, 『의궤儀軌』 등 고문서가 풍부하다.
⊛ 전체가 통합적으로 보존 관리되고 있다.

이 책에서 설명하는 조선 왕릉을 선정하는 데는 약간의 기준이 있다. 처음에는 모든 왕릉을 답사하는 것이 아니라 정식 왕으로 등극한 경우를 기본으로 했다. 추존된 왕이나 왕비, 계비는 다루지 않는다는 의도에서였다. 그러나 동구릉이나 서오릉 등 많은 왕릉이 독자적으로 조성되어 있지 않다는 점이 발목을 잡았다. 또한 왕릉 중에서 단릉으로 된 경우는 거의 없으므로 동일 구역 내에 있는 추존 및 왕비, 계비의 왕릉을 함께 다루는 것이 합리적이라고 생각했다.

문제는 이들을 어떻게 매끄럽게 답사하는 일정을 정하는가였다. 산재한 40개 능을 한 틀에 엮는 것이 간단치 않으므로 답사의 편의성을 고려해 이들을 4구역으로 나누었다.

큰 기대를 걸고 왕릉에 도착해 안내도에 따라 홍살문을 거쳐 정자각, 비각 등을 보고 침전으로 올라가면 봉분과 석물이 여러 개 보이

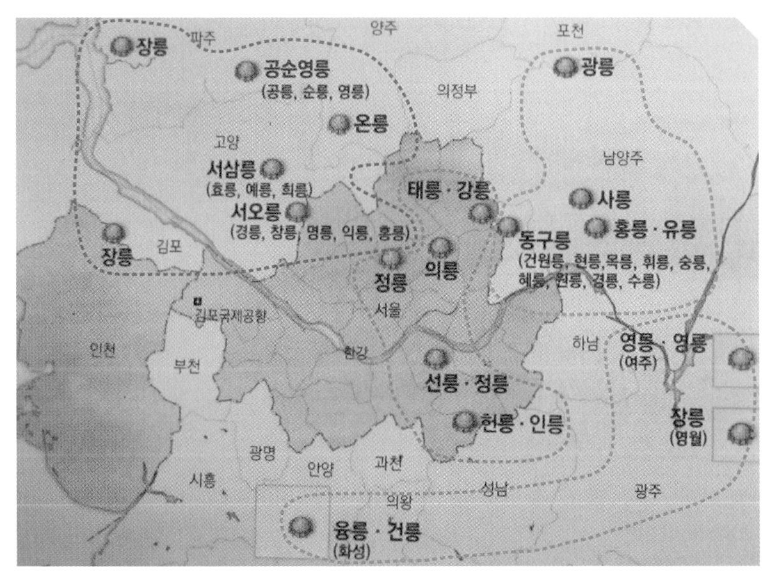

조선 왕릉 분포도. 이 책에서는 답사의 편의성을 고려해 이를 4구역으로 나누었다.

며 낮은 담장이 있는 정도로만 느껴진다. 당연히 몇 개의 능을 본 후에는 지루하게 느껴지기 마련이다.

품격과 계획에 의해 조성된 왕릉을 답사하려면 왕릉의 기본인 상설 제도를 이해하는 것이 중요하다. 상설이란 좁게는 능, 원, 묘 등 각급의 무덤에 설치한 여러 석물을, 좀더 넓히면 산릉도감*에서 능역에 설치한 모든 시설물을 가리킨다. 즉 상설은 병풍석, 난간석, 석수(석호, 석양, 석마), 석상(상석 또는 혼유석으로 불림), 망주석, 장명등, 석인(문인석, 무인석), 정자각, 비각, 수복방, 수라간, 재실 등을 통칭한다.

왕릉에 상설을 설치하는 목적은 후세인들이 누구의 무덤인지 알아보도록 하는 데 있다. 피장자의 일대기를 적은 지문은 땅속 깊이 묻기 때문에 겉에서는 쉽게 알아볼 수 없는 데 비해 상설은 쉽게 피장자

* 산릉도감(山陵都監)
임금이나 왕비의 능을 새로 만들 때 임시로 두던 기관.

■
홍살문 사이로 보이는 참도와 정자각.

의 신분을 분별할 수 있다.

상설이란 단어는 뜻이 넓어져서 능침 자체를 가리키는 용례로도 많이 쓰였다. '마음이 상설에 매달려 있다', '멀리 상설을 바라본다'는 표현이 있는데, 이때 상설이란 능침 자체는 물론 능침에 묻혀 있는 선대의 왕을 가리킨다.

조선 왕릉의 공간은 죽은 자와 산 자가 만나는 정자각을 중심으로 크게 2개로 나눌 수 있다. 첫 번째로 금천교, 재실, 연지 등 진입 공간을 지나 홍살문, 정자각과 참배도(향도, 어도), 수복방, 수라청이 배치된 곳은 왕의 혼백과 참배자가 만나는 제향 공간이며, 두 번째로 언덕 위 봉분을 중심으로 곡장과 석물이 조성된 곳은 죽은 자를 위한 성역인 능침 공간이다.

왕릉에서 제일 먼저 만나는 것은 돌다리인 금천교다. 이는 왕의 혼령이 머무는 신성한 영역으로 현세와 속세를 구분해준다. 금천교를 지나면 능원이 신성한 구역임을 표시하는 커다란 문이 있다. 붉은 석간주 칠을 한 신문神門인 홍살문은 둥근 기둥 두 개를 세우고 위에 지붕 없이 화살 모양의 나무를 나란히 세운 형태로, 중앙에는 삼 태극무늬가 있다. 홍살문 오른쪽에는 제례의 시작을 알리는 가로세로 약 1.8미터 정도의 네모난 배위가 있다. 여기에서 혼백을 부르며 4배한다.

홍살문 앞에서 정면의 정자각까지 얇은 돌을 깔아 만든 긴 돌길이 이어진다. 이 길을 참도라고 한다. 참도는 혼령이 이용하는 신도(향도)와 참배자(왕 또는 제관)가 이용하는 어도로 구분된다. 좌측의 신도가 능의 주인인 신이 다니는 길로 우측의 어도보다 약 10센티미터 정도 높고 넓다. 홍살문에서 정자각까지의 직선거리는 대략 90미터이나 능마다 차이가 있다.

참도는 정자각 월대* 앞에서 오른쪽으로 꺾어 월대 동쪽까지 접근하며 이곳에서 계단을 통해 배위청에 오른다. 정자각 계단은 정면에 두지 않고 측면에 만든다. 참배자가 서쪽(왼쪽)을 바라보면서 들어가도록 설계되었기 때문이다. 이는 해가 동쪽(시작과 탄생)에서 떠서 서쪽(끝과 죽음)으로 지는 섭리를 건축물에 활용한 것으로, 동쪽 계단은 신계神階와 어계御階로 2개, 서쪽 계단은 1개다. 올라갈 때는 참배자가 왕의 영혼과 함께하지만 내려올 때는 참배자만 내려온다는 뜻으로 왕의 영혼은 정자각 뒤 문을 통해 봉분으로 간다고 생각했다. 신계는 기본적으로 3단으로 되어 있으며, 양옆에 구름무늬와 삼 태극을 조각한

*** 월대(月臺)**
궁궐의 정전, 묘단, 향교 등 주요 건물 앞에 설치하는 넓은 기단 형식의 대.

석고石鼓(북)가 있는데 진행을 가리킨다. 어계는 배석이 없으며 단순한 장대석 3단 계단이다. 동계를 오를 때는 오른발을 먼저 내디딘다.

동쪽으로 오른 월대는 정전의 기단 폭과 배전의 기단 폭이 일치하는 일반 배전형이 많으며, 기본적으로 3단 장대석*을 쌓았다. 헌관**은 월대에 올라 배위석에서 4배하고 동문을 통해 정청으로 들어간다. 배위청은 앞면 1칸, 측면 2칸이며 배위청에 맞닿은 정청은 앞면 3칸, 측면 2칸으로 배위청보다 단을 10센티미터 정도 높게 조성한다. 이 두 건물이 결합해 정丁자 형태를 갖추므로 정자각이라 한다. 정자각은 일반적으로 맞배지붕이다.

제례를 마친 제관들은 정청 서쪽 문으로 나와 월대 서쪽 어계를 거쳐 내려온 뒤 정자각 북서쪽에서 제례를 끝낸다는 의미로 지방을

*** 장대석(長臺石)**
섬돌 층계나 축대를 쌓는 데 쓰는, 길게 다듬어 만든 돌.

**** 헌관(獻官)**
나라에서 제사를 지낼 때 임시로 임명하던 제관. 큰 제사에서는 임금이 초헌(初獻)을, 왕세자가 아헌(亞獻)을, 영의정이 종헌(終獻)을 하는데, 일반 제사에서는 문무 당상관이 이를 맡아 했다.

■ 정자각 신계는 기본적으로 3단이며 양옆에 구름무늬와 삼태극을 조각한 북이 있다.

불사르고 제물을 예감隷坎에 묻는다. 예감은 약 가로세로 60센티미터, 깊이 30센티미터 정도의 정井자 형태로 나무 뚜껑을 올린다. 조선 왕조 초기 능인 건원릉과 헌릉에는 잔대 형식의 소전대라는 석물이 있었으나 세종부터 소전대 대신 예감으로 대체했다. 그리고 산신에게 제사 지내는 산신석을 능침의 강(사초지 경사면)이 끝나는 정자각 뒤 동북쪽에 세웠는데 규모는 혼유석의 4분의 1 정도다.

정자각 앞쪽 양옆에는 재실에서 준비한 제례 음식을 진설하는 수라청과, 능원을 지키는 사람의 공간인 수복방이 있다. 수라청과 수복방은 참도를 향해 마주하고 있는데, 정면 3칸 측면 1칸 규모이며 맞배지붕이다. 수라청 근처에는 제례 준비를 위한 어정이 있다. 어정의 위치에 따라 수라청 자리를 아래위로 이동하기도 한다.

정자각 좌측(바라보는 방향에서는 우측)에는 비갈* 또는 신도비**를 세우는데 개석(뚜껑돌) 양쪽에 쌍룡을 새긴다. 석비는 이수***와 귀부(거북 모양 받침돌) 위에 비신(비석의 몸체)을 세우는데 앞면은 표석表石, 뒷면은 음기陰記라 한다. 비각의 위치는 능원의 왼쪽 상단부로 학생 시절 달던 명찰의 위치와 비슷하다.[2]

능침까지 올라가는 능역은 기본적으로 잔디(왕릉에서는 사초莎草라고 함)로 조성한다. 정자각 뒤쪽으로 작은 동산 모양의 사초지가 이어지는데 조선 왕릉에서만 볼 수 있는 특징이다. 사초지 위에 오르면 장대석이라 부르는 긴 돌이 단을 지어 놓여 있고, 가장 높은 상계에 능의 주인이 영면한 봉분이 자리한다.

능의 높이는 약 3~4.5미터, 광중 깊이는 약 3미터, 너비는 약 9미터, 길이는 약 8미터이고 지름은 약 6~9미터이며 능상 모양은 반구형

*** 비갈(碑碣)**
비(碑)와 갈(碣)을 아울러 이르는 말. 사적을 후세에 전하기 위해 쇠붙이나 돌에 글자를 새겨 세우는 것으로, 빗돌의 윗머리에 지붕 모양으로 만들어 얹은 것을 '비'라 하고, 그런 것을 얹지 않고 다만 머리 부분을 둥그스름하게 만든 작은 비석을 '갈'이라고 한다.

**** 신도비(神道碑)**
임금이나 종이품 이상의 벼슬아치의 무덤 동남쪽의 큰길가에 세운 석비.

***** 이수(螭首)**
건축물이나 공예품 따위에 뿔 없는 용의 모양을 아로새긴 형상. 비석의 머리, 궁전의 섬돌, 돌기둥에 많이 새긴다.

半球形이다. 반구형은 살림집의 지붕을 모방한 것이고 광중은 살림방을 모방한 것이라 해서 지하 궁전을 의미하는 현궁玄宮이라 부른다. 이에 반해 일반인의 묘소는 음택陰宅 또는 유택幽宅이라 한다. 지석誌石은 사대석 남쪽에서 석상 북쪽 사이에 파서 삼물三物(모래, 황토, 생석회)을 사방과 윗면에 굳게 다져 쌓은 다음 흙으로 메워 묻는다.

일반인은 분상, 봉분, 무덤, 산소라 하지만 왕릉은 능상陵上 또는 산릉山陵이라 한다. 고대 중국에서 제왕을 장사지낼 때 산을 인해 왕릉을 만들어 산릉이라 부른다. 진시황 때는 천자의 무덤을 산이라 했고 한에서는 능이라 했다.

봉분 주변 3면에는 곡장이라는 낮은 돌담이 조성되어 있다. 궁궐에서 담장을 치는 것과 같다. 곡장 안에서 석호와 석양이 봉분을 호위하고, 능침 중에서 가장 중요한 봉분을 병풍석이 둘러싸고, 병풍석 외곽을 난간석이 둘러싼다. 난간석과 병풍석은 초기 조선 왕릉 양식의 특징이었지만 제7대 세조 때부터 병풍석을 생략하고 난간석만 두른 왕릉이 기본 양식이 된다. 추존된 능은 대부분 난간석을 설치하지 않는다.[3]

＊ 죽석(竹石)
돌 난간의 기둥 사이에 동자석을 받쳐서 건너지른 돌.

난간석은 십이각형인데 석주(돌기둥)는 사각기둥이고 죽석*은 원주형을 이루고 있다. 능원 석물로 연꽃 조각이 많이 등장하는데 왕실의 번영과 영원을 강조하려는 의미 때문이다. 연꽃은 물을 정화하는 생태적 특성과 군자라는 상징성도 지니고 있다.[4]

난간석 앞 석양石羊 2좌와 석양 사이에 석호石虎를 동서쪽에 각각 1좌와 북쪽에 2좌씩 담장을 향해 배치한다. 석호는 능을 수호하는 수호신의 의미를 지니며, 석양은 사악한 것을 피하고 죽은 이의 명복을

■
봉문 뒤의 곡장과 봉분을 둘러싼 병풍석과 난간석, 봉분 앞의 혼유석과 장명등, 봉분 양옆의 망주석과 문인석.

기원하는 의미를 담고 있다. 호랑이는 지상의 동물 가운데 가장 용맹하므로 지상 세계 미물의 수호신이고, 석양은 지하의 미물을 지켜주는 영물로 지하 세계 미물의 수호신이라고 해석하기도 한다. 석호는 중국과 베트남의 능에서는 볼 수 없는, 한국만이 가진 수호 조각물이다.[5]

장대석 위 제1단 능상 정면에는 장방형의 석상을 두고 좌우에 망주석을 세운다. 중계단 장대석 위 제 2단 정면 중앙에는 장명등을 세웠다.

장명등은 능침의 중심 시설로 멀리 조산* 또는 안산**에 축을 맞춘다. 장명등은 대부분 모란 · 연꽃무늬인데 영지, 국화 등을 새기기

*** 조산(祖山)**
풍수지리 중 혈(穴)에서 가장 멀리 있는 용의 봉우리.

**** 안산(案山)**
풍수지리에서 집터나 묏자리의 맞은편에 있는 산.

* 옥개석(屋蓋石)

석탑이나 석등 따위의 위에 지붕처럼 덮는 돌.

** 상륜(相輪)

불탑의 꼭대기에 있는, 쇠붙이로 된 원기둥 모양의 장식.

도 한다. 장명등은 일반적으로 왕릉과 일품 이상 사대부 묘에만 사용하는데 화사석火舍石(등불을 밝히도록 된 부분)에 사각 창을 뚫고, 옥개석*을 올린 뒤 구슬 장식이 달린 상륜**을 얹었다. 태조에서 순조까지는 사각 창으로 만들었으나 사도세자의 융릉과 정조의 건릉은 원형이다.[6]

장명등 좌우에는 관복을 입은 문인석 1쌍 또는 2쌍을 대립하게 하고, 문인석의 뒤나 옆에는 각각 석마 1좌를 세우며, 하계단인 제3단 좌우 문인석 앞에는 무인석 1쌍 또는 2쌍과 석마를 각각 1좌씩 세운다. 문치주의를 내세웠던 조선 왕조 특성상 문인석을 무인석보다 한 단 높은 중계에 설치했다.

문인석은 관대를 착용하고 홀을 쥐고 있는 형상이다. 홀은 관원들이 조복, 제복, 공복을 입고 두 손에 쥐는 작은 판으로 옥이나 상아, 괴목으로 만들어 왕의 교명이나 전할 말을 써서 잊지 않게 하려는 기구였으나 후세에는 단순한 의례용 장식이 되었다. 무인석은 대체로 사람 키보다 훨씬 크므로 무인이라는 것을 한눈에 알 수 있다.

가장 큰 문·무인석은 철종의 예릉, 장경왕후의 희릉에 있는 3미터 이상의 석상이다. 비교적 조선 후대에 속하는 철종의 능 석물이 크게 만들어진 이유는 흥선대원군이 왕권 강화를 꿈꾸며 예릉을 위엄있게 꾸몄기 때문으로 추정한다. 석인을 설치하는 습속은 전한 때부터 시작되었다고 한다. 한국에서는 당의 영향을 받아 통일 신라 초기에 시작되었고, 고려 초기부터 더욱 활발하게 세워졌다.

석상의 좌우에 각각 1좌씩 설치하는 망주석은 상단에 둥근 머리를 만들고 운두雲頭(구름 머리)를 새기며, 아래에는 염의簾衣(구슬발)를 새긴다. 그 아래는 팔각형 형태의 상층과 하층을 만들며 중간에 허리를 만든다. 망주석은 남성의 상징을 모방한 형태로 자손이 번창하라는 의미로 추정하며 일반인의 묘소에도 세운다. 멀리서도 쉽게 알아보기 위한 용도로 생각된다.

망주석은 자손이 번창하라는 의미를 담고 있으며 일반인의 묘소에도 세운다.

왕릉의 좌향을 동, 서, 남, 북으로 구분해볼 때 북향으로 쓴 능은 전혀 없으며 동향 10기, 서향 10기, 남향 33기 등 모두 53기다.[7] 중국 황릉의 경우 능원의 문에서 정전까지 이르는 신도 양측에 석수를 마주보게 일렬로 세우는데, 조선에서는 석수를 능침 공간에 수호하는 형태로 외향해 놓았다. 이는 중국의 묘제 중 제후의 제도를 따르면서도 조선만의 독창성이 가미된 것이다. 또한 고종과 순종은 대한제국 황제라 칭했으므로 석수가 중국 황제의 능제에 따라 신도 양측에 배치되었다.[8] ❖

들어가는 말 • 5

제1구역

一步. 동구릉

건원릉 태조 이성계 • 24
북한에서 가져온 흙과 억새풀

현릉 문종과 현덕왕후 • 38
소나무 사이로 마주보는 왕과 왕비

목릉 선조와 의인왕후 · 인목왕후 • 47
뻗고, 꺾이고, 층진 길

숭릉 현종과 명성왕후 • 54
17세기 정자각은 어떻게 생겼을까

원릉 영조와 정순왕후 • 61
호랑이인가, 도마뱀인가, 다람쥐인가
〈왕과 왕비의 나이 차가 51세?〉 • 69

휘릉 장렬왕후 • 73
잡상과 '어처구니없다'의 관계는?

혜릉 단의왕후 • 78
웃고 있는 무인석, 못마땅한 문인석

경릉 헌종과 효현왕후 · 효정왕후 • 82
세 개의 능을 지키는 태극 전사

수릉 문조와 신정왕후 •87
왼쪽 세호는 내려가고, 오른쪽 세호는 올라간다

二步. 홍유릉

홍릉 고종과 명성황후 •94
나는 황제로소이다

유릉 순종과 순명효왕후 · 순정효왕후 •101
흉지와 구설수를 넘어서

三步. 사릉

사릉 정순왕후 •108
죽어서도 단종을 보고 싶다

四步. 광릉

광릉 세조와 정희왕후 •118
5,170종의 생물이 사는 곳

제2구역

一步. 서오릉

명릉 숙종과 인현왕후 · 인원왕후 •136
장희빈의 묘는 어떤 모습일까

경릉 덕종과 소혜왕후 •144
여인 천하, 인수대비 천하

창릉 예종과 안순왕후 •152
청룡이 높고 백호가 낮은 땅

익릉 인경왕후 •159
균형감과 정교함을 갖춘 꽃무늬

홍릉 정성왕후 •164
텅 빈 왕의 유택

二步. 서삼릉

예릉 철종과 철인왕후 •170
왕릉의 석물도 재사용한다?

희릉 장경왕후 •176
단명한 왕후, 웅장한 왕릉

효릉 인종과 인성왕후 • 180
조선 왕실의 묘가 모였다
〈동물 머리에 사람의 몸, 십이지 신상〉 • 188

三步. 공순영릉

순릉 공혜왕후 • 192
성종의 예술 감각을 엿보다

공릉 장순왕후 • 195
정자각이 하늘에 떠 있다?

영릉 진종과 효순왕후 • 198
최고의 명필, 정조의 능표석

四步. 온릉

온릉 단경왕후 • 203
잊혀진 여인의 쓸쓸한 묘
〈왕의 모습을 기리다, 기신제〉 • 209

五步. 파주 장릉

파주 장릉 인조와 인열왕후 • 213
17세기와 18세기가 공존한다

六步. 김포 장릉

김포 장릉 원종과 인헌왕후 • 222
뽕나무에 깃든 부모의 영혼

제3구역

一步. 태강릉

태릉 문정왕후 • 232
조선의 측천무후가 잠든 곳

강릉 명종과 인순왕후 • 238
비공개에서 공개로, 모습을 드러내다

二步. 의릉

의릉 경종과 선의왕후 • 247
홍살문 앞에 명당수가 흐른다

三步. 헌인릉

헌릉 태종과 원경왕후 •256
세종의 효심이 깃든 곳

인릉 순조와 순원왕후 •264
석양과 석마, 석인이 살아 있다

〈조선 왕조 묘호의 비밀〉 •272

四步. 선정릉

선릉 성종과 정현왕후 •280
왜 화재와 도굴이 끊이지 않을까

정릉 중종 •285
석상의 코를 먹으면 아들을 낳는다?

〈조선 왕릉, 도굴과의 전쟁〉 •297

五步. 정릉

정릉 신덕왕후 •301
ㄱ자로 꺾인 참도, 입구부터 다르다

제4구역

一步. 영녕릉

영릉 세종과 소헌왕후 •312
최고의 왕, 천하의 명당

〈연이 떨어지는 자리, 연주리〉 •318

영릉 효종과 인선왕후 •324
15년 내내 수리해야 했던 왕릉

二步. 장릉

장릉 단종 •334
비운의 왕, 오지에서 눈을 감다

三步. 융건릉

융릉 장조와 현경왕후 •344
아름다움이 사도세자를 위로할지니

건릉 정조와 효의왕후 •356
여의주를 문 용을 만나다

주 •364

제1구역

동구릉

•

홍유릉

•

사릉

•

광릉

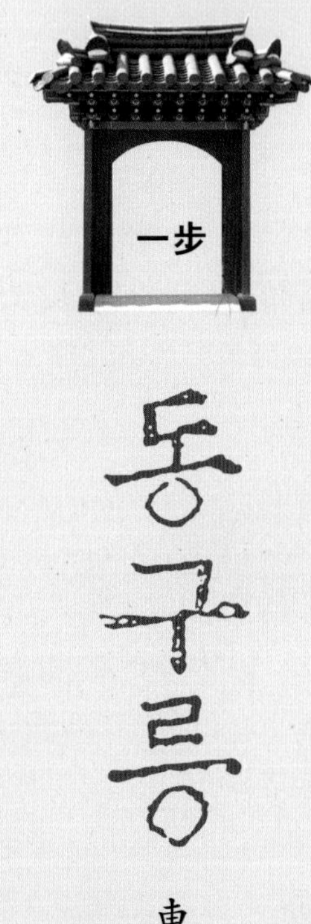

東九陵

제1구역에는 서울시 동북쪽에 있는 동구릉, 홍유릉, 사릉, 광릉을 포함해 13개의 능이 있다. 이 중 동구릉에는 9개의 능이 있어 조선 왕조 42개의 능의 20퍼센트가 포함될 정도로 비중이 남다르다. 동구릉은 구리시 인창동 검암산 자락에 자리 잡고 있으며 9개의 능에 17위에 달하는 조선의 왕과 왕비 유택이 있는 가족묘로 총 면적이 191만 5,890제곱미터나 된다.

동구릉은 조선을 창건한 태조 이성계가 사망하자 태종의 명으로 능지가 정해진 곳이지만, 이후 16기나 되는 유택이 추가되었으므로 조선 왕조 전 시기에 걸쳐 조성되었다고 볼 수 있다. 자리에 대해서는 태조가 생전에 무학대사에게 자신과 후손이 함께 묻힐 장소를 택하게 했다는 설도 있지만 사료에는 9개의 능 각각 길지를 물색하다가 이곳에 정착했다고 적혀 있다. 동구릉이라는 이름 또한 문조의 수릉이 아홉 번째로 들어앉은 이후 정해진 것으로 이전에는 동오릉, 동칠릉이라고 불렀다.

동구릉은 조선 왕조 500년의 부침을 한눈에 볼 수 있는 문화유산인데다 교통이 편리해 가족 단위의 소풍객은 물론 학생들도 수학여행지로 많이 찾는다. 정문을 들어서면 곧바로 다른 왕릉과 다르다는 것을 알 수 있다. 정문에서 몇 걸음 걷지 않아도 홍살문이 보이기 때문이다. 홍살문은 왕릉의 들머리임을 알려주는 건축적 장치로 몸과 마음을 엄숙히 하고 경건한 예를 갖추라는 의도로 세워졌다. 동구릉에는 입구의 홍살문 외에도 약간 작은 규모의 홍살문이 왕릉마다 설치되어 있다.

어떤 왕릉부터 답사해야 하는지는 어렵지 않다. 홍살문을 지나 좌우로 두 길이 있는데 우측 길은 재실을 거쳐 수릉, 현릉, 건원릉, 목릉, 휘릉, 원릉, 경릉, 혜릉, 숭릉 순이며 좌측 길은 이와 반대 코스다. 하지만 설명은 매장된 인물의 연대순으로 한다. 9개의 왕릉이 답사로 순서로 조성된 것이 아니기 때문이다. 일반 왕릉은 오전 9시부터 개장하지만 동구릉은 오전 6시부터 오후 5시 30분이나 6시 30분까지 개장한다.

건원릉

健元陵

태조 이성계

조선에서 가장 중요한 왕릉은 태조 이성계(1335~1408)의 건원릉이다. 이성계가 조선을 창건하지 않았다면 조선 왕릉 자체가 존재하지 않을 것이기 때문이다.

이성계는 고려 충숙왕 4년에 태어나 태종 8년에 74세의 나이로 승하했는데 재위한 기간은 1392년부터 1398년까지로 햇수로는 7년, 만으로는 6년 남짓이다.

이성계의 선대는 원이 지배하던 여진족 지역에서 기반을 닦기 시작해, 두만강 또는 덕원 지방의 천호*로서 원에서 벼슬을 했다. 그의 집안이 고려 왕조와 인연을 맺게 된 것은 이성계의 아버지 이자춘 때

* 천호(千戶)
조선 시대에 조운선(漕運船) 20척 또는 30척을 거느리던 조졸(漕卒)의 우두머리. 해운판관의 추천으로 호조에서 임명했다.

부터다. 원의 총관부가 있던 쌍성 천호 이자춘은 공민왕 5년(1356) 고려 군이 쌍성총관부를 공격할 때 내응해 원 세력을 몰아내는 데 큰 공을 세웠는데 이때 이성계도 도왔다. 그리고 이자춘의 뒤를 이어 이성계가 직위를 이어받으며 동북면의 실력자로 부상했다. 이성계는 무예에 출중했으며 특히 활 솜씨는 신궁으로 불렸다. 실록에는 신기에 가까운 태조의 활 솜씨를 소개하는 대목이 곳곳에서 발견된다.

고려 말 이성계의 활약은 익히 알려져 있는 것처럼 화려하다. 홍건적이 개경을 함락하자 사병 2,000명으로 수도를 탈환한 후 제일 먼저 입성했다. 또한 전국 각지를 노략질하던 왜구를 격퇴하고 황산대첩을 승리로 이끄는 등 불패 신화를 만들면서 차츰 백성에게 신망을 얻게 된다.

■ 이성계는 위화도 회군으로 정치적 · 군사적 실권자가 된 뒤 1392년 조선이라는 새로운 왕국을 개창했다(전주 어진박물관 소장).

이성계가 새로운 왕조를 개창할 수 있는 직접적 기반을 만든 사건은 우왕 14년(1388)의 위화도 회군인데 정황이 다소 복잡하다. 당시 고려가 당면한 문제는 외교 정책을 둘러싼 국론의 분열이었다. 중국 대륙의 원 · 명 교체기를 맞아 공민왕은 친명 정책을 실시했지만 그의 사후 우왕은 친명 정책을 배격하고 친원 정책을 수립했다. 하지만 이성계는 이를 극렬히 반대했다.[9]

그러자 명은 사신 살해 사건, 공민왕의 시역 사건을 트집 잡고 우

✱ 공출(供出)
국민이 국가의 수요에 따라 농업 생산물이나 기물 따위를 의무적으로 정부에 내어놓음.

왕의 왕위 계승을 인정하지 않으며 말의 공출*을 강요했다. 그러다 우왕 14년(1388), 쌍성총관부 지역의 철령위 설치 문제로 명과 고려의 관계가 극도로 악화되었다. 최영은 명의 통고에 분개하면서 요동 정벌을 꾀했고 우왕도 여기에 동조했다. 급기야 고려는 요동을 정벌하기 위해 이성계를 우군도통사로 임명하고 조민수와 함께 정벌군을 거느리고 위화도를 거쳐 명을 공격하도록 명령했다. 그런데 이성계는 압록강 물이 불어나 강을 건너기 어렵게 되자 진군을 중단하고 14일간 머물면서 조민수와 상의해 아래와 같은 '4불가론'을 제기했다. 요동 정벌을 중단하고 철병해야 한다는 것이었다.

※ 작은 나라가 큰 나라를 거스르는 것은 옳지 않음.

※ 여름철에 군사를 동원하는 것은 옳지 않음.

※ 온 나라의 병사를 동원해 원정하면 왜적이 허술한 틈을 타서 침범할 염려가 있음.

※ 무덥고 비가 많이 오는 시기이므로 활의 아교가 풀어지고 병사들도 전염병에 시달릴 염려가 있음.

고려의 우왕과 최영은 이성계의 철군 요청을 허락하지 않고 도리어 속히 진군하라는 명령을 내렸다. 그러자 이성계와 조민수는 회군을 결행한 후 개경을 함락하고 우왕과 최영을 사로잡았다. 이후 이성계는 최영을 제거하고 우왕을 폐위한 후 창왕을 옹립해 정치적 · 군사적 실권자가 된 후 1392년에 새로운 왕조를 개창했다.

일부 학자는 고려의 멸망과 조선의 건국은 위화도 회군이 분기점이며 위화도 회군의 직접적인 원인이 장마였다는 사실을 근거로 조선은 장맛비 덕분에 건국된 나라라고 주장하기도 한다. 이성계가 정권을 찬탈할 목적으로 장마를 명분으로 삼았을 개연성이 있다는 설명인데, 회군한다는 소문이 진중에 돌았다는 기록을 보면 이성계의 모반은 보다 오래전부터 준비되었다고 볼 수 있다.

그러나 당대의 기상을 면밀히 검토한 학자들은 이성계의 주장, 즉 기상이 나빴다는 데는 동조한다. 이유는 첫째, 이성계가 처음부터 회군을 계획했다면 회군의 필요성을 여러 번 상소할 이유가 없다는 것이다. 둘째, 이성계가 회군한다는 소문을 듣고 당시 군 위계로 볼 때 대등한 관계였던 조민수가 그를 찾아갔다는 사실이다. 회군할 의도가 처음부터 있었다면 대등한 군사력을 갖고 있는 조민수를 미리 포섭하거나 처단하는 것이 기본이다. 셋째, 출정하는 이성계가 가족을 여전히 우왕의 근처에 두고 있었다는 점이다. 우왕은 이성계를 전혀 의심하지 않았으므로 회군 소식을 듣고도 가족을 감금하지 않았고 그들이 도망간 사실도 나중에 알았다. 즉 이성계가 처음부터 모반을 꾀할 생각이 있었다면 가족을 사전에 피신시켰을 터인데 그렇지 않았다는 것은 위화도 회군이 돌발 상황이라는 것을 말해준다. 넷째, 우왕을 급히 추격하자는 측근의 충동을 이성계가 거절했다는 점이다. 이는 이성계가 우왕에 대한 적개심이 크지 않았다는 것을 의미한다. 즉 상황 자체만 본다면 당시의 기상 여건 등을 볼 때 부득이 회군했다는 설명이다.

세계사적 사건을 보면 에스파냐 무적함대의 패배, 미국의 독립, 나폴레옹의 워털루 전투에서의 패배, 태평양 전쟁의 승패 등에서도 기후가 중요한 변수로 작용했다. 과거부터 위정자들이 천문과 기상

상태를 중요하게 생각한 이유다.[10]

이성계의 신흥 왕조가 고려를 혁파하고 자리 잡을 수 있었던 것은 위화도 회군으로 전권을 장악한 이후 개혁 세력인 신흥 사대부의 후원자가 됨으로써 이들의 구상을 자신의 통치 기반으로 만들었기 때문이다. 이성계는 국가를 개창하자마자 군사 제도, 권력 기구, 지방 통치 체제 전반에 개혁을 단행했고 한양으로 천도했다.[11]

이 과정에서 이방원의 제1·2차에 걸친 왕자의 난이 일어나 태조의 정치적 생명은 중지된다. 그러나 왕위 계승을 둘러싼 내분에도 조선 왕조가 안정적으로 지속될 수 있었던 이유는 고려 왕실의 권위가 떨어진 데다 조선 왕실이 신흥 사대부 세력과 결합해 성리학을 새로운 국가의 통치 이념으로 표방해 나갔기 때문이다. 태종 이방원이 이성계의 뜻을 거스르고 형제를 살해한 후 정종에 이어 왕위에 오르자 태상왕이 된 태조는 태종에 대한 증오심으로 서울을 떠나 소요산, 함흥 등지에 머무르기도 했다. 태조는 만년에 불도에 정진하다가 태종 8년(1408) 창덕궁 광연루 아래 별전에서 사망했다.

제1대 태조의 능인 건원릉은 기본적으로 조선 왕릉 제도의 정례가 된다. 건원릉은 동구릉에서 가장 깊숙한 중앙에 위치하는데 조선 왕의 능호는 모

건원릉은 고려 왕릉 가운데 가장 잘 정비된 공민왕과 노국공주의 현정릉 제도를 기본으로 조성되었으며 조선 왕릉의 교과서나 마찬가지다.

두 외자인 데 반해 견원릉만 두 자다. 태조의 비는 신의왕후 한 씨, 계비는 신덕왕후(1899년 신덕황후로 추존) 강 씨인데 신의왕후의 묘는 북한에 있고 신덕왕후의 묘는 석관동 정릉에 있다.

* 수릉(壽陵)
임금이 죽기 전에 미리 만들어 두는 무덤.

원래 태조는 계비 신덕왕후와 함께 묻히고자 여러 차례 수릉* 자리를 물색했다. 그리고 신덕왕후가 승하하자 경복궁 서남방인 정릉에 자신의 묏자리를 축조했다. 그러나 태종은 부왕의 유언을 따르지 않고 신덕왕후의 정릉을 도성 밖으로 이장하고 태조의 능을 현재 자리에 조성했다. 태종이 태조의 유언을 지키지 않은 것은 둘 사이의 골이 매우 깊었기 때문이다.

이성계는 조선을 창업하는 데 큰 공헌을 한 이방원보다 신덕왕후가 48세 때 낳은 방석을 남달리 사랑해 세자로 책봉했다. 문제는 이성계가 태종을 『개국공신책록』에서도 제외했다는 점이다. 이에 발끈한 이방원은 제1차 왕자의 난을 일으켜 신덕왕후의 두 아들인 방석과 방번을 살해했다. 태조의 분노는 대단했다. 방원의 행동은 아버지이자 왕인 이성계에게 반기를 든 것이기 때문이다. 하지만 문제는 이성계가 방원을 응징할 수 없었다는 점이다. 그러므로 그는 더 이상 못 볼 것을 보지 않겠다며 곧바로 방과에게 왕위를 물려주고 상왕이 되었다.

이 상황을 저울질한 방원의 넷째 형 방간이 방원의 제거를 목표로 거사를 일으켰으나 여기에서도 승자는 방원이었다. 또한 그 당시 방간의 편에 섰던 박포가 죽는 등 제2차 왕자의 난이 일어나자 방원의 위세에 겁을 낸 정종은 왕위를 그에게 물려주었다.

방원이 왕이 되자마자 이성계는 왕이 되기 전에 살던 함흥부 남쪽 운전사에 있는 본궁으로 거처를 옮기는 등 방원의 즉위를 인정하지 않았다. 이는 출범한 지 얼마 되지 않은 조선 왕조의 미래가 어두웠다는 것을 의미한다.

경위야 어떻든 조선 개창의 주역은 이성계였지 이방원이 아니었으므로 이성계가 이방원을 인정하지 않는다는 것은 누군가에게 왕위를 도전받을 수 있는 빌미였다. 방법은 단 하나, 무슨 수를 써서라도 함흥에 은거해 있는 태조를 자신이 있는 서울로 모셔와야 했다. 그러나 태상왕인 이성계를 강제로 납치해올 수는 없으므로 태조를 움직일 수 있는 인물을 함흥으로 보내 설득해야 했다. 여기에서 한 번 가면 돌아오지 못한다는 함흥차사咸興差使라는 말이 생긴다.

태종은 함흥차사로 태조의 옛 친구인 성석린을 보냈다. 성석린을 만난 이성계는 단도직입적으로 태종의 명으로 자신을 달래려고 온 것이냐고 질문했다. 석린은 "만약 그런 목적으로 왔다면 제 자손은 반드시 눈이 멀어 장님이 될 것입니다"라고 했다. 이 대답을 들은 이성계는 태종 1년(1401) 4월 환궁했지만 그해 다시 수도를 떠났다. 태종은 다음해 1월 다시 성석린을 보내 환궁을 요청했다. 그러나 이성계는 태종에게 죽은 방석과 방번, 그리고 사위인 이제를 추도하기 위해 수도로 돌아갈 수 없다면서 거절했다. 여기에서 분명한 것은 성석린이 두 번이나 함흥차사로 갔는데도 이성계가 그를 죽이지 않았다는 점이다.

함흥차사로 살해된 사람은 판승추부사 박순이다. 그런데 『태종실록』에 의하면 박순은 조사의 난이 일어났을 때 함주의 군중에서 피살되었다고 적혀 있다. 태종 2년(1402) 신덕왕후의 친척이기도 했던 안변부사 조사의가 신덕황후와 방석의 원수를 갚고 태조를 복위한다는 명분으로 군사를 일으키자, 태종은 박순을 보내 이들을 무마하려

했다. 박순은 함흥에 도착해 주군 수령들에게 조사의를 따르지 말라고 설득하다가 피살된다.

정작 함흥차사로 유명한 사람은 무학대사다. 무학대사와 태조는 수십 년 지기인데 무학이 이성계의 함흥 본궁에 머무르면서 자신이 온 이유를 밝히지 않다가 어느 날 태조에게 환궁이 반드시 필요하다는 요지를 이야기한다. 이 말에 설득당한 이성계는 결국 서울로 환궁한다.

"방원이 진실로 죄가 있으나 사랑하는 아들들은 모두 죽고 오로지 방원만이 남았습니다. 만약 이마저 끊어버리면 평생 애써 이룬 왕업은 다른 사람에게 넘어갑니다. 남에게 부탁하는 것보다 혈족에게 주는 것이 자연스러운 일 아닙니까."[12]

이런 이유로 태종은 부친이 잡아놓은 수릉 대신 도성 밖 동북방에 있는 양주의 검암산 아래에 태조릉을 조영했다. 도성 안의 수릉을 옮긴다는 명분을 앞세워 신덕왕후의 능도 옮기기 위해서였다. 이후 태종은 도성 안에는 왕실이나 사가의 무덤을 쓰지 못하게 하고, 도성 4킬로미터 밖에 능역을 조성하도록 했다. 이 제도는 후에 『경국대전』에 법문화되었다. 그래서 지금도 서울의 사대문 안에는 왕릉이나 무덤이 한 기도 없다.[13]

건원릉은 고려 왕릉 가운데 가장 잘 정비된 공민왕과 노국공주의 헌정릉 제도를 기본으로 조성되었으며 조선 왕릉의 교과서나 마찬가지다. 홍살문에서 직선으로 보물 제1741호인 정자각이 보인다. 정자

■ 건원릉 봉분에는 태조의 고향인 함경도 영흥에서 가져온 억새풀이 심어져 있다.

각은 태종 8년(1408) 건원릉과 같이 건립되었고, 그 후 몇 차례 중수* 되었지만 『국조오례의』 중 「길례 단묘도설」과 비교해보면 건립 시의 기본적 틀을 대부분 유지하고 있다. 조선 제1대 태조의 능인 건원릉의 정자각이라는 상징적 의미와, 조선 왕릉 조성 제도에서 정자각의 표준이 된 건물로서의 가치를 인정받아 보물로 지정되었다.

* 중수(重修)
건축물 따위의 낡고 헌 것을 손질하며 고침.

정자각 뒤에 있는 능침의 봉분은 12각의 화강암 병풍석이 둘러싸고 있으며 병풍석의 양쪽 가장자리 우석(귀퉁이 돌)에는 중심에 태극이 그려진 방울 · 방패 무늬가 새겨져 있고 중앙에는 구름무늬 속에 서 있는 십이지 신상의 모습이 보인다. 난간석 밖에는 석호와 석양이 네 마리씩 교대로 밖을 향해 배치되어 있다. 봉분 앞에는 석상이 있는데 석상 밑으로 귀면(귀신의 얼굴)이 새겨진 고석 5개가 보이며 양 옆에 망

주석이 서 있다.[14]

봉분 앞에 놓여 있는 커다란 돌상은 석상, 혼유석 또는 상석이라고 한다. 묘제 지낼 때 제물을 올려놓는 상이다. 엄밀하게 따지면 석상과 혼유석은 다른 것으로 석상이 밥상이라면 혼유석은 깔고 앉는 방석이다. 혼유석 밑에 석실로 연결되는 통로가 숨어 있으므로 혼유석은 '지하의 밀실'을 봉인한 문이라고 볼 수 있다. 그러므로 혼유석은 봉분과 석상 사이에 위치한다. 고석에 새겨진 귀면이 문고리를 물고 있는 것은 이런 연유다.

왕릉의 석상을 혼유석이라고 부르는 이유는 왕릉 앞에 정자각이 있기 때문이다. 일반인의 무덤에서는 석상에 음식을 차려놓고 제사를 올리지만, 왕릉에서는 봉분 밑에 있는 정자각에서 제사를 올린다.

건원릉은 병풍석의 무늬나 문인석, 무인석 등의 양식에서 고려 헌정릉의 영향이 보이지만 석호, 석양의 배치, 장명등, 난간 석주는 다른 양식으로 변해 새 왕조가 시작되었음을 알려준다. 봉분 주위로 곡장을 두르는 양식은 조선 시대 능제에 새롭게 추가된 것이며 석물의 조형은 중국 남송 말기의 형식을 따르고 있다.

건원릉에는 축문을 태우는 소전대가 있다. 소전대는 태종까지만 있고 이후 예감*으로 대치된다. 또한 정자각 남쪽에 비각과 수복방이 있다. 비각 안에는 능상 쪽에 신도비, 정자각 쪽에 능표가 있다. 비는 귀부와 비신, 이수를 갖추었는데 당대 최고의 조각 작품으로 평가된다. 이런 형식은 통일 신라 이후에 계승된 전통이다. 비문 상부의 전액**은 문신 정구가 쓰고, 비문은 당대의 문장가 권근이 짓고, 음기***는 변계량이 지었다. 글씨는 고려 말, 조선 초의 서예가 성석린

*** 예감(瘞坎)**
제사 지낸 뒤 폐백과 축판(祝版)을 묻는 구덩이.

**** 전액(篆額)**
비석의 머리나 상단부에 전자(篆字) 모양으로 새긴 비문.

***** 음기(陰記)**
비석의 뒷면에 새긴 글.

건원릉 신도비. 앞에는 조선 개국의 업적을 새기고, 뒤에는 개국 공신들의 이름을 기록했다.

이 썼다. 신도비 앞에는 조선 개국의 업적과 치적을 새기고, 뒤에는 개국 공신들의 이름을 기록했다. 사자의 업적을 기록해 세우는 신도비는 중국 진송 때 비롯된 것으로, 현재 사대부가의 신도비는 수없이 많지만 왕릉의 신도비는 건원릉의 태조 신도비와 헌릉의 태종 신도비뿐이다. 능표는 500년 후 태조를 황제로 추존하면서 세운 것으로 고종이 친히 썼다.

건원릉 봉분에는 특이하게도 잔디가 아닌 억새풀이 심어져 있다. 원래 태조는 고향 함경도 영흥에 묻히기를 원했으나 태종이 아버지를 먼 이북 땅에 모실 수 없으므로 고향에서 흙과 억새풀을 가져왔다고 한다. 봉분 위 억새풀은 특성상 자주 깎으면 죽으므로 4월 5일 한식 때만 한 차례 벌초한다. 각 왕릉의 제례 절차를 대략적으로 설명하면 다음과 같다.

"왕이 소여를 타고 와서 홍살문 앞 배위에 서서 능을 한 번 바라보고 어도를 따라 걸어 미리 설치해둔 소차로 들어가서 손을 씻고 동입서출東入西出의 예에 따라 정자각 동계에 오른다. 그리고 신을 맞이하기 위해 네 번 절을 한 뒤 제주 따르는 모습을 살펴본다. 세 번 향을 피우고, 왕이 먼저 첫 잔을 올린 다음 축문을 읽는다. 그다음 영의정이 두 번째 잔을 올린다. 축문을 읽음으로써 조상의 위업을 다시 한 번 기리고, 향을 피우고 술잔을 바침으로써 조상에 대한 존경을 표현한다. 그 뒤 절을 네 번 하면서 신을 보내고 축문을 태움으로써 제례를 끝낸다."

제례를 통해 왕이라는 신분이 단지 자신만의 것이 아니고 먼 조상

건원릉 배위. 조선 왕릉 중 유일하게 홍살문 옆에 있지 않고 정자각 동계의 어도 위에 있다.

에서부터 이어져왔다는 것을 다시 인식하는 것이다. 조선 시대의 왕은 왕위에 올랐을 때 배릉 의식이라고 해 건원릉, 부왕과 모후의 산릉에 반드시 참배했다. 건원릉의 배위는 조선 왕릉 중 유일하게 홍살문 옆에 있지 않고 정자각 동계의 어도를 올라가자마자 있다. 이는 조선의 왕릉 제도가 정비되기 이전의 모습을 보여준다.

건원릉을 만들면서 원찰로 개경사를 축조했다고 알려지나 지금은 흔적조차 찾아볼 수 없다. 능의 관리를 위해 영 1인, 참봉* 1인을 두었으며, 참봉은 종친부**에서 대군이나 왕자군의 봉사손을 자유로이 임용하도록 했다. 이후 다른 왕릉도 같은 예를 따랐다. ❖

*** 참봉(參奉)**
조선 시대에 여러 관아에 둔 종구품 벼슬. 능, 원, 종친부, 돈령부, 봉상시, 사옹원, 내의원, 군기시 등에 두었다.

**** 종친부(宗親府)**
조선 시대에 역대 왕의 계보와 초상화를 보관하고, 왕과 왕비의 의복을 관리하며 종반(宗班) 다스리는 일을 맡아보던 관아.

현릉

顯陵

문종과 현덕왕후

현릉은 제5대 문종(1414~1452)과 현덕왕후 권 씨(1418~1441)의 능이다. 문종은 세종의 장자이며 어머니는 소현왕후다. 세종 3년(1421) 8세 나이로 왕세자로 책봉되었는데 막상 왕위에 오른 것은 1450년 37세 때였다.

세종은 1442년 군신의 반대를 무릅쓰고 세자가 섭정*을 하는 데 필요한 기관인 첨사원詹事院을 설치해 첨사, 동첨사 등의 관원을 두었다. 또한 세자로 하여금 왕처럼 남쪽을 향해 앉아서 조회를 받게 했고 모든 관원은 뜰 아래에서 신하로 칭하도록 했다. 문종은 1445년부터 본격적인 섭정을 시작했다. 세자로 있었던 기간은 무려 30년이나 되

* 섭정(攝政)
군주가 직접 통치할 수 없을 때 군주를 대신해 나라를 다스림. 또는 그런 사람.

현릉은 정자각 뒤로 왕과 왕비의 봉분을 따로 조성했으므로 동원이강 형식이라 부른다.

지만 정작 재위 기간은 2년여에 지나지 않는다. 긴 준비 기간에 비해 아쉬운 집권이지만 문종은 즉위하기 전부터 실질적인 정치 경험을 쌓았다. 물론 세자의 섭정이 국정 전반에 걸친 것은 아니었고 인사, 형벌, 군사 등 중요한 사무는 그대로 세종이 관장했기 때문에 세종이 이룬 왕정의 틀과 운영 체제는 거의 변화가 없었다.

문종은 세자로 있을 때부터 군정에 관심이 많아 『진법』을 편찬하는 등 군제상 개혁을 단행했고, 로켓의 시조라고 불리는 신기전 발사대 화차를 직접 개발하기도 했고, 우량 측정기인 측우기를 발명하기도 했다. 또한 세자 시절 세종이 '훈민정음'을 창제할 때 누구보다 많이 협력했고, 『운회언역』을 편찬할 때도 수양대군과 안평대군과 같이 이를 관장했다.

문종이 일찍 사망한 이유는 원래 몸이 허약한 데다 과로했기 때문으로 알려졌는데, 근래 문종이 세조와 연계된 의관 전순의에 의해 반하*를 즐겨 먹은 꿩고기로 독살되었다는 주장도 제기된 상태다.[15]

『조선왕조실록』을 살펴보면 세조가 문종의 사망에 관여했다는 정황이 보인다. 문종과 세조의 중간 역할을 한 사람이 당시의 의관 전순의다. 그는 세종, 문종, 단종, 세조, 성종 등 5대 임금의 질환을 치료했던 당대의 명의로 내의원 의원에서 첨지중추원사사까지 올랐다.

전순의는 의관 노중례, 최윤, 김유지와 함께 한의학의 3대 저술 중 하나인 『의방유취』를 공동 편찬했고, 세계 최초로 과학 영농 온실을 건설했다는 기록을 적은 『산가요록』을 펴냈다. 그런 전순의가 세조의 사주로 문종 살해에 가담했다는 의혹을 받는 까닭은 문종의 종기를 치료하면서 이해할 수 없는 행동을 했기 때문이다.

종기는 원래 고량진미를 과식할 경우에 생기며 초기 치료를 잘하면 사망까지 이르는 병은 아니다. 그런데도 문종이 종기로 사망한 것은 매우 특이한 예다.

『조선왕조실록』에 적힌 것을 그대로 인정한다면 전순의의 죄목은 크게 3가지다. 첫 번째는 종기가 번성하면 움직이는 것을 금기하는데, 전순의는 문종에게 사신들을 접대하는 연회에 참석하지 말라고 하지 않았다. 사신들을 접대하는 것은 건강한 사람들에게도 벅찬 일인데 환자를 혹사해 병환이 깊게 만든 것이다.

두 번째는 종기가 이미 화농되었을 때는 침을 써서 배농**하지

*** 반하(半夏)**
천남성과의 여러해살이풀. 높이는 30센티미터 정도이며, 잎줄기에서 잎자루가 긴 달걀 모양의 겹잎이 한두 개 나며 알줄기는 약용한다. 한국, 중국, 일본 등지에 분포한다.

**** 배농(排膿)**
곪은 곳을 째거나 따서 고름을 빼냄.

만, 초기 증상에 침을 쓰면 도리어 증상이 악화되고 염증이 심화된다는 점이다. 전순의는 화농되지 않은 종기를 고의적으로 건드려 증상이 더 악화되게 만들었다. 당시에는 지금같이 정교한 침을 쓰지 않아 강한 자극을 주면 증상이 악화되는 것이 상례였다. 전순의가 이런 기초 지식을 무시하면서까지 문종에게 비상식적인 처방을 한 것은 고의라고밖에 설명할 수 없다.

세 번째는 원래 꿩이나 닭, 오리는 껍질에 기름이 과다해 종기가 났을 때 금기인데도 문종에게 꿩고기를 계속 먹게 했다는 점이다. 꿩은 독성이 강한 반하를 즐기는데, 문종은 반하를 먹은 꿩고기를 먹으면 건강에 치명적이었다. 이와 같은 내용을 잘 알고 있는 전순의가 문종에게 꿩고기를 계속 먹게 했다는 것이야말로 문종이 독살되었다는

현릉은 『국조오례의』에 따른 가장 오래된 능이다.

유력한 증거다.[16]

문종은 부왕에 대한 효성이 지극해 생전에 영릉 우측 언덕(본래 세종의 영릉은 지금 헌인릉 우측에 있었다)을 장지로 정했으나 그곳을 파보니 물이 나오고 바위가 있어 건원릉 동쪽에 안장했다. 구 영릉이 조성된 후 얼마 되지 않아 옮겨졌으므로 현릉은 『국조오례의』에 따른 가장 오래된 능이다.

문종이 현덕왕후를 받아들이게 된 데는 이력이 있다. 문종은 14세 때 상호군 김오문의 딸을 세자빈으로 삼았지만, 그녀는 남편의 사랑을 얻기 위해 무당을 궁 안으로 데려와 방술을 꾀하다가 세종에게 폐출당한다. 이어 종부시소윤 봉려의 딸을 세자빈으로 삼았지만 부부간 금실이 좋지 못했고 궁녀들과 음행을 저지르다 발각되어 그녀 역시 폐위된다.

그다음으로 세자빈에 책봉된 현덕왕후는 화산부원군 권전의 딸로 14세에 세자궁 궁녀로 들어가 세자의 후궁이 되었고 세종 23년(1441) 단종을 낳았다. 그러나 산후병으로 24세에 세상을 떠나 경기도 안산에 매장되었다. 세자빈의 신분으로 세상을 떠났지만 문종이 즉위하자 곧바로 현덕왕후로 추증되고 능호를 소릉이라 했다. 아들인 단종이 즉위하자 문종과 합장되면서 능호를 현릉으로 바꾸었고 문종의 신주와 함께 종묘에 봉안*되었다.

*** 봉안(奉安)**

1. 신주(神主)나 화상(畫像)을 받들어 모심.
2. 시신을 화장해 그 유골을 그릇이나 봉안당에 모심.

그러나 단종이 폐위된 후 친정이 단종 복위를 도모하다가 발각되자 그녀 역시 서민으로 강등되면서 신주가 종묘에서 철거되었다. 혼이 편하지 못했던 탓인지 그녀는 세조의 꿈에 자주 나타나 그를 괴롭혔다고 한다. 특히 세조가 단종에게 사약을 내리던 날, 세조의 꿈에 나타나 세조의 자식들이 온전하지 못할 것이라고 경고했다. 이 때문인지 세조는 그날 밤 20세의 동궁을 잃었고 세조에 이어 즉위한 예종 또한 즉위 1년 만에 세상을 하직했다.

자식을 잃은 탓인지 세조는 죽은 현덕왕후를 용서하지 않고 그녀의 능을 파헤치게 했다. 그러나 사람들이 능에 이르렀을 때 여인의 곡성이 땅속에서 들려 감히 접근조차 하지 못했다. 세조의 엄명으로 관을 들어내려 했지만 꼼짝하지도 않았다. 하는 수 없이 도끼로 관을 쪼개려 했으나 관이 벌떡 일어서는 바람에 모두들 도망쳐버렸다. 이에 세조는 직접 나서서 관을 불살라버리라고 했으나 갑자기 내린 소나기 때문에 포기하고 물속에 던져버렸다. 관은 물속을 떠다니다 어느 날 양화나루에 닿았다.

이날 새벽 관을 발견한 한 마을 농부가 현덕왕후인지도 모른 채 양지바른 곳에 잘 묻어주었다. 그날 밤 농부의 꿈에 왕비가 나타나 고마움을 표하며 앞날을 알려줘 그는 부자가 되었다고 한다.

그 후 조정에서 현덕왕후의 능을 복원해야 한다는 논의가 계속되었지만 실현되지 못하다가 1513년 종묘에 벼락 친 것이 계기가 되어 진지한 논의가 이루어졌고, 조광조의 상소로 현덕왕후의 관을 찾아 능을 복구하라는 명령이 내려졌다. 그러나 농부는 자신에게 해가 돌아올 것을 우려해 왕비의 능이 어디 있는지 알려주지 않았다. 어느 날 현덕왕후가 농부의 꿈에 나타나 부탁하자 비로소 그가 관아에 신고해 문종의 옆인 현재의 동구릉으로 이장되었다.

처음 현덕왕후의 묘가 옮겨질 당시에는 문종의 능과 왕비의 능 사이에 소나무가 우거져 있었으나 점차 나무들이 말라버려 능이 서로

바라볼 수 있게 되었다고 한다.[17]

현릉은 홍살문부터 정자각, 비각 등 부속 시설은 하나만 만들고 정자각 뒤로 왕과 왕비의 봉분을 따로 조성했으므로 동원이강* 형식이라 부른다. 현릉의 참도는 굴절되어 궁ㅋ자 형태다. 정자각 뒤의 참도는 왕후의 능침 아래까지 이어져 있다. 일반적으로 홍살문을 지나야 참도와 배위가 있는데 현릉에서는 홍살문 앞에 있다. 이런 형식은 조선 시대의 왕릉에서 유일하다.

*** 동원이강(東原異岡)**

같은 능원 안 다른 언덕에 왕과 왕비의 봉분과 상설을 별도로 설치하는 것.

**** 반상(盤上)**

1. 반(소반, 예반, 쟁반)의 위.
2. 장기판이나 바둑판의 위.

정자각 뒤로 나란히 언덕 두 개가 있는데 그 위에 왕과 왕비가 각각 단릉처럼 모셔져 있다. 능의 석물은 『국조오례의』의 표본인 구 영릉 제도를 따라 병풍석의 방울·방패 무늬가 사라졌고 구름무늬가 도드라지게 표현되었다. 석상을 받치는 고석도 5개에서 4개로 줄었다. 장검을 두 손으로 짚고 서 있는 무인석은 머리 부분이 크고 주먹만 한 눈과 코가 조각되어 있다. 문인석은 튀어나온 눈과 양쪽으로 깊이 새겨진 콧수염이 이국적이다.[18] 왕비의 난간석은 중종 때의 양식을 따랐으며 혼유석은 특이하게도 반상** 형태다.[19]

많은 왕릉이 그렇지만 현릉의 석물들도 많이 퇴화되었는데 재료가 화강암이기 때문이다. 화강암은 강도가 7로 매우 단단하기는 하지만 장석, 운모, 석영으로 되어 있어 풍우에 퇴화되기 쉽다. 빗물과 장석이 결합하면 녹아버리기 때문에 왕릉을 비롯한 일반인들의 묘소에 사용한 석물이 몇백 년도 되지 않아 원형을 알 수 없을 정도로 손상되곤 한다. 그래서 화강암은 기본적으로 외장재가 아니라 내장재로 사용한다. 수많은 서양 건물이 수천 년이 넘었음에도 원형이 보존된 이유는 균질한 재질의 석회암이나 대리석으로 만들었기 때문이다.

■
이국적인 모습이 특징인 현릉 문·무인석(위). 병풍석의 도드라진 구름무늬(아래).

■
문종은 부왕에 대한 효성이 지극해 생전에 영릉 우측 언덕을 장지로 정했다.

현릉의 능표는 영조 때 조선 시대 전체 능역을 정비하면서 능역을 찾기 어렵다는 이유로 세운 것이다. 문종 이전 왕들의 능에는 신도비가 세워졌으나 문종 때부터는 건립되지 않았다. 왕의 치적은 실록에 실리기 때문에 굳이 사대부처럼 신도비를 세울 필요가 없다는 논의에 따른 것이다.

왕릉마다 있는 비각은 숙종 때부터 세웠다. 비석은 각 왕릉의 문패라 볼 수 있으므로 노천에 설치했는데, 능표가 세월을 이기지 못하고 자연 훼손되자 이를 막기 위해 건설했다. ※

목릉
穆陵

선조와 의인왕후 · 인목왕후

제14대 선조 및 의인왕후 박 씨, 계비 인목왕후 김 씨의 능으로 건원릉 동쪽 언덕에 있다. 좌측이 선조의 능이고 중앙이 의인왕후의 능, 우측이 인목왕후의 능이다. 목릉이라는 이름은 선조 시절 임진왜란과 정유재란을 승리로 이끌고 이황 등 훌륭한 인재들이 많이 나와 '목릉성세'라고 불리는 것에서 유래되었다.

1567년 명종이 후사 없이 사망하자 선조는 16세의 어린 나이로 왕위에 올랐다. 처음에는 명종의 비 심 씨가 수렴청정을 하다가 이듬해부터 친정을 한다. 일반적으로 수렴청정은 20세까지지만 상황에 따라 이보다 빨리 하기도 했다. 또한 선조가 왕위에 오르면서 아버지가

■
목릉 참도. 세 개의 능을 향해 각각 뻗으며 꺾이고 층이 생기기도 했는데 지형에 따라 조영했기 때문이다.

대원군으로 봉해져 조선에서 처음으로 대원군 제도가 시행되었다.

중국에서는 수렴청정 결재 때 구중궁궐의 안채에서 대비가 내시를 시켜 결재하나, 조선 왕실에서는 발 뒤에서 직접 결재해 번거로움과 전달의 오류를 막았다. 수렴 청대*는 한 달에 6회씩이었고, 중요한

결재는 왕에게 직접 고하고 대비가 재결했다.[20]

선조는 41년이라는 오랜 기간 동안 재위했다. 선조가 왕이 될 때 전해져 내려오는 이야기가 있다. 어느 날, 명종이 덕흥대원군의 아들들을 불러 익선관을 써보라 했다. 그러자 두 형(하원군, 하릉군)은 별 말 없이 익선관을 썼지만, 하성군인 선조는 왕이 쓰는 것을 함부로 쓸 수 없다고 거절해 명종의 마음에 들었다고 전해진다.

선조는 후궁에게서 태어난 서자 출신이 즉위한 첫 사례다. 그러므로 아버지 덕흥대원군이 서자라는 점은 평생 그를 따라다녔다. 선조는 왕에 오른 후 여러 번 덕흥대원군을 왕으로 추존하려고 시도했지만 성리학자 사림파의 맹렬한 반대에 부딪혀 결국 취소한다.

남다른 콤플렉스에 시달렸던 선조는 계비 인목왕후에게서 얻은 아들 영창대군을 임진왜란 등에서 큰 활약을 한 광해군에 앞서 세자로 삼으려 했다. 공빈 김 씨의 소생인 광해군은 임진왜란이 일어나자 권정례**로 세자 책봉되었는데 그 뒤 정비의 소생인 영창대군이 태어나자 선조가 세자를 바꾸려고 한 것이다. 일부에서 선조의 뜻을 받들어 영창대군을 추대하고 인목왕후의 섭정을 계획했으나 선조의 갑작스런 사망으로 실현되지 못했다. 선조는 1608년 상궁이 수라상에 올린 떡을 먹다 체해 갑자기 사망한다. 이후 선조의 독살설이 의혹으로 제기되기도 했다.

선조의 치세 연간에 동서분당 같은 당쟁과 임진왜란 같은 외침이 일어나 그에 대한 평가가 인색한 것은 사실이다. 일본이 압도적 군사력을 내세워 조선을 침략하자 선조는 항복하는 대신 피난길을 택했다. 하지만 명에 구원군을 요청하고, 관군을 재조직하고, 의병들의 항

*** 청대(請對)**

신하가 급한 일이 있을 때 임금에게 뵙기를 청하던 일.

**** 권정례(權停例)**

1. 절차를 다 밟지 않고 진행하는 의식.
2. 임금이 본디 참석하는 조정의 축하 의식에 임금이 나오지 않은 채 임시방편으로 거행하던 식.

전을 독려하면서 장기전 태세로 나가 궁극적으로 일본이 철수했다는 점도 인정해야 한다.

본래의 목릉에는 의인왕후의 유릉이 위치하고 있었으나 임진왜란 이후 새로 능을 건설할 여력이 없었던 탓으로 정자각을 선조의 능침 쪽으로 옮겨 지금과 같은 형태를 갖추게 되었다. 목릉으로 진입하는 길목에는 짙은 색의 서어나무 군락이 자리 잡고 있다.

왕릉의 경우 대체로 능 입구의 홍살문에서 가장 먼저 정자각이 눈에 띄는데 목릉은 홍살문 안쪽으로 비각만 조금 보일 뿐 정자각이 보이지 않는다. 홍살문을 지나 서쪽으로 꺾인 참도를 따라 들어가야 비로소 정자각에 도착한다. 참도는 정자각에서 선조릉, 의인왕후릉, 인목왕후릉으로 각각 뻗으며 꺾이고 층이 생기기도 했는데 지형에 따라 다양한 형태로 조영했기 때문이다. 또한 목릉의 참도는 조선 왕릉 중 가장 길다.

정자각은 원래 산릉 제례와 하관 직전까지 시신을 모시는 곳으로 『경국대전』에서는 능침, 침전, 능전이라고 하며 왕과 왕비의 처소를 일괄해 연침燕寢이라 한다. 아늑한 잠자리라는 뜻이다. 정자각 내부에는 화문석을 깔고 신어상神御床, 검은 칠을 한 제상 2좌, 향상香床 1좌, 촛대상 2좌, 붉은 칠을 한 축상祝床 1좌, 준소상遵所床 1좌를 둔다.

목릉의 정자각은 원래 건원릉 서쪽에 건축되었다가 인조 8년(1630) 건원릉 동쪽의 현재 위치로 이전되었으며, 예전 모습을 대부분 유지하고 있다. 조선 왕릉 정자각 가운데 유일하게 다포* 형식 이외에 기둥 사이에도 공포**를 배열한 건축 양식으로, 구조가 장식화되기 이전의 모습을 그대로 유지하고 있어 보물로 지정되었다.[21]

*** 다포(多包)**
기둥머리 위와 기둥과 기둥 사이의 공간에 짜 올린 공포. 주로 조선 전기부터 많이 썼다.

**** 공포(栱包/貢包)**
처마 끝의 무게를 받치기 위해 기둥머리에 짜 맞추어 댄 나무쪽.

정자각으로 오르는 계단 축조에 관한 재미있는 이야기가 있다. 우측 신도의 계단 상단부에 3개의 줄이 있는 것은 후대의 왕이 직접 제사를 모셨다는 것을 의미한다는 것이다. 정자각에 오르는 작은 계단이라 할지라도 세세한 면에 깊은 뜻이 숨어 있는 것이다. 건설한 지 오래되어 마모되었을 가능성도 있으므로 정자각을 올라갈 때마다 계단을 꼼꼼히 살펴보면 3개의 줄이 있는 것과 없는 것이 확연히 구분되어 흥미를 더할 것이다.

정자각 뒤로 세 개의 언덕이 보이는데 동원이강의 변형으로 조선 왕릉 중 잔디 정원이 가장 넓다. 선조는 원래 건원릉 서쪽 다섯 번째 산줄기에 능침을 만들었는데 인조 8년(1630) 문신 심명세가 목릉에 물기가 있고 불길하니 천장*해야 한다고 주장해 현재 자리로 옮겼다. 그런데 막상 천장하려고 능을 파보니 물기가 없어 모두들 분개했다고 한다.

* 천장(遷葬)
무덤을 다른 곳으로 옮김.

선조의 능침에는 두 왕비의 능침에는 보이지 않는 병풍석이 둘러져 있다. 병풍석 대석과 장명등 대석에 새겨진 연꽃무늬와 모란 무늬가 독특하다. 이는 이후에 조성되는 왕릉 석물의 무늬에 많은 영향을 끼쳐 조선 말기까지 계속 사용되었다.

팔각 장명등, 넓은 석상 등은 여타 능과 다름이 없지만 조각 솜씨가 매우 서투르다. 문인석과 무인석도 3미터 내외로 크기만 할 뿐 말뚝 같은 느낌으로 상체와 하체의 비율이 맞지 않아 갑갑해 보인다. 그래서인지 조선 시대 석인 중 가장 졸작이라는 평을 받는다. 임진왜란과 정유재란이 끝난 지 얼마 되지 않은 1608년에 장인을 구하기 어려웠기 때문으로 추정한다.

■
선조의 능. 두 왕비의 능침에는 보이지 않는 병풍석이 둘러져 있다.

의인왕후는 반성부원군 박응순의 딸로 선조 2년(1569) 15세에 왕비에 책봉되었다. 선조가 내린 비망기*에 따르면 의인왕후는 중전으로 있으면서 인종의 비인 인성왕후와 명종의 비인 인순왕후를 섬김에 효성이 극진했고, 후궁 소생인 여러 아이에 대해서도 은애가 지극했다고 하는 등 부덕을 갖추었지만 소생 없이 사망했다.

의인왕후의 능은 병풍석이 생략된 채 난간석만 둘러져 있는데 크기만 할 뿐 이 역시 말뚝 같아 졸작으로 평가한다. 의인왕후 능에서 주목할 만한 것은 망주석과 장명등 대석에 새겨진 꽃무늬다. 이곳에서 처음 보이는 양식으로 인조 장릉의 병풍석까지 계속적으로 새겨졌다.

선조의 계비인 인목왕후는 연흥부원군 김제남의 딸로 19세에

*** 비망기(備忘記)**
임금이 명령을 적어서 승지에게 전하던 문서.

51세인 선조의 계비가 되었고 선조의 유일한 적통인 영창대군을 낳았다. 하지만 광해군과의 정권 알력으로 영창대군은 강화도에 유배된 후 살해되고 자신은 서궁에 유폐되었다. 인조반정으로 신분이 복위되어 대왕대비에 오른 인목왕후는 사후 건원릉 왼쪽 다섯째 산줄기에 안장되었다. 인목왕후의 능은 의인왕후의 능보다 다소 숙련된 솜씨로 만들어져 생동감을 보이지만 문 · 무인석의 허리 윗부분과 아랫부분의 비율이 2 대 1 정도로 불균형이 심하다.

의인왕후의 능침은 남편 선조 대에, 선조의 능침은 광해군 대에, 인목왕후의 능침은 인조 대에 만들어진 것이므로 시대별 조영의 특징을 비교할 수 있다. 또한 목릉은 조선 왕릉 전체에서 가장 졸작이지만 전쟁의 여파를 생각하면 이해할 수 있다.[22] ❖

목릉 정자각 뒤로 세 개의 언덕이 보이는데 조선 왕릉 중 잔디 정원이 가장 넓다.

숭릉

崇陵

현종과 명성왕후

제18대 현종(1641~1674)과 명성왕후 김 씨(1642~1683)의 능이다. 현종은 효종의 맏아들로 1641년 봉림대군(효종)이 선양에 볼모로 가 있을 때 태어났다. 조선의 역대 왕 중에서 유일하게 외국에서 태어난 것이다. 1644년 귀국했고 봉림대군이 세자에 책봉됨에 따라 1649년 왕세손으로 책봉되었다가 1659년 19세에 효종의 뒤를 이어 왕위에 올랐다. 특이한 점은 조선 역대 왕들 중 유일하게 후궁을 한 명도 두지 않았다는 것이다.

현종이 재위한 15년간 조선은 북벌 운동이 현실적으로 불가능하다는 것을 인식하고 문화적 중화주의라는 방향으로 무게 중심을 옮겼

숭릉 정자각. 조선 왕릉 중 유일한 팔작지붕 정자각이다.

숭릉은 쌍릉으로 조영되어 왕릉과 왕비 능이 병풍석 없이 난간석으로 연결되어 있다.

다. 청의 국력이 점점 강성해지면서 북벌 운동이 군사적, 정치적으로 무모해졌기 때문이다.

외침과 내란은 없었지만 전염병과 기근이 계속되어 백성들이 고통 받자 정부는 경제 재건에 공을 들였다. 재정 부족을 메꾸기 위해 영직첩*과 공명첩**을 대량으로 발급했는데, 이는 이후 정부 재정을 보충하는 정책으로 보편화되며 조선 사회의 신분제 해체에 기여했다.

* 영직첩(影職帖)
실제 근무는 하지 않고 벼슬만 가진 직책.

** 공명첩(空名帖)
이름을 기록하지 않은 임명장.

현종은 전란에 많은 사람이 죽었으므로 호구 증가를 위해 양민이 승려가 되는 것을 금지하고 사찰에 있는 동자들도 환속했다. 또한 대동법을 실시하고 관개 시설을 만들어 수리 면적을 늘렸다. 함경도 산악 지대에 장진별장長津別將을 두어 개척을 시도했고, 두만강 안에 출몰하는 여진족을 북쪽으로 몰아내고 북변의 여러 관청을 승격하는 등 실속 있는 국방 정책을 견지했다. 나름대로 조선의 실정을 감안한 것이었지만 격심한 당쟁과 우유부단한 성격으로 과단성 있게 실시하지는 못했다.

한편 1666년에는 예상치 못한 사건이 일어난다. 네덜란드 국적의 동인도 회사 무역선 스페르베르Sperwer호가 대만 해협을 거쳐 일본 나가사키로 항해 중 비바람을 동반한 폭풍을 만나 표류하다가 1653년 8월 제주 남쪽 해안에 좌초해 산산조각이 난 후 침몰했다. 이 배에 승선했던 68명 중 서기인 하멜을 포함한 34명만 살았다.

하멜 일행은 그 후 10개월가량 제주에 억류된 뒤 1654년 5월 강진 해남을 거쳐 서울로 압송되어 서울에서 2년여를 체류했고, 1656년 3월에 전라도로 다시 유배된 후 1663년 여수 좌수영, 순천, 남원 등 세 곳으로 분리 이송되었다. 이 중 여수 좌수영에 유배된 하멜을 포함한 8명은 1666년 9월 밤 미리 준비한 소형 어선을 타고 일본으로 탈출했다.

한국에서 14년 동안 억류된 뒤 극적으로 탈출에 성공한 하멜은 네덜란드에 귀환해 그동안의 난파 과정을 담은 『하멜 표류기』를 출간했다. 『하멜 표류기』를 통해 하멜은 한국을 유럽에 최초로 소개한 역사적 인물이 된다. 하멜이 병영에 억류되어 있을 동안 보곤 했던 은행나무는 아직도 강진에 살아 있고 현재 네덜란드에서 건립한 기념관도 인근에 세워져 있다.[23]

현종의 비 명성왕후는 청풍 김씨 김우명의 딸로 효종 2년(1651) 세자빈에 책봉되어 가례를 치렀고, 1659년 현종이 즉위하면서 왕비에 책립되었다. 1674년 현종이 사망하고 아들인 숙종이 즉위하자 왕대비가 되었다.

명성왕후와 그의 아버지 김우명은 서인 편으로 당파적 입장을 숨기지 않고 궁내에 있는 남인 세력 추방에 관여했으며 특히 숙종의 여인 장옥정(훗날 장희빈)을 궐 밖으로 내치기도 했다. 이와 같이 명성왕후는 친정의 배경과 과격한 성격이 겹쳐 거친 처사가 많았고 조정의 정무까지 간여해 비판받기도 했다.

혹자는 현종이 후궁을 두지 않은 이유는 명성왕후의 사나운 성격 때문이라고 하지만 현종이 명성왕후를 사랑했기 때문이라는 주장 또한 힘을 받는다. 왕비가 아무리 시샘한다고 해도 후궁을 두는 것 자체를 반대할 수는 없기 때문이다.

명성왕후에 대해서는 왕대비가 된 후 사망하기까지 악평이 주를 이룬다. 가장 잘 알려진 이야기는 그녀의 죽음과도 연관된다. 숙종이 원인 모를 병에 걸리자 그녀는 왕대비임에도 무당을 찾는다. 무당은 숙종이 병에 걸린 이유는 삼재가 들었기 때문으로 어머니가 아들을 대신해 삿갓을 쓰고 홑치마만 입고 벌을 서야 한다고 한다. 그녀는 아들을 사랑하는 어머니로서 무당의 주문대로 물벼락을 맞는 벌을 선다. 이것이 화근이 되어 감기에 걸렸고 결국 후유증으로 사망한다.

동구릉 입구에서 숭릉과 혜릉은 함께 있는 것처럼 보이지만 먼저 혜릉이 보이고 더 안쪽으로 들어가야 숭릉이 보인다. 남쪽이 저습해 진입로 등이 쉽게 물난리를 겪는 등 진입 부분이 지형적으로 취약하지만 능역은 비교적 높은 곳에 위치하고 있다.

일반적으로 홍살문 옆에 배위가 있고 참도가 시작되는데 숭릉은 홍살문에서 다소 떨어진 곳에서부터 참도가 시작된다. 배위도 참도가 시작되는 옆에 위치한다. 숭릉 정자각은 조선 왕릉 중 유일한 팔작지붕 정자각으로 정전 5칸, 배위청 3칸이다. 보통 정면 3칸, 측면 2칸인데 숭릉은 익랑이 붙어 규모가 큰 것이 특징이며 공포는 정전이 일출목* 이익공**, 배위청이 이익공이다.

*** 일출목(一出目)**
기둥의 중심선에서 한 자리 나앉아서 도리를 받친 것.

**** 이익공(二翼工)**
촛가지가 둘로 된 익공.

창건된 1674년의 형태를 지금까지 유지하고 있고 17세기 정자각의 다양한 유형을 확인할 수 있는 귀한 사례로 평가되어 보물 제1742호로 지정되었다. 건원릉과 목릉의 정자각도 2011년 12월 역사적, 예술적 가치가 큰 곳으로 인정받아 보물로 지정되었는데 모두 동구릉에 자리하고 있다.

숭릉은 쌍릉으로 조영되어 왕릉과 왕비 능 모두 병풍석 없이 난간석으로 연결되었고 능침 앞에 혼유석이 하나씩 놓여 있다. 난간석에는 방위를 나타내는 십이지 신을 글자로 새겼다. 석물은 민폐를 덜기 위해 1년 전 현종이 자신의 아버지 능을 여주로 천장하면서 묻어놓았던

(현 동구릉 원릉터) 것을 이용했다. 이때 신하들이 "아버지가 먹다 남은 음식으로 아들의 제사를 하지 않는다"라며 반대 상소를 했으나 송시열과 유생 등의 변론에 따라 어린 숙종은 그대로 행할 것을 명했다.[24]

숭릉 비문. 현종은 함경도 개척을 시도하는 등 실속 있는 국방 정책을 펼쳤다.

장명등, 망주석에는 화려한 꽃무늬를 새겨 놓았고 문·무인석은 옷 주름을 비롯해 얼굴의 이목구비가 선으로 표현되어 있다. 숭릉이 남다른 것은 예감이 3개라는 점이다. 또한 능침을 지키는 석호의 꼬리가 배 아래에 양각으로 조각되어 생동감을 준다. 비각 안의 능표에 각인된 비문에는 '朝鮮國顯宗大王崇陵明聖王后附左(조선국 현종대왕 숭릉 명성왕후 부좌)'라 적혀 있다.

현종 사후 조선 왕조에서 특이한 일이 벌어진다. 왕이 사망하면 곧바로 실록 편찬에 들어가는데 이 작업이 선대와는 달리 지지부진해 숙종의 독촉을 받고 비로소 숙종 3년(1677)에 완성된다. 그런데 『현종실록』 편찬에는 현종 말년 이후 숙종 초년에 걸쳐 득세한 남인 측이 많이 참여해 서인 측은 불만이 많았다. 1680년 서인이 남인을 숙청하고 정권을 잡자 서인 중심의 실록개수청이 설치되었고 1683년에 『현종개수실록』 28권이 완성되었다.

숭릉은 남쪽이 저습해 진입 부분이 물난리 등에 지형적으로 취약하지만 능역은 비교적 높은 곳에 있다.

조선 시대의 수정 실록은 『선조실록』과 『경종실록』이 있는데 개수* 실록은 『현종실록』이 유일하다. 당쟁의 결과 부득이 수정되었다는 사실을 감안하면 『현종개수실록』에 대한 평가가 고깝지 않은 것은 당연할지도 모른다. ◈

*** 개수(改修)**
고쳐서 바로잡거나 다시 만듦.

원릉

元陵

영조와 정순왕후

원릉은 조선 왕 중 재위 기간이 가장 길었던 제21대 영조(1694~1776)와 계비 정순왕후 김 씨(1745~1805)의 능이다. 영조는 즉위 이전인 18세 때부터 왕세제로 책봉된 28세까지 약 10년간 궁궐 밖에서 생활해 서민적이고 절검하는 습성이 배어 있었다. 조선 왕 중에서 드물게 세상 물정을 잘 알고 있었으므로 백성의 고민을 해소하는 데 앞장섰다.

영조는 숙종의 아들이며 경종의 동생이지만 영조의 생모는 숙빈 최 씨로 궁녀의 시중을 드는 무수리 출신, 즉 천인 계층이었다. 성리학으로 똘똘 뭉친 조선에서 첩의 자식이 왕이 되었다는 것은 파격적이

■
쌍릉으로 조성된 원릉은 병풍석을 만들지 않고 난간석을 이어 붙여 조성했다.

기는 하지만 당사자로서도 찝찝한 일이었을 것이다. 영조가 지닌 출생상의 약점은 그가 체질적으로 유학자를 싫어하고, 명분론을 자주 무시해버린 근본이었다.

영조의 왕위 등극은 상당한 우여곡절을 겪는데 그가 경종의 왕세자로 책봉된 후에도 노론 · 소론 간의 싸움이 치열했기 때문이다. 남인과 노론 틈에서 미약한 권력을 유지해오던 소론은 장헌세자(사도세자)를 등에 업고 정권을 잡을 기회를 노렸다. 하지만 노론 측은 이를 지나치지 않고 장헌세자의 비행과 난행을 고발해 뒤주 속에 세자를 가둬 죽였다. 영조 자신은 붕당 정치의 폐해 속에서 살아남았지만 아들은 붕당 정치의 희생자가 된 것이다. 누구보다도 당파 싸움의 폐해를 잘 알고 있는 영조는 모든 당파를 없애겠다고 표방하면서 본격적인 탕평을 시도했다.

영조의 탕평책이 본궤도에 오르는 것은 역설적이지만 1728년의 무신란(이인좌의 난)을 겪고 나서였다. 영조의 반대편에 섰던 소론은 그가 경종의 뒤를 잇자 대세를 인정했으나 김일경으로 대표되는 과격파는 왕의 정통성을 인정하지 않았다. 결국 김일경이 처형되고 을사환국으로 노론 정권이 들어서 소론의 불만이 높아지자, 이들이 남인 일부를 규합해 정변을 일으킨 것이 무신란이었다. 반란은 조기에 진압되었으나 당쟁의 폐해로 변란을 겪은 영조로서는 보다 근원적인 운영 방침이 필요했다.

영조는 노론과 소론 모두에 명분상 하자가 있으며, 각기 충신과 역적이 있다는 점을 지적했다. 또한 붕당보다는 인물의 현명함을 기준으로 인사를 단행하고, 국왕을 측근에서 보좌하는 재상의 권한을 정점으로 위계질서를 강화했다.

그는 정국의 입지를 더욱 다지기 위해 붕당의 근거지였던 서원의 사사로운 건립을 금했다. 또한 같은 당파에 속한 집안 간 결혼을 금지하고자 각각 대문에 '동색금혼패'를 걸게 하는 등 철저한 탕평 정책으로 왕권을 강화했다.

영조는 탕평책으로 어느 정도 정치적 안정을 꾀한 후 제도 개편이나 문물의 정비, 민생 대책 등 여러 방면에 적지 않은 치적을 쌓았다. 압슬* 등 가혹한 형벌을 폐지하고 신문고 제도를 부활하기도 했다.

영조 재위 기간에 시행된 경제 정책 중 가장 높이 평가되는 것은 균역법으로, 균역의 의무를 대신해 바치는 베를 2필에서 1필로 줄여 양역의 불균형을 바로잡고 양역민의 부담을 크게 줄이는 것이었다.

*** 압슬(壓膝)**
조선 시대에 죄인을 자백시키기 위해 행하던 고문. 죄인을 기둥에 묶어 사금파리를 깔아 놓은 자리에 무릎을 꿇게 하고 그 위에 압슬기나 무거운 돌을 얹어서 자백을 강요했다.

＊ 결작전(結作錢)

조선 후기에 균역법의 실시에 따른 나라 재정의 부족을 메우기 위해 전결(田結)에 덧붙여 거두어들이던 돈.

반면 감필로 인한 재정 부족을 보충하는 방안으로 결작전*을 토지세에 덧붙여 양반 위주인 지주층이 부담하도록 했다.

영조는 신분에 따른 차별에 남다른 관심을 보여 천인들에게도 공사천법公私賤法을 마련해 양처良妻 소생은 모두 모역母役에 따라 양인이 되게 한 후 다음 해에 남자는 부역父役, 여자는 모역을 따르게 해 양역을 늘리는 방편을 마련했다. 영조 시대에 특이한 것은 사회 참여의 불균등에서 오는 불만을 해소하는 방편이었다. 그는 서자의 관리 등용을 허용하는 법을 제정해 서얼들의 오랜 숙원을 풀어주는 등 조선 왕조의 고질병을 해결하는 데 앞장서 조선 왕조를 번영의 시대로 이끌었다는 평가도 받는다.[25]

영조는 최장수 왕이었던 만큼 생전에 8회에 걸쳐 산릉원을 조영하거나 천장해 능제에 남다른 관심을 보였다. 또한 숙종의 교명을 근거로 제도를 정비해 『국조상례보편』을 발간하기도 했다. 따라서 원릉의 석물 제도는 새로 정비된 『국조상례보편』의 표본이라 해도 과언이 아니다.

영조는 원래 달성 서씨 서종제의 딸인 정성왕후와 가례를 치렀으나, 왕비가 1757년 66세의 나이로 세상을 떠나자 고양에 있는 서오릉에 정성왕후의 능지를 마련하고 봉분 두 자리를 만들어 우측을 비워 두었다. 또한 이를 홍릉이라 이름하며 자신이 사망하면 비워둔 우측 자리에 함께 묻혀 쌍릉으로 조성하기를 원했다.

하지만 정조는 더 좋은 자리가 있는지 다시 확인하는 절차를 진행했고, 신하들은 동구릉에 있는 옛 영릉이 길지라며 적극 추천했다. 한마디로 건원릉에 버금가는 자리라는 것이다. 정조는 신하들의 의견을 받아들여 동구릉 내 현재 자리로 영조의 능지를 정했다. 아버지가 조강지처와 한곳에 묻히는 것도 중요하지만 왕실의 번영에 더 큰 가치가 있다는 것이었다.

그런데 원릉 자리는 효종의 능침으로 한 번 썼던 자리였다. 왕의 능을 같은 자리에 쓴다는 것은 관례에 어긋나지만 풍수에 대한 새로운 해석으로 영조의 능침이 되는 데는 문제없었다.

영조는 정성왕후의 장례가 끝난 후 중전의 자리를 비워두면 안 된다는 의견이 일자 1759년 66세의 고령임에도 경주 김씨 김한구의 딸인 15세의 정순왕후를 두 번째 부인으로 맞았다. 손자인 정조는 물론 사도세자의 부인인 경의왕후(혜경궁 홍 씨)보다 어린 왕비는 왕실 규범에 따라 임금의 어머니가 되었고, 영조가 서거한 후에는 왕실의 가장 큰 어른이 되었다.

정순왕후의 친정은 김홍욱의 후손으로 정사, 특히 왕위 계승과 관련된 문제에 자주 관여해 파란을 일으켰다. 정순왕후는 영조 재위 연간에 이미 친형제인 김귀주를 통해 사도세자의 죽음에도 개입했다. 정조 연간에는 홍국영, 은언군 문제 등으로 사사건건 정조와 대립했고 1800년 정조가 사망하고 순조가 어린 나이로 즉위하자 대왕대비가 되면서 4년간 수렴청정을 하기도 했다. 하지만 순조가 15세 때 수렴청정을 거두면서 원하지 않는 은퇴를 한다.

1805년 정순왕후가 사망하자 신하들은 원릉의 능 위쪽 좌측이 대길지라며 적극 추천했고 순조는 그들의 말대로 정순왕후의 능침을 영조와 같은 자리로 정했다.

쌍릉으로 조성된 원릉은 병풍석을 만들지 않고 숭릉 제도에 따라

■
원릉의 망주석 세호. 세호는 호랑이를 의미하지만 도마뱀, 다람쥐 또는 청설모처럼 보인다.

난간석을 서로 이어 붙여 조성했다. 난간석 석주에는 쇠사슬 무늬를 넣어 상징성을 더했다. 두 개의 봉분 앞에 각각 혼유석을 놓았고, 난간 중앙에 사각 장명등을 세웠고, 공간은 꽃무늬로 장식했다. 망주석의 세호는 혜릉처럼 우측 것은 위를 향하고, 좌측 것은 땅으로 내려온다.[26] 여기에는 능침에 있던 혼백이 오른쪽 망주석으로 나가 능역 정원에서 놀다 다시 찾아올 때 왼쪽 망주석을 보고 온다는 이야기가 전해진다.

망주석에 있는 상향의 세호가 재미있다. 세호는 호랑이를 의미하지만 도마뱀, 다람쥐 또는 청설모처럼 보인다. 김동순 정릉관리소 문화해설사는 정조의 『춘관통고』에서 처음으로 세호라는 말이 나오는 것을 볼 때 호랑이보다 도마뱀, 다람쥐 또는 청설모를 조각했다고 보는 것이 자연스럽다고 했다. 도마뱀인들 어떻고 호랑이인들 어떠냐만은 호랑이로 부르는 것이 더 의미 있게 보였음직하다.[27]

원릉은 문인석 공간인 중계와 무인석 공간인 하계를 통합하고 높낮이의 등급을 두지 않았으며 장대석으로 경계도 하지 않았다. 고려와 조선 시대 통틀어 문인 공간과 무인 공간의 높낮이를 두지 않은 최초의 능원인 것이다. 이후 조선의 모든 능은 중계와 하계를 같은 공간에 통합했다.

문인석과 무인석은 다른 왕릉에 비해 규모가 작은 편으로 문인석은 어깨가 좁고, 무인석은 위풍당당하지만 입체감이 떨어진다. 평소 검소했던 영조의 유지를 따른 것으로 보인다.[28]

정자각 앞에 좌측으로 세워진 비각은 다른 능에 비해 매우 크며 3개의 표석이 나란히 세워져 있다. 1776년 정조는 비각을 2칸으로 만

원릉의 난간석 석주에는 쇠사슬 무늬를 넣어 상징성을 더했다.

들어 '조선국 영종대왕 원릉'이라 표기한 표석을 세우고 1칸을 비워 두었다. 1805년 순조가 비워둔 자리에 '조선국 정순왕후 부좌'라 기록한 표석을 세움으로써 비로소 쌍릉이 완성되었다.

참고로 서울 종로구 궁정동에 있는 칠궁七宮에 영조의 생모인 숙빈 최 씨의 신위가 모셔져 있다. 칠궁은 최 씨처럼 조선 시대 역대 왕이나 왕으로 추존된 이의 생모인 일곱 후궁의 신위를 봉안한 곳이다. ❖

왕과 왕비의 나이 차가 51세?

※ 조선 왕실에서는 왕과 왕세자, 왕세손 등 지위에 따라 격을 달리하는 혼례식이 열렸고 시대별로 내용에 조금씩 변화가 있었다. 그중 영조가 66세에 15세의 정순왕후와 치른 결혼식은 여러 가지 면에서 하이라이트다. 왕과 왕비의 나이 차는 51세로 조선 왕실의 최고 기록이다. 두 사람의 혼례식은 『영조정순왕후가례도감』에 상세히 기록되어 250여 년 전의 정황을 상세히 알게 해준다.

왕실에서 혼례식이 열리면 총괄 본부인 '가례도감'이 구성되었고 총책임자인 도제조는 정승급에서, 부책임자인 도제는 판서급에서 임명했다. 도제 3인 중 2인은 호조판서와 예조판서인데 의식 절차는 예조판서가, 행사에 들어가는 총 비용은 호조판서가 집행했다. 행사의 실무를 맡은 사람은 도청이나 낭청인데 현직에 있는 관리들이 겸직하고 행사가 끝나면 원래 직책으로 복귀했다.

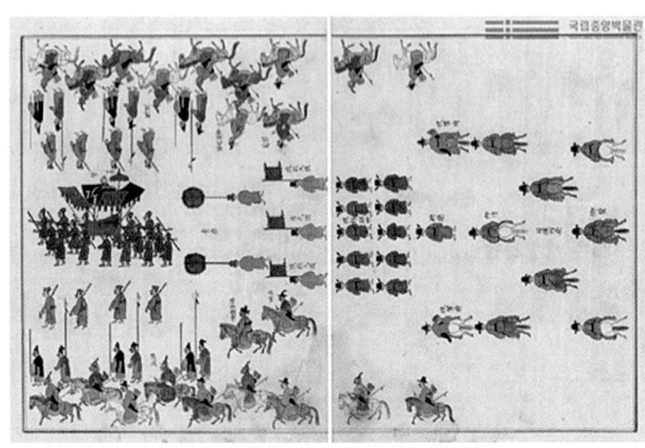

■
영조정순왕후가례도감의궤(국립중앙박물관 소장).

혼례가 열리려면 신붓감이 있어야 함은 물론이다. 왕실 혼례식의 첫째 관문을 '간택'이라 한다. 왕비를 뽑는 혼례가 예정되면 전국에 금혼령을 내리고 적령기의 모든 처녀를 대상으로 처녀 단자를 올리게 했다. 처녀들의 나이는 시기적으로 차이가 있으나 대체로 10대 초·중반이었다. 영조가 정순왕후를 간택할 때는 신부의 금혼 범위를 16~20세로 했다.

처녀 단자는 일종의 신상명세서인데 생년월일과 사조*를 적어 나이와 집안 배경을 우선으로 고려했다. 전국의 처녀를 대상으로 했으므로 조선 전체 처녀

* 사조(四祖)
부, 조부, 증조부, 고조부.

들의 처녀 단자가 올라갈 것 같지만 실제로 심사 대상은 25~30명 정도였다. 왕비가 내정된 경우가 대부분이었고 간택하는 데 엄청난 경비가 들었기 때문이다. 간택 대상이 된 처녀는 의복과 가마를 갖추어야 하는 등 준비 비용이 만만치 않았고 설사 왕비로 간택되더라도 정치적으로 상당한 부담이 따랐다.

간택 후보자들의 심사는 매우 엄중했다. 후보자들은 같은 조건에서 평가받는다는 취지에서 똑같은 복장을 했다. 초간택시에는 노랑 저고리에 삼회장을 달고 다홍치마를 입었으며, 재간택, 삼간택으로 올라갈수록 옷에 치장하는 장식품이 조금씩 늘었다. 삼간택에서 뽑힌 처녀가 입는 옷은 비빈의 대례복으로 왕비 수준이었다.

심사에 참여한 왕실 가족은 발을 치고 후보들을 지켜보았다. 세밀한 심사는 경험 많은 상궁이 맡았다. 심사가 끝난 후에는 간단한 점심 식사를 했는데 이때 식사 예절을 면밀히 관찰했다.

1759년 6월 2일 영조는 초간택에서 선발된 처녀 6인을 재간택에 들이도록 하고 나머지 처녀는 혼인을 허락하라는 전교를 내렸다. 6월 6일 재간택에서 3명이 선택되었는데 이때도 탈락한 처녀는 혼인을 허락하라는 전교를 내렸다. 이를 통해 간택에서 탈락한 여성들은 자유롭게 혼인할 수 있었음을 알 수 있다. 최종적으로 영조의 왕비로 간택된 사람이 정순왕후였다.

정순왕후는 1745년 경기도 여주에서 태어나 꽃다운 나이에 시집가 청춘의 대부분을 노년의 국왕 뒷바라지에 바쳤다. 불행인지 다행인지 소생이 없어 정치 파문은 일지 않았다. 정순왕후가 최종 간택된 이유는 여러 관문에 슬기롭게 대처했기 때문이다.

정순왕후는 후보자로 영조 앞에 앉을 때 다른 후보와는 달리 방석을 치우고 자리에 앉았다. 영조가 이유를 묻자 방석에 부친 이름이 적혀 있기 때문이라고 했다. 영조가 세상에서 가장 깊은 것이 무엇이냐고 묻자 다른 후보자들은 산 혹은 물이라고 했지만 정순왕후는 인심이라고 했다. 물건의 깊이는 측정할 수 있지만 인심은 결코 깊이를 잴 수 없기 때문이라는 것이다. 영조가 꽃 중에서 어떤 것이 제일 좋으냐고 묻자 정순왕후는 목화라고 했다. 복숭아꽃, 매화꽃, 모란꽃 등이 일시적으로 좋은 것은 사실이지만 목면만이 사람을 따뜻하게 해주기 때문이라는 것이다.

그때 마침 비가 내렸다. 정조는 후보자들에게 궁궐 행랑 수가 몇 개냐고 질문했다. 후보들은 저마다 위를 보면서 손가락으로 숫자를 셌지만 정순왕후는 홀로 아래를 보면서 침묵했다. 영조가 무슨 연유냐고 묻자 처마 밑으로 떨어지는 빗줄기를 보면 행랑 수를 알 수 있기 때문이라고 했다.

영조는 이후 16년이나 더 살다 83세에 사망했다. 조선 시대 왕의 평균 수명이 48세인 점을 고려하면 영조의 장수는 매우 이례적이라 할 수 있다.[29] ※

휘릉
徽陵

장렬왕후

제16대 인조의 계비 장렬왕후 조 씨(1624~1688)의 휘릉도 동구릉 안에 있다. 장렬왕후는 한원부원군 조창원의 셋째 딸로 인조의 원비 인렬왕후 한 씨가 세상을 떠나자 인조 16년(1638년) 15세의 나이로 인조와 가례를 올려 계비가 되었다. 1649년 인조가 사망하자 26세에 대비가 되었으며 1651년 효종으로부터 존호를 받아 자의대비라 불렀고, 1659년 효종이 세상을 뜨자 대왕대비에 올랐다. 장렬왕후는 숙종 14년(1688) 사망했는데 효종, 현종, 숙종 대까지 4대에 걸쳐 왕실 어른으로 지냈다. 이 시기의 붕당 정치는 장렬왕후의 복상 문제를 놓고 예송 논쟁이 치열하게 대립한 것으로 유명하다.

■
휘릉은 병풍석이 없고 십이지 신상을 새긴 12칸의 난간석을 둘렀다.

*** 복상(服喪)**
상중에 상복을 입음.

1659년 효종이 사망했을 때와 1674년 효종의 비인 인선왕후 장씨가 사망했을 때 대왕대비인 장렬왕후의 복상*이 정치적 쟁점이 되었다. 여기에는 당대의 양대 권력 축인 남인과 서인 간의 세력 싸움이 작용한다. 양쪽의 대표적인 인물은 허목(1595~1682)과 송시열(1607~1689)이다.

허목은 조선 후기의 문신으로 그림과 글씨에 뛰어나 동방의 1인자라는 찬사를 받았으며, 1657년 환갑이 넘은 나이에 벼슬에 올랐으나 남인의 영수로서 서인과 예송 논쟁의 핵심이 되었다. 효종의 스승인 송시열은 효종이 왕이 되자 곧바로 이조판서가 되어 당대의 두 사람이 모두 한 조정에 몸담게 되었다.

예송 논쟁이 벌어진 이유는 효종이 사망하자 효종의 계모인 조 대비, 즉 장렬왕후가 얼마 동안 상복을 입어야 하는가 때문이었다. 집권파인 서인은 효종이 인조의 둘째 아들이므로 장렬왕후는 그에 걸맞게 기년(1년) 동안 상복을 입어야 한다고 주장했다. 이에 반해 남인은 효종이 왕위를 계승한 특별한 존재이므로 맏아들에 대한 예법을 적용해 3년 동안 상복을 입어야 한다고 주장했다. 서인은 예의 보편적 적용은 국왕도 예외가 아니라는 입장인 반면, 남인은 국왕의 특수한 지위를 인정해야 한다는 입장인 셈이었다. 가통으로 보면 1년 상복, 왕통으로 보면 3년 상복을 입어야 하는 까닭에 어떻게 보느냐에 따라 기간이 달라지는 것이다.

그러나 예송 논쟁의 배경에는 율곡 학파인 서인과 퇴계 학파인 남인 간의 이념 차이와 둘째 아들로서 왕위를 계승한 효종의 자격 시비가 깔려 있었다. 어쨌든 송시열의 주장대로 조 대비는 1년 동안 상복을 입었다.

1674년 효종의 비인 인선왕후 장 씨가 사망하자 다시 서인과 남인 간에 조 대비의 복상 문제가 재연되었다. 서인은 대공*설에 따라 9개월 복으로 결정했다. 이에 남인이 들고 일어나자 현종은 이 주장을 받아들여 기년복으로 정했다. 1659년에는 서인의 주장이 채택되어 기년복을 입고, 1674년에는 남인의 주장이 채택되어 기년복을 입은 것이다.[30]

* 대공(大功)
오복(五服)의 하나. 굵은베로 지은 상복이다. 대공친의 상사에 아홉 달 동안 입는다.

예를 둘러싼 논쟁은 학문적 대립에 그치지 않고 정치화되었고 급기야는 충역忠逆 논쟁으로까지 비화되어 조선 왕조를 한바탕 회오리 속으로 몰아갔다.

휘릉은 병풍석이 없고 십이지 신상을 새겨 방위를 표시한 12칸의 난간석을 둘렀다. 봉분 뒤에는 3면의 곡장이 있다. 현종의 비 명성왕후의 숭릉으로부터 5년 뒤에 조영해 석물의 형식과 기법이 비슷하다. 석양과 석호는 각각 2쌍으로 다리가 짧은데 특히 석양은 배가 바닥에 거의 닿을 정도다. 봉분 아랫단의 문인석과 무인석은 높이가 2.4미터에 이르는데 문인석은 이목구비가 크고 입가에 부드러운 미소를 머금

휘릉 정자각의 잡상. 잡귀가 건물에 범접하는 것을 막는 벽사의 의미를 지니고 있다.

고 있다. 무인석은 눈과 코가 크고 입술이 두꺼워 우직하고 우람한 무인의 모습을 연상시킨다.

혼유석을 받치고 있는 귀면이 새겨진 고석은 5개다. 조선 태조에서 세종에 이르는 왕릉의 고석은 모두 5개였다가 4개로 줄었는데 휘릉 때부터 다시 건원릉의 형식을 따라 5개가 되었다. 귀면의 기원은 동이족이 건설했다고 알려지는 중국의 은까지 거슬러 올라간다. 한국에서는 고구려 기와에서 흔적이 발견되며 고려 · 조선 시대에도 주술적인 제기 장식이나 건축, 고분 등에 많이 사용했다.

정자각에 있는 잡상*도 흥밋거리다. 잡상은 지위와 품격이 높은 건물에만 설치하며 숫자는 건물의 위상과 직결된다. 이들은 잡귀가 건물에 범접하는 것을 막는 벽사의 의미를 지니고 있다. 일반적으로 다섯 개인데 경복궁의 정전인 근정전은 일곱 개, 경회루는 열한 개나 된다.

조선 시대에는 궁궐 건축물의 지붕 기와 제작을 담당하는 와서와 잡상을 제작하는 잡상장을 두었다. 또한 잡상을 만들 때 제대로 제작하지 않으면 중죄인으로 처벌했다. 우리말 중 '어처구니없다'는 말은 잡상에서 유래한다. 신성한 곳에 잡상이 없어 사악한 것을 막지 못하면 '어처구니없는' 꼴을 당하거나 '어처구니없는' 일을 당한다는 뜻으로 풀이되기 때문이다.[31] ❖

*** 잡상(雜像)**
궁전이나 전각의 지붕 위 네 귀에 여러 가지 신상(神像)을 새겨 얹는 장식 기와.

혜릉

惠陵

단의왕후

혜릉은 제20대 경종의 원비 단의왕후(1686~1718)의 능이다. 단의왕후는 청은부원군 심호의 딸로 1696년 11세에 9세였던 세자(경종)와 가례를 올린다. 경종은 장희빈의 아들이니 단의왕후는 숙종과 장희빈의 며느리인 셈이다. 단의왕후는 어릴 때부터 총명하고 덕을 갖춰 11세에 세자빈에 책봉되어 양전兩殿과 병약한 세자를 섬기는 데 손색이 없었다고 한다.

심 씨의 왕실 생활은 순탄치 않았다. 희빈 장 씨가 갑술환국으로 왕비에서 빈으로 강등된 직후였고, '무고의 옥'으로 사약을 받았는데 이때 세자빈의 나이 16세였다. 이러한 풍파 속에서 심 씨는 세자가 왕

혜릉의 능원은 동구릉 내 유택 중 유일한 원 형식이다.

위에 오르기 2년 전인 숙종 44년(1718) 갑자기 병을 얻어 세상을 떠났다. 이때 조선에는 여역*이 창궐했고 숙종과 세자가 경덕궁(경희궁)으로 급히 옮긴 기록으로 보아 세자빈의 병도 여역이었던 것으로 추정된다. 심 씨는 1720년 경종이 즉위하자 단의왕후에 추봉**되었다.[32]

혜릉의 능원은 동구릉 내 17명의 유택 중 유일한 원 형식으로 가장 작은 규모다. 능이라면 당연히 세웠어야 할 입구의 홍살문도 없다. 능역이 전반적으로 좁고 길게 자리하고 있으며 석물도 사람의 키 정도로 별로 크지 않다. 곡장 안의 봉분은 병풍석 없이 난간석만 둘러졌고 난간석에 새겨진 12자가 비교적 또렷하게 남아 있다. 봉분 주위에

*** 여역**(癘疫)
전염성 열병을 통틀어 이르는 말.

**** 추봉**(追封)
죽은 뒤 관위(官位) 등을 내림.

네 마리의 석호와 네 마리의 석양이 교대로 배치되어 능을 보호하고 있다. 망주석은 다른 왕릉보다 작게 만들어졌으며 좌우 세호의 방향이 다르게 조각되어 있다. 장명등은 현재 터만 남아 있으며 조선 왕릉 1,600여 개의 석물 중 유일하게 혜릉의 장명등만 멸실된 상태다.[33]

무인석은 이목구비가 상당히 이국적으로 상당 부분을 코가 차지하는데 치아를 7개나 잔뜩 드러내놓고 웃는 모습이 인상적이다. 무인석보다 약 10센티미터 작고 한 단 위에 서 있는 문인석은 입을 꼭 다물었는데 주책없게 웃고 있는 무인을 못마땅하게 생각하는 표정이라는 설명도 있다.

현재 보이는 정자각은 1995년 재건된 것이다. 또한 혜릉이 다소 특이한 것은 조선 왕릉은 대부분 북침인데 혜릉은 서쪽에 머리를 두고 다리를 동쪽으로 향했다는 점이다. 혜릉의 좌향은 유좌묘향酉坐卯向, 즉 서측에서 동측을 바라보고 있는 지세다.

시신의 머리를 어느 방향으로 두느냐는 민족, 지방, 종교 등에 따라 다른데 한국에서는 동쪽이나 남쪽으로 두는 예가 많았다. 이후 삼국 시대에 중국의 영향으로 북침으로 바뀌었는데 고려, 조선을 거쳐 지금까지 계속되고 있다.

조선 왕릉은 모두 42기인데 유네스코 세계유산에 등재된 왕릉은 총 40기로 북한에 있는 제릉과 후릉은 제외되었다. 후릉은 개성에 있으며 제2대 정종과 정안왕후의 쌍릉이다. 정종은 태종에게 왕위를 넘기고 개성 백룡산 기슭의 인덕궁에서 여생을 보내다가 왕후가 1412년 죽고 난 뒤 1420년 사망해 그곳에 묻혔다.

문화재청에 의하면 후릉은 고려 공민왕릉을 닮았으면서 조선 시기 왕릉의 특징도 갖추고 있다. 즉 조선 왕릉은 공민왕릉을 비롯한 고려의 왕릉 건축을 충실히 계승하면서 규모를 크게 하고 석물을 많이 놓는 방향으로 발전한 것이다. 후릉의 봉분 높이는 3.45미터이며 직경은 7미터다.

태조의 첫 번째 부인이었던 신의왕후는 이성계가 왕이 되기 전에 사망해 개성 근처인 제릉에 매장되었는데 제릉에는 건원릉과 유사한 육각형의 장명등이 있다고 적었다.

또한 제릉은 북한의 문화재 분류인 보존급(대한민국의 보물급에 해당) 제556호로, 제릉비는 보존급 제1624호로, 후릉은 보존급 제551호로 지정되었다. ❖

치아를 드러내놓고 웃고 있는 혜릉 문인석(왼쪽)과 입을 꼭 다물고 있는 문인석(오른쪽). ■

경릉

景陵

헌종과 효현왕후 · 효정왕후

경릉은 제24대 헌종(1827~1849)과 효현왕후 김 씨(1828~1843), 계비 효정왕후 홍 씨(1831~1903)를 모신 능이다. 헌종은 요절해 익종으로 추존된 문조의 아들로 왕가의 정통성을 한 몸에 안고 태어났으며 4세 때 아버지인 효명세자가 급서하자 바로 왕세손에 책봉되면서 6세 때부터 강연을 열어 왕자 수업을 받았다.

8세 때 할아버지인 순조가 사망하자 1834년 왕위에 오른 헌종은 조선의 왕 중 가장 어린 나이에 왕이 된 인물이기도 하다. 그의 할머니 순원왕후가 대왕대비로서 수렴청정하면서 안동 김씨의 세도 정치가 시작되었다. 헌종은 15세 때 대왕대비의 수렴청정이 끝나면서 국왕으

■
경릉에서는 '미완의 문화 군주'라 불리는 헌종을 만날 수 있다.

로서 자기 역할을 할 수 있게 되었다. 헌종의 외가인 풍양 조씨 세력이 헌종의 권위를 이용해 안동 김씨 세력에 우위를 점할 수 있었던 것도 이때부터다. 이로 인해 삼정이 문란해지고 계속된 홍수로 백성은 큰 고통을 받았다.

친정에 나선 헌종은 유력한 가문의 틈바구니 속에서도 나름대로 국정 운영의 주체가 되려고 노력했다. 『국조보감』 증수를 위해 정조, 순조, 익종에 대한 『삼조보감』을 찬집했고 『열성지장』, 『동국사략』, 『문원보불』, 『동국문헌비고』 등을 편찬하는 등 상당한 문화적 업적을 이루었다. 헌종은 문학에 재능이 있었고 글씨도 잘 썼는데 특히 예서에 뛰어났다. 헌종의 노력이 유력한 가문의 이해를 조정하고 견제하는 수준을 넘지는 못했지만 학자들은 헌종에게 '미완의 문화 군주'라는 칭호를 부여하기도 한다.

안동 김씨 김조근의 딸인 효현왕후가 10세의 나이에 왕비에 책봉된 것은 당시 수렴청정하던 순원왕후 김 씨가 자신의 친정 쪽으로 국혼을 배려했기 때문이다. 그녀에 대해서는 성품이 조용하고 온화해 언제나 예법에 맞는 말만 했다는 것 이외에는 특별한 기록이 없다. 그러나 불과 여섯 해 만에 후사 없이 세상을 떠나 세도를 이어가려는 안동 김씨 세력의 의도에 차질이 생겼다.

헌종의 계비 효정왕후는 남양 홍씨 홍재룡의 딸로 14세에 왕비에 책봉되었고, 철종이 즉위하면서 대비의 칭호를 받았으며 철종 8년(1857) 왕대비가 되었다. 왕비의 간택은 일반적으로 전국의 16세 이하, 반역에 가담하지 않은 가문과 이 씨가 아닌 규수 중에서 추천을 받아 행해진다. 추천받은 규수를 대상으로 3번의 심의를 거쳐 3명을 최종 선발하는데 이 중 한 사람만 왕비가 된다.

헌종의 후사를 잇지 못한 것은 효정왕후도 효현왕후와 동일하다. 이에 헌종은 주부 김재청의 딸을 후궁으로 삼았고 그녀가 경빈 김 씨다. 그런데 헌종은 김 씨를 통해서도 후손을 얻지 못했다.

광무 1년(1897) 대한제국이 선포되고 고종이 황제로 즉위하면서 효정왕후도 황후에 책봉되었다. 그녀는 동구릉에 안장된 왕비 중 살아서 황후에 책봉된 유일한 인물이다. 정면에서 볼 때 왼쪽 봉분이 헌종의 능이고 중앙이 효현왕후의 능, 오른쪽이 효정왕후의 능이다. 선

■ 왼쪽이 헌종의 능이고 중앙이 효현왕후의 능, 오른쪽이 효정왕후의 능이다.

조의 목릉과 숙종의 명릉처럼 왕과 함께 원비와 계비를 한 곳에 배치했다. 하지만 목릉과 명릉이 동원이강 또는 변형된 동원이강의 형식으로 조성된 반면, 경릉은 3개의 봉분을 병풍석 없이 난간석으로 연결한 후 나란히 옆으로 배치한 삼연릉으로 조선 왕릉 중 유일한 형태다.

경릉은 영조 대에 홍계희가 왕명을 받들어 영조 34년(1758)에 편찬한 『국조상례보편』에 의거해 마련했는데 기본적으로 단릉에 준했다. 세 봉분은 병풍석 없이 난간석을 터서 연결했지만 각 능 앞에 혼유석을 따로 마련해 혼유석과 고석이 다른 능보다 많은 것이 특징이다.

능 앞의 3단은 2단으로 줄어 장명등과 문·무인석이 한 단에 마련되어 있다. 문·무인석은 선명한 눈꺼풀, 눈동자를 비롯해 입술선이 입체적으로 표현되는 등 다른 능에서는 보이지 않는 이색적인 모습을 하고 있다. 조각을 가늘게 해 평면적으로 보이기도 하지만 눈동자 등의 세부 표현은 섬세한 편으로 18세기 이후 양식을 잘 따르고 있다. 무인석의 갑옷 묘사는 상당히 장식적으로 투구 앞의 마크는 태극 모양이다. 정조가 건립한 사도세자 융릉의 무인석 투구 앞면 이마 가리개에는 원형 속에 만卍 자가 있으며, 인릉 것에는 3개의 원형 볼, 수릉 것에는 십자형 세곡 수 모양이 새겨져 있다. 정조 때 장용영, 순조 때 총리영, 헌종 때 총위영, 이후 철종 때 총융청 같은 왕의 근위대 마크로 추정하는 의견도 있다.[34]

조선 시대 왕릉에는 고려 시대 왕릉과 달리 거의 모든 왕릉에 피장자가 누구인지 알려주는 표석이 있다. 1393년 정숙왕후(조선 태조의 증조모)의 숙릉에 처음 능표를 세웠다. 그러나 이후에는 극소수의 능에만 표석을 건립했고 1674년 우암 송시열의 주장에 따라 효종의 영릉에 표석이 새롭게 세워졌다. 그 후 고종 대에 이르러 거의 모든 능에 능표가 세워졌다.

경릉의 능표는 1843년 효현왕후가 사망했을 때 명칭만 새겨 처음 세웠다가 1849년 헌종이 사망하면서 내용을 추가해 고쳐 세웠으며, 1903년 계비 효정왕후가 죽자 이듬해에 또다시 문안을 크게 수정해 건립했다. 현재 정자각 우측에 있는 능표는 1908년에 건립한 것이다.[35] ❈

수릉

綏陵

문조와 신정왕후

동구릉 중앙 길을 따라 건원릉 방향으로 들어가면 가장 먼저 보이는 능으로 추존 문조(1809~1830)와 신정왕후 조 씨(1808~1890)의 능이다. 흥선대원군의 둘째 아들을 고종으로 즉위하게 한 당사자가 바로 조 대비 신정왕후다.

문조는 4세에 왕세자(효명세자)로 책봉되고 19세부터 대리청정하면서 인재를 널리 등용하고 형옥을 신중하게 하는 등 백성을 위한 정책 구현에 노력했으나 22세에 요절했다. 순조의 뒤를 이어 문조의 아들 헌종이 즉위하자 헌종은 부왕인 문조를 익종으로 추존했다.

추존되었다고는 하나 익종이 정사에 관여하지 못한 것은 아니라

수릉 배위. 특이하게 홍살문으로 들어가기 전에 놓여 있다.

는 점에서 일반적인 추존 왕과는 차이가 있다. 그는 순조 27년(1827) 부왕인 순조의 명령으로 대리청정을 시작했다. 순조가 38세의 한창인 나이임에도 왕세자에게 대리청정을 명한 이유는 김조순을 중심으로 한 안동 김씨 세력의 정치적 독주를 제어하지 못하는 상황에서 효명세자에게 기대를 품었기 때문이다.

19세 젊은 나이의 효명세자는 부왕의 기대에 부응했다. 세자는 대리청정을 시작한 지 사흘 만에 형조판서 등에 대한 인사 명령을 내리고, 다음 날은 고위 관료들에게 감봉 처분을 내리는 등 강력한 권한을 행사하기 시작했다. 이후 사류*, 청의**를 자처하는 세력을 과감히 등용해 안동 김씨가 독점하던 정국을 반전했다. 학자들은 효명세자가

* 사류(士類)
학문을 연구하고 덕을 닦는 선비의 무리.

** 청의(淸議)
고결하고 공정한 언론.

수릉은 합장릉이지만 단릉처럼 봉분과 혼유석을 하나만 마련했다.

할아버지 정조를 모범으로 삼아 개혁을 추진했던 것으로 생각한다. 그러나 그는 개혁의 성과가 실현되기도 전인 순조 30년(1830) 갑작스럽게 사망해 왕위에 오르지 못했다. 대리청정 3년 3개월 만이었다. 효명세자의 급서와 함께 그를 중심으로 결집되었던 세력 또한 급격하게 도태되었지만 후일 흥선대원군 등 반反 안동 김씨 세력이 다시 등장한 계기는 효명세자 대리청정기에 싹트고 있었다.[36]

신정왕후 조 씨는 조선 왕조에서 가장 큰 실권을 휘두른 여장부다. 아들 헌종이 왕통을 이어받아 남편이 익종으로 추대되자 왕대비에 올랐고, 철종이 후사 없이 사망하자 대왕대비가 되어 왕실의 권한을 한 손에 거머쥐었다. 신정왕후는 안동 김씨의 세력을 약화하기 위해 대원군과 손잡고 고종을 즉위시킨 뒤 조 대비가 되어 수렴청정을 했다. 그녀가 사망한 나이는 83세로 조선의 비 중 왕실 생활을 가장 길게 했다.

처음에 장지로 결정된 곳은 능동의 도장곡인데, 현재 어린이대공원 일대다. 이곳을 장지로 정하고 산릉 조성 작업을 진행하던 중 혈처 주변에서 5기의 옛 무덤 흔적과 유골이 발견된다. 이는 그 땅이 길지가 아니라는 뜻이기 때문에 작업을 중단하고 능을 의릉 근처로 옮긴 후 다시 양주 용마봉(광진구 용마산) 자락으로 옮겼다가, 1855년 철종 때 최종적으로 건원릉 좌측으로 옮겼다.

수릉 장명등의 세호.

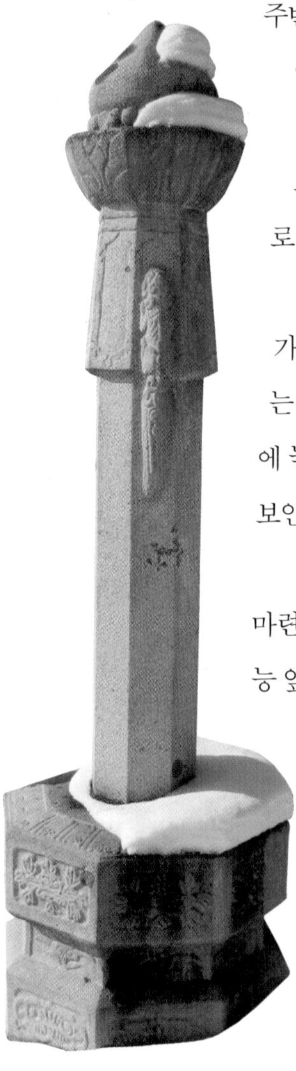

수릉은 제례의 시작과 끝남을 알리는 배위와 참도의 위치가 특이하다. 일반적으로 참도는 홍살문부터 시작하고 배위는 참도 시작점 옆에 있는데, 수릉은 홍살문으로 들어서기 전에 놓여 있다. 이와 같이 특별한 위치는 후세에 변형된 것으로 보인다.

수릉은 합장릉이지만 단릉처럼 봉분과 혼유석을 하나만 마련했다. 왕릉의 상설물은 대부분 『국조상례보편』을 따랐으며 능 앞의 3단 중 중계와 하계를 합쳐 문인석과 무인석이 한 단에 서 있다. 문인석은 금관 조복을 입고 있으며 길쭉한 얼굴에 광대뼈가 나오고 눈이 가늘어 전형적인 북방인을 묘사했다. 또한 어깨를 움츠리고 목을 앞으로 빼고 있는 형태에서 조선 후기 인물 조각의 전형을 볼 수 있다.

세호는 좌측 것은 내려오고 있는 반면 우측의 것은 올

수릉은 1855년 철종 때 최종적으로 건원릉 좌측으로 자리를 옮겼다.

라가고 있다.[37]

추존된 왕과 왕후로 능호가 추봉된 것은 태조의 정비 신의왕후 한 씨의 제릉, 예종의 정비 장순왕후 한 씨의 공릉, 덕종(의경세자)과 소혜왕후 한 씨의 경릉, 원종(정원군)과 인헌왕후 구 씨의 장릉, 진종(효장세자)과 효순왕후 조 씨의 영릉, 문조(익종을 문조로 함)와 신정왕후 조 씨의 유릉이 있다. 사도세자는 현륭원에서 고종 광무 3년(1899)에 왕으로 추존되면서 능호를 융릉이라 했다. ❖

홍유릉

洪裕陵

조선 왕릉 중에서 남다른 격식을 갖고 있는 곳이 경기도 남양주시 금곡동에 있는 제26대 고종과 명성황후 민 씨의 홍릉, 제27대 순종과 순명효황후 민 씨 · 순정효황후 윤 씨의 유릉이다. 이는 당대의 품격이 왕이 아니라 황제였기 때문이다.

많은 사람이 조선 시대에 중국보다 한 단계 아래인 왕만 존재했다고 생각하는데, 실상은 그렇지 않다. 조선 시대에도 엄연히 '황제'가 있었는데 우선 고종과 순종을 꼽을 수 있고 더불어 무려 8명이다. 이들은 생전에 왕위에 오르지 못한 진종(영조의 첫 번째 왕자), 장조(영조의 두 번째 왕자), 문조(순조의 왕자)로 사후 진종소황제, 장조의황제, 문조익황제로 추존되었다. 정조, 순조, 헌종, 철종도 각각 정조선황제, 순조숙황제, 헌종성황제, 철종장황제로 추존되었다. 또한 태조 이성계도 태조고황제에 추존되었다. 이들은 모두 대한제국의 황제가 된 고종과 순종의 세계世系와 직 · 간접적으로 연관이 있어 추존된 것이다.

따라서 이들이 묻힌 능은 왕릉으로 호칭하는 것이 아니라 마땅히 '황릉'이라고 불러야 한다는 주장도 있다. '조선 왕릉'이라는 표현도 '조선 황릉과 왕릉'이라고 고쳐 부르는 것이 정확한 표현이라는 것이다. 더불어 고종과 순종은 엄밀히 얘기하면 대한 제국의 황제이지 조선의 황제는 아니므로 '조선 왕릉'에서 고종과 순종을 제외해야 한다는 지적도 있다.[38] 이곳에서는 이런 명분을 따지지 않으므로 고종의 홍릉과 순종의 유릉을 함께 다룬다.

제관들이 제사를 준비하고 휴식하던 재실(홍릉).

홍릉
洪陵

고종과 명성황후

홍릉은 제26대 고종(1852~1919)과 명성황후 민 씨(1851~1895)의 능이다. 고종은 홍선대원군 이하응의 둘째 아들로 철종이 후사 없이 사망하자 익종의 비인 신정왕후 조 씨(조 대비)의 지명으로 왕위에 올랐다. 고종이 왕위에 오를 때 조 대비는 남편인 효명세자를 양부로 하고 자신을 모친으로 입적했다. 적통으로 왕위를 받았다는 서류 처리에 완벽을 기한 것이다.

고종은 조 대비에게 수렴청정을 맡기고, 홍선대원군에게 국정을 총괄하게 했다. 조선 시대 역사상 살아 있는 왕의 생부는 홍선대원군이 처음이다. 그전에 있었던 덕홍대원군(선조의 생부)과 전계대원군(철

■
고종의 능이 남다른 것은 명 태조의 효릉을 본떠 만들었기 때문이다.

종의 생부)은 모두 사후에 추증*된 대원군이었다.

1866년 홍선대원군의 부인 민 씨는 민치록의 딸을 고종의 비로 천거했다. 대원군이 8세 나이에 부모를 여의고 혈혈단신으로 자란 민비를 왕비로 간택한 이유는 외척에 의해 국정이 농단된 3대(순조, 헌종, 철종) 60여 년의 김씨 세도 정치의 폐단을 막기 위해서였다. 그러나 고종이 친정을 하자 그녀는 민씨 척족을 활용해 강력한 쇄국 정치를 폈던 대원군에 맞섰다.

고종의 재위 시에는 그야말로 파란만장한 사건이 연이어 일어난다. 개화파와 수구파 사이가 악화되어 임오군란과 갑신정변, 동학 농

*** 추증(追贈)**

1. 종이품 이상 벼슬아치의 죽은 아버지, 할아버지, 증조할아버지에게 벼슬을 주던 일.
2. 나라에 공로가 있는 벼슬아치가 죽은 뒤에 품계를 높여주던 일.

민 운동과 청일 전쟁이 발발했으며 아관파천 등 근대 한국의 주요 사건이 연이어 벌어졌다. 고종은 1897년 주변 국제 관계의 영향으로 대한 제국 수립을 선포하고 황제에 올랐다.

하지만 그전에 고종에게 씻을 수 없는 사건이 일어나는데 1895년 을미사변으로 경복궁에서 명성황후가 살해된 것이다. 주한공사 미우라 고로는 일본을 경원하던 명성황후를 별기군 참령으로 봉직하던 우범선(우장춘의 아버지)의 도움을 받아 경복궁 건청궁 곤녕합에서 시해하고, 시신은 경복궁 뒷산 녹원에서 불태웠다. 우범선은 명성황후가 시해된 후 정국이 바뀌자 일본으로 망명했지만 자객 고영근에게 살해된다.[39]

경위가 어떻든 명성황후의 사망은 고종에 대한 부정적인 시각으로 이어진다. 왕비조차 살해당하게 할 정도로 무능했기 때문에 조선 왕조가 멸망했다는 것이다.

그런데 최근의 연구에 의하면 고종은 나라를 빼앗기지 않으려고 다방면으로 많은 노력을 기울였다는 점이 밝혀졌다. 고종의 밀사이자 대한 제국의 국권 회복을 위해 노력한 역사학자 호머 헐버트는 "황제가 유약하다는 사람들은 틀렸다"라고 했다. 또 고종의 황제 즉위식 때 『독립신문』 1면 논설은 감격적인 희망을 장식했다.

"광무 원년(1897) 10월 12일은 조선 역사에 제일 빛나고 영화로운 날이 될지라. 조선이 몇천 년 동안 청국의 속국 대접을 받은 때가 많더니 하나님이 도으사 조선을 자주독립국으로 만드사 대황제국이 되었으니 어찌 감격한 생각이 아니 나리요."

이런 기록에서는 한국인들이 흔히 알고 있는 무능한 왕이라는 이미지는 찾아볼 수 없다. 적어도 고종은 대원군의 도포 자락에 숨거나 명성황후의 치마폭에 휘둘리기만 한 어리석은 군주는 아니었던 것이다.

1896년 2월 11일 새벽, 명성황후가 일제에 살해된 지 6개월 후 고종과 왕세자(순종)는 두 대의 가마를 타고 궁궐을 몰래 빠져나와 정동에 있는 러시아 공사관으로 이동했다. 이를 아관파천이라고 한다. 그리고 같은 날 고종은 온 백성들에게 선언한다.

"8월의 변고는 만고에 없었던 것이니 차마 말할 수 있겠는가? 역적들이 명령을 잡아 쥐고 제멋대로 위조했으며 왕후가 죽었는데도 석 달 동안이나 조칙을 반포하지 못하게 막았으니 고금 천하에 어찌 이런 일이 있을 수 있는가? 생각하면 뼈가 오싹하고 말하면 가슴이 두근거린다. 사나운 돼지가 날치고 서리를 밟으면 얼음이 얼게 된다는 경계를 갑절 더해야 할 것이다. 을미년(1895) 8월 22일 조칙은 모두 역적 무리들이 속여 위조한 것이니 다 취소하라."

명성황후를 폐서인으로 삼은 것은 황제의 뜻이 아니었으니 취소하라는 뜻이다. 아관파천으로 만든 좁은 틈새로 고종은 본격적인 홀로서기를 준비한다. 부국강병을 위한 근대 개혁을 꿈꾼 것이다. 그러나 아무리 야심찬 의지가 있어도 고종 역시 세상을 바꿀 수는 없었다. 결국 고종은 순종에게 황제 지위를 물려주고 근대 개혁을 미완의 과제로 남긴 채 1919년 1월 덕수궁 함녕전에서 쓸쓸히 죽음을 맞이한다.

일제 강점기이므로 대한 제국 황제였던 고종의 장례는 황제의 국장도 아닌 왕족의 장으로 치렀는데 그마저도 7개월도 아닌 3개월로 했다. 처음에는 조선의 국장제인 '상례보편제'를 따랐는데 갑작스럽게 일제가 개입해 장례위원회를 도쿄 국내성에 두고 조선 총독부가 칙령에 따라 일본식으로 치르도록 했다. 이왕 직제로 이루어져 조선의 상왕제에 일본식이 가미된 특이한 장례였다.[40]

고종의 능이 남다른 것은 명 태조의 효릉을 본떠 만들었기 때문이다. 정확히 말한다면 홍유릉은 왕릉이 아니라 황제의 능이다. 그러므로 홍살문으로 들어가는 우측에 조선 왕릉 중 가장 큰 연지蓮池가 있다. 조선의 왕은 천원지방*의 연못을 기본으로 했는데 이곳은 연못 전체도 원형이고 가운데 섬도 원형이다. 연못에는 부들과 연꽃 등 수생식물이 자라며 원형의 섬에는 향나무, 소나무, 진달래 등이 식재되었다. 금천교 안쪽 좌측에는 일반 재실보다 규모가 큰 재궁이 양호한 상태로 보존되어 있다. 이는 황제 능에만 있는 특이한 형태다.

* 천원지방(天圓地方)
하늘은 둥글고 땅은 네모남을 이르는 말. 중국 진 때의 『여씨춘추전(呂氏春秋傳)』에 나오는 말이다.

정자각도 변형되어 중국의 황제 능처럼 일자 모양의 침전을 세웠다. 침전은 고종의 신위를 봉안한 제전이다. 침전의 기단 아래 홍살문까지 참도가 깔려 있는데 세 부분으로 나누어져 있다. 좌우보다 한 단 높게 마련된 중앙 길은 황제와 황후의 영혼이 다니는 길이다. 참도는 어도와 신도 두 단으로 구분되어 있던 기존 왕릉의 것에 비해 가운데가 높고 양옆이 한 단 낮은 삼단이다.

참도 좌우로 석물이 도열하듯 서 있는데 침전 가까이부터 문인석, 무인석, 기린, 코끼리, 해태, 사자, 낙타, 말 순서다. 이러한 배치는 기존의 왕릉과 크게 달라 참배객들로 하여금 이색적인 느낌이 들게 한다. 각기 좌우 1쌍인데 석마만 2쌍으로 다른 상에 비해 키가 작다. 문인석과 무인석도 다른 왕릉과는 다소 다르다. 문인석은 건릉, 수릉

참도 좌우의 석물. 침전 가까이부터 문인석, 무인석, 기린, 코끼리, 해태, 사자, 낙타, 말 순서다.

처럼 키가 크고(385센티미터) 머리에 금관을 썼는데 너무 매끈해 오히려 품격이 떨어진다는 지적도 있다.

문인석, 무인석, 석수가 모두 침전 앞에 있어 봉분 주위는 웅장한 침전에 비해 단출해 보이기도 한다. 능침만 보면 황제 능으로 보이지 않을 만큼 소박하다. 그럼에도 현종 이후 보이지 않았던 12면 병풍석을 세우고 면석에 꽃무늬를 새겼으며 12칸의 난간석을 둘렀다. 능침을 수호하는 석양과 석호는 세우지 않았고 혼유석 1좌 양옆으로 망주

봉분에는 12면 병풍석을 세우고 면석에 꽃무늬를 새겼다.

석 1쌍을 세우고 이를 3면의 곡장이 둘러싸고 있다. 혼유석 앞에 작은 대석이 있는 것도 이채롭다.[41]

고종은 한국 현대사의 한 획을 그은 사람이다. 대한 제국의 황제가 된 후 1910년 한일병합이 되자 이태왕으로 불리다가 1919년 1월 21일 덕수궁에서 사망했다. 이때 고종이 일본인에게 독살당했다는 설이 나돌아 국장일인 3월 1일을 기해 거족적인 3·1운동이 일어났다. 이날 온 나라를 울렸던 백성들의 함성은 자주독립을 염원하는 목소리인 동시에 황제를 애도하는 마음이었다. 고종의 능을 이곳에 만들면서 천장론이 일던 명성황후의 능도 모셔와 1919년 3월 4일 합장했다. ❖

유릉
裕陵

순종과 순명효황후 · 순정효황후

조선 왕조 마지막 왕릉인 제27대 순종(1874~1926)의 유릉도 황제능으로 조성되었다. 순종은 고종과 명성황후 사이에서 태어났고 광무 1년(1897) 대한 제국이 수립되면서 황태자가 되었으며 1907년 일제의 강요와 모략으로 고종이 물러나자 황제가 되었다.

순종은 일본의 꼭두각시로 변한 친일파들에 의해 전혀 힘을 쓰지 못하다가 1910년 8월 22일 총리대신 이완용의 주재로 열린 어전 회의에서 한일병합 조약 조인을 거쳤는데 문제는 황제인(옥쇄)의 날인이었다. 순정효황후 윤 씨(1894~1966)가 병풍 뒤에서 어전 회의를 엿듣고 있다가 친일 성향의 대신들이 순종에게 한일병합 조약의 날인을 강요

■
유릉은 조선 왕릉 중 유일한 동봉삼실 합장릉이다.

하자 옥새를 자신의 치마 속에 감추고 내주지 않았는데, 결국 큰아버지 윤덕영이 강제로 빼앗고 날인해 조선 왕조는 멸망한다.

순종은 이왕으로 강등되어 창덕궁에 거처하다가 1926년 사망했는데, 장례는 도쿄의 국내성에서 주관해 일본 국장으로 치러졌다. 그러나 황제 장이 아니라 이 왕가가 진행하는 형식이었으며 장례 기간도 조선 왕조의 국상인 6개월이 아니라 한 달 반으로 짧게 했다.

순종의 하관일인 1926년 6월 10일은 만세 운동이 일어난 것으로 유명하다. 고종의 장례 일에 3 · 1운동이 일어났듯 국부를 잃은 국민의 슬픈 감정이 독립 운동으로 결집되어 폭발했지만 대세에는 영향을 미치지 못했다.

순명효황후 민 씨(1872~1904)는 여은부원군 민태호의 딸로 1897년 황태자비가 되었으나 순종 즉위 전에 사망해 지금의 서울 능동 어린이공원에 모서졌다가 순종 사망 후 천장했다.

순정효황후는 1904년 당시 황태자비였던 순명효황후 민 씨가 사망하자 1906년에 13세의 나이에 동궁 계비로 책봉되었고, 1907년에 순종이 황제로 즉위함에 따라 황후가 되었다. 순종의 지위가 이왕으로 격하되었으므로 그녀도 이왕비가 되어 창덕궁 대조전에 머물렀으며 1926년 순종이 사망하자 대비로 불리며 창덕궁 낙선재로 거처를 옮겼다. 1950년 6 · 25전쟁이 일어나 인민군이 궁궐에 들이닥쳐 행패를 부리자 56세의 나이에도 크게 호통을 쳐서 내보냈다고 할 정도로 두려움을 모르는 여걸로 알려진다. 만년에 불교에 귀의해 슬픔을 달래다 1966년 72세로 창덕궁 석복헌에서 사망해 유릉에 순종과 합장되었다.

순종의 능묘는 현재도 많은 구설수가 있는 것으로 유명하다. 유릉이 명당이라는 사람도 있지만 풍수지리상 매우 나쁜 자리에 있다고 한다. 장남식 선생의 유릉에 대한 평은 다음과 같다.

"유릉은 혈처가 아닌 내룡의 중간에 위치하고 있다. 『장서葬書』에서 말하는 장사를 지내서는 안 될 산 가운데 하나가 이와 같은 '과산過山'이다. 또한 혈처 앞이 낮은 언덕으로 되어 있어 흉지로 간주할 수밖에 없는 '역룡逆龍'에 해당한다."

조선 왕조를 일본에 빼앗기기는 했지만 그래도 황제로 불린 순종인데 왜 이러한 흉지에 안장했을까 하는 의문이 들기 마련이다. 이 부분에 관해 많은 사람이 이구동성으로 음모론을 펼친다. 흉지에 매장해 후손을 절손하고, 조선의 부흥을 꿈도 못 꾸게 하려는 일제의 음모라는 것이다.

누가 그런 음모를 꾸몄을까라는 질문에 김두규 박사는 일본 총독부만의 작품은 아니라고 주장한다. 일제가 조선 황실의 후손이 번창하는 것을 막았을 수도 있지만 당시 일본으로부터 후한 대접을 받고 있던 조선의 일부 대신이나 귀족 역시 한몫했을 거라는 설명이다. 풍수지리상 좋지 않은 곳에 장지를 선택한 것은 여러 집단의 묵계*를 바탕으로 이루어졌다는 뜻이다.[42]

* 묵계(默契)
말 없는 가운데 뜻이 서로 맞음. 또는 그렇게 해서 성립된 약속.

길지든 아니든 조선 왕조의 마지막 왕인 순종이 매장되어 있는 유릉은 유일한 동봉삼실 합장릉이다. 황제와 황후 2명의 현궁이 함께 있는 능으로, 이제까지 지켜졌던 우상좌하의 원칙에 따라 제일 왼편에 황제의 재궁이 있어야 하나 이곳은 다르다. 중앙 순종, 우측 순정효황후, 좌측 순명효황후의 재궁을 두어 기존의 원칙을 따르지 않았다. 이는 중국 황제 능의 제도를 따른 것으로 추정된다.

유릉은 능침, 침전, 홍살문 등이 직선형으로 배치된 홍릉과 달리 능침 공간과 제향 공간의 축이 각기 다르게 배치되었다. 그러나 홍릉과 같은 황제 능으로 조성되었으므로 홍릉에 비해 능역의 규모가 다소 좁지만 석물은 홍릉에 비해 사실적이다.

순종의 능역을 조성하는 산릉주감은 조선인이었지만 실무자는 도쿄대 교수이면서 메이지신궁 등을 지은 일본인 건축가 이토 주타였다. 일본인들은 유릉의 석조물을 일본식으로 조각하기를 고집했다. 1927년 6월 24일자 『동아일보』에 유릉의 침전 앞 석물을 조성하는 과정을 기록한 기사가 실렸는데, 일제가 처음부터 조선의 전통 기술을 무시하고 문화를 짓밟으려 한 의도를 금방 파악할 수 있다.

"모형을 신라 시대부터 이어온 조선식에 근대 일본식을 가미한 절충식으로 한다고 했으나 그 후 이와 반대되는 순일본식으로 하자는 의견이 높아져 드디어 순일본식으로 해 짐승의 다리를 앙상하게 내어놓고 선을 일본식으로 하고……고종제의 황릉 앞 석물은 중국식을 가미한 것으로 졸렬하고 조선 말기의 작품으로 장래에 좋은 사실을 남기기 위해 홍릉을 지척에 두고 전연 딴 취미의 석상을 만드는 것이란다."

외형적으로만 보면 이들 석물은 예리하고 사실적인 면이 강하게 나타난다. 그런데 이창환 교수는 이것은 유럽의 조각 기술을 도입해 석고로 본을 떠 만드는 새로운 기술을 시험해본 결과라고 혹평했다. 서구의 검증되지 않은 기술을 시험적으로 도입하면서 일본 문화의 우수성을 강조하려는 의도적 행위인데, 조선이나 중국의 문화는 쇠퇴하고 일본의 문화가 앞서고 있음을 보여주려는 속셈이라는 것이다.

문 · 무인석은 현대적인 조각법을 인지한 조각가가 제작한 듯 정교하고 세밀하기는 하나 근거 없는 유럽인의 모습을 하고 있으며 표정도 없다. 문인석은 눈망울도 없다. 마치 앞 못 보는 사람을 표현한 것 같은 인상이다. 다른 것은 사실적으로 조각하면서 그렇게 조각한 의도가 무엇인지 궁금하다는 지적도 있다.

■
유릉의 문·무인석은 정교하기는 하나 유럽인의 모습을 하고 있다.

일자형의 침전 안에는 원색의 단청과 천정에 두 마리의 용이 그려진 용상이 화려한 무늬와 선명한 색감을 그대로 간직하고 있다. 유릉의 능역 내에는 두 기의 어정이 비교적 잘 남아 있지만 금천 주변의 어정은 둘레석만 남아 있다.

재실은 홍릉과는 달리 좌우 동형의 건물이 회랑으로 연결되어 있는데 황제 능답게 일반 왕릉에 비교해 매우 화려하다.[43] 유릉의 비각 안 비석에는 비문이 전서체로 음각되어 있다. ◈

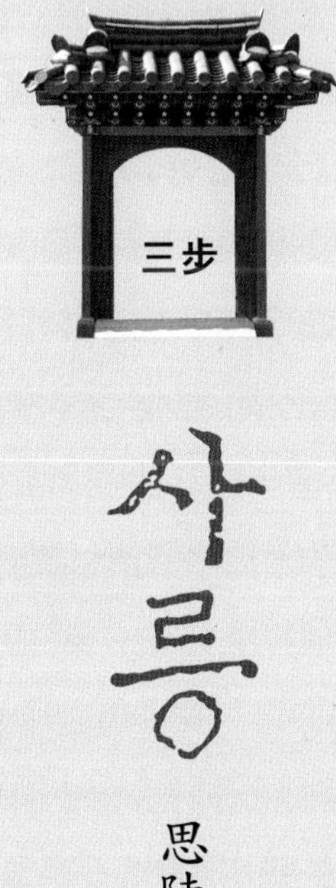

三步 사릉 思陵

사릉

思陵

정순왕후

홍유릉 인근에 있는 사릉은 비운의 왕인 제6대 단종의 비 정순왕후 송 씨(1440~1521)의 능이다. 사릉은 왕릉보다 문화재청이 관할하는 궁과, 능에 필요한 나무를 기르는 양묘 사업소 묘포장으로 유명하다. 과거에 일반인들에게 공개한 적이 있으나 방문객이 적어 비공개 왕릉으로 분리되었다가 2013년 1월 1일부터 태강릉의 강릉, 동구릉의 숭릉과 함께 공개하고 있다.

조선 왕릉의 세계 문화유산 등재 당시 묘포장에 있는 종자 은행과 소나무 등 각종 유전자원이 궁궐과 능원의 생태 문화 자원 보존에 의미가 있다며 높은 평가를 받았다고 알려진다. 이곳에 있는 소나무

■
사릉 정자각. 배위청이 짧아서 전체 건물의 모습이 정사각형이라는 느낌을 준다.

묘목은 태백산맥 능선에 있는 태조 이성계의 5대조 묘소인 준경묘와 영경묘의 낙락장송 후손으로, 숭례문 복원에 사용될 정도로 한국의 대표적인 소나무로 평가받고 있다. 1999년에는 사릉에서 재배된 묘목을 단종의 무덤인 영월 장릉에 옮겨 심어 단종과 정순왕후가 그간의 아쉬움을 풀고 애틋한 정을 나누도록 했다. 이때 사용된 소나무를 '정령송精靈松' 이라 부르므로 사릉을 답사할 때 유심히 보기 바란다.

정순왕후의 처음은 남부러울 것이 없었다. 여량부원군 송현수의 딸로 세종 22년(1440)에 태어나 15세 때 한 살 어린 단종과 가례를 치러 왕비로 책봉되었다. 사실 이 결혼은 단종이 즉위한 지 만 1년이 되는 날 수양대군과 양녕대군이 자신들의 생각대로 왕비를 고른 후 단종에게 거의 반 강제로 왕비를 맞이할 것을 청한 것이다. 결혼한 이듬해인 1455년 단종이 수양대군에게 왕위를 물려주고 상왕이 되자 정순왕후는 의덕왕대비가 되면서 역경의 시련이 몰아친다.

세조의 왕위 찬탈은 과거 세종, 문종의 총애를 받았던 집현전의 일부 학사 출신들에게 심한 저항을 받았다. 성삼문, 박팽년, 하위지, 이개, 유성원 등의 유신들은 무관인 유응부, 성승 등과 함께 세조를 제거하고 상왕을 복위할 것을 모의하고 있었다. 그들은 세조 1년(1455) 명의 책명사冊命使가 조선에 온다는 통보를 계기로 창덕궁에서 연회를 베풀 때 거사할 것을 계획했는데, 마침 이날 세조 제거의 행동책을 맡은 별운검*이 갑자기 폐해져 실행하지 못했다.

＊ 별운검(別雲劍)

조선 시대에 임금이 거둥할 때 운검(雲劍)을 차고 임금의 좌우에 서서 호위하던 임시 벼슬. 또는 그런 벼슬아치.

그러자 계획이 탄로되었음을 두려워한 김질이 장인 정창손에게 내용을 누설하고, 다시 정창손과 함께 세조에게 고변해 주동자인 사육신과 연루자 70여 명에게 그야말로 피바람이 몰아친다. 이들 모두가 처형되면서 단종 복위 운동은 실패로 돌아갔고, 상왕 단종은 노산군으로 강봉되어 영월로 유배된 후 죽임을 당한다.[44] 단종이 유배되자 정순왕후는 부인으로 강봉되고 나중에는 관비로까지 곤두박질친다.

이 당시 놀라운 기록은 신숙주가 정순왕후를 자신의 종으로 달라고 했다가 물의를 빚은 것이다. 얼마 전까지만 해도 함부로 쳐다보지도 못하던 왕비이지만 관비가 되었으므로 신숙주의 요청이 법적으로 문제되는 것은 아니다. 그러나 동료들은 절개를 지키다가 처절하게 죽어 사육신이 된 상황에 왕비를 종으로 달라는 신숙주의 처신이 어처구니없지 않을 수 없다.

세조도 신숙주의 행동이 놀라웠는지 "신분은 노비지만 노비로서 사역할 수 없게 하라"라는 명을 내려 정업원으로 보냈다. 정업원은 조선 초기 슬하에 자식이 없는 후궁이나 결혼 후 남편을 잃고 혼자 살아야 했던 왕실의 여인들이 기거하던 곳이다.

정업원 바로 옆에는 비구니들이 있는 청룡사가 있는데 고려 말 공민왕의 비인 혜비가 망국의 슬픔을 안고 스님이 되어 머물던 곳이다. 태조 이성계의 딸 경순공주도 이곳에서 비구니로 살았고, 정순왕후 역시 이곳에서 스님으로 머물렀다는 설도 있다. 청룡사 안에는 서울특별시 유형 문화재 제5호로 지정된 '정업원구기淨業院舊基'라는 비각이 있는데, 정순왕후를 애석하게 여겼던 영조가 직접 비와 현판*을 내렸다. 현판의 '눈물을 머금고 쓴다. 앞 봉우리와 뒷산 바위 천만년 가라前峯後巖於千萬年'는 글은 영조의 글씨다.

정순왕후는 정업원에서 시녀들과 함께 살면서 시녀들이 동냥해 온 것으로 끼니를 잇기도 했다. 하지만 스스로 생계를 부담하기 위해 제용감에서 심부름하던 시녀의 염색 기술을 도와 자줏물을 들이는 염색업을 하며 어렵게 살았다. 당시에는 지치라는 식물의 뿌리를 이용해 비단에 물을 들였다.

정순왕후가 염색업을 하던 골짜기를 자줏골이라 불렀는데, 현재 한성대학교 후문 부근에 있으며 지봉 이수광 선생이 『지봉유설』을 저술한 초가삼간 비우당庇雨堂에 당시의 흔적이 있다. 정순왕후가 염색하던 곳을 자주동샘紫芝洞泉이라고 하는데 정순왕후가 이곳에 와서 단종이 억울하게 죽은 영월 쪽을 향해 명복을 빌며 비단 빨래를 하면 저절

* 현판(懸板)
글자나 그림을 새겨 문 위나 벽에 다는 널조각. 흔히 절이나 누각, 사당, 정자로 들어가는 문 위, 처마 아래에 걸어 놓는다.

정순왕후가 염색하던 자주동 샘과 비우당 옛터.

로 자주색 물감이 들었다고 한다. 비우당 옆에는 원각사가 있는데 단종의 넋을 천도하는 도량이다.

세조는 말년에 정순왕후의 실상을 알고 궁핍을 면할 수 있는 집과 식량을 주겠다고 했지만 정순왕후가 그것을 고이 받을 여인은 아니었다. 아무리 생활하기 어렵다고 한들 왕후로서의 자존감을 꺾고 죽은 남편의 억울함과 열여덟에 홀로된 자신의 한을 지울 수는 없는 일이었다.

한편, 그녀를 가엾게 여긴 동네 아녀자들은 조정의 눈을 피해 먹을거리를 건네주고자 감시병 몰래 금남의 채소 시장을 열어 정순왕후를 돌봤다. 신설동 동묘의 벼룩시장을 끼고 나오면 도로 한쪽에 숭신초등학교가 보이는데 이곳이 조선 시대에 여인들만 출입한 여인 시장이 있던 곳이다.

채소 시장 옆에 있는 영도교는 귀양 가는 단종과 정순왕후가 마지막으로 헤어진 곳이다. 당시 청계천에 놓인 다리 가운데 가장 동쪽에 있던 다리로 정순왕후로서는 자신이 나갈 수 있는 최대한의 거리까지 귀양 가는 낭군을 배웅한 셈이다. 두 사람은 이후 이승에서는 만날 수 없었다. 단종이 끝내 유배지인 영월에서 생을 마감했기 때문이다. 영도교를 건너면 더 이상 사랑하는 임을 볼 수 없다는 말이 전해져 사람들은 '영원히 이별하는 다리'라는 뜻의 '영이별교'라고도 불렀다고 한다.

4년간의 짧고 애틋한 결혼 생활을 한 두 사람 사이에는 후손도 없다. 정순왕후는 단종이 사사된 후 64년 동안 그를 기리다 82세로 정업원에서 생을 마감했다. 자신을 왕비로 간택했다 결국엔 폐비로 만들고, 남편에게 사약을 내린 시숙부 세조보다 53년을 더 살았다. 또 세조의 후손이며 시사촌인 덕종과 예종, 시조카 성종, 시손 연산군의 죽음까지 지켜보면서 한 많은 생을 마감했다.

조선 시대 모든 능역에는 사가의 무덤을 두지 않는 것이 원칙이다. 그러나 유일하게 사릉에는 사가의 무덤이 몇 기 남아 있다. 여기에는 이유가 있다. 중종은 정순왕후가 사망하자 단종 때부터 7대의 왕을 거친 그녀를 대군부인의 예로 장례를 치르게 했다. 돌아갈 당시 왕후의 신분이 아니었기 때문에 국장을 치렀다. 능을 조성할 처지가 아니므로 단종의 누이 경혜공주가 출가한 집안에서 장례를 주도했다. 해주 정씨 가족 묘역 안에 정순왕후를 안장하고 제사를 지내 아직도 사가의 무덤이 남아 있는 것이다.

1698년 숙종에 의해 노산군이 단종대왕으로 복위되자 강 씨도 정순왕후로 복위되었으며, 신위는 창경궁에 모셔져 있다가 종묘의 영녕전에 안치되었다. '평생 단종을 생각하며 밤낮으로 공경함이 바르다'는 뜻으로 능호를 사릉이라 붙였다.

여타 왕릉처럼 홍살문이 있고 참도를 통해 정려각으로 들어가는데, 이곳의 참도는 정려각까지 이어지지 않고 중간에 중단되어 있다. 정자각은 맞배지붕으로 배위청이 짧아서 전체 건물의 모습이 정T자형보다 정사각형이라는 느낌을 준다.

정자각 왼편 뒤에 있는 예감은 특이하게 조각된 뚜껑이 특징인데 원래 예감의 뚜껑은 나무로 만들었지만 이곳은 석재로 만들어 현재까지 전해진다.

사릉은 대군부인 예로 장사 지낸 뒤 왕후능으로 추봉되었으므로 다른 능에 비해 단출하게 꾸며져 있다. 능원의 좌향은 북북동에서 남남서 방향을 바라보는 계좌정향癸坐丁向 형태다. 능침을 3면 곡장이 둘러싸고 있으나 병풍석과 난간석은 설치하지 않았으며 봉분 앞에 석상 1좌, 석상 양측에 망주석 1쌍을 세웠다.

사릉의 소나무들은 단종의 능인 장릉 쪽을 향해 고개 숙여 자란다는 전설이 있다.

정순왕후는 단종이 사사된 후 64년 동안 그를 기리다 82세로 생을 마감했다.

봉분 주위에는 석양, 석호 각 1쌍이 배치되어 있다. 아랫단에는 문인석, 석마 각 1쌍과 장명등이 있다. 장명등은 숙종 대에 만들어진 것으로 장릉(단종)에 있는 장명등과 더불어 조선 시대 최초의 사각 장명등으로 평가된다.[45]

* 도래솔
무덤가에 죽 둘러선 소나무.

조선 왕릉의 능침은 기본적으로 도래솔*이 둘러싸고 있는데 사신사의 현무를 나타낸다. 현무는 소나무의 수피가 오래되면 검은색으로 변하고 두껍게 갈라져 거북 등 같은 모습이 되는 것에서 연유한다. 지금도 봉분을 중심으로 한 능침 공간에는 소나무가 절대적 우세를 나타내며 잘 보존되고 있다.[46] 이 소나무들이 단종의 능인 장릉 쪽을 향해 고개 숙여 자란다는 전설이 전해지기도 한다. ❖

광릉

光陵

광릉

光陵

세조와 정희왕후

주엽산 자락에 있는 광릉은 제7대 세조(1417~1468)와 정희왕후(1418~1483)의 능으로 면적만 무려 249만 4,800제곱미터에 달한다. 풍수가들은 광릉을 쌍룡농주형雙龍弄珠形(두 마리 용이 여의주를 가지고 노는 형상)이라고 한다. 자리가 좋아서 이후 400여 년간 세조의 후손이 조선을 통치했다는 설명도 있다.

광릉 숲은 2010년 유네스코 생물권 보전 지역으로 지정되었는데 식물 865종, 곤충 3,925종, 조류 175종 등 모두 5,710종의 생물이 산다. 여기엔 흰진달래 등 특산 식물과 장수하늘소 등이 포함되어 있다. 단위 면적당 식물 종 수는 헥타르당 38.6종으로 설악산 3.2종, 북한산

광릉 배치도. 풍수가들은 두 마리 용이 여의주를 가지고 노는 형상이라고 한다.

8.9종을 크게 웃돈다. 곤충도 175.2종으로 설악산 4.2종, 주왕산 12.3종보다 많으며 우리나라에서만 사는 크낙새(천연기념물 제11호)도 이곳에 있다.

이처럼 생물이 풍부한 이유는 무엇보다 인간 활동이 집중되는 온대 중부 지역에서 이례적으로 장기간 숲이 보전되었기 때문이다. 광릉 숲은 왕릉의 부속림이므로 일반인의 출입을 엄격하게 통제했고, 일제 강점기에도 임업 시험림 구실을 해왔으므로 개발과 훼손을 피할 수 있었다.[47]

세조는 태종 17년(1417) 세종의 둘째 아들로 태어나 세종 27년(1445) 수양대군에 봉해졌다. 세종의 뒤를 이은 병약한 문종은 자신의 단명을 예견하고 영의정 황보인, 좌의정 남지, 우의정 김종서 등에게 어린 왕세자가 등극했을 때 그를 잘 보필할 것을 부탁했다. 그러나 수양대군은 권람, 한명회 등 무인 세력을 거느리고 야망의 기회를 엿보다가, 단종 1년(1453) 김종서의 집을 불시에 습격해 그와 그의 아들을 죽였다.

이 사변 직후에 수양대군은 "김종서가 모반했으므로 주륙*했는데, 사변이 창졸간**에 일어나 상계上啓할 틈이 없었다"라고 사후에 임금에게 아뢰었으며, 곧이어 단종의 명이라고 속여 중신을 소집한 뒤 사전에 준비한 생살 계획에 따라 황보인, 이조판서 조극관 등을 궐문에서 죽였다. 이를 계유정난이라 한다.

이후 좌의정 정분과 조극관의 동생인 조수량 등을 귀양 보냈다가 죽였으며, 수양대군의 친동생인 안평대군도 강화도에서 사사했다. 이후 실권을 잡은 수양대군은 1455년 단종으로 하여금 양위하게 하고

* 주륙(誅戮)
죄인을 죽임. 또는 죄로 몰아 죽임.

** 창졸간(倉卒間)
미처 어찌할 수 없이 매우 급작스러운 사이.

왕위에 올랐다.

단종은 작은아버지 수양대군에게 왕위를 물려주고 상왕으로 물러났으나, 세조의 처신에 반대해 상왕을 복위하려는 사건이 일어나자 노산군으로 강등되어 영월 청령포로 귀향 갔다. 세조가 왕권을 강제로 빼앗았다고 생각한 신하들은 세조에게 충성을 거부했다.

박팽년은 충청감사로 있을 때부터 공문에 '신臣'이라는 단어를 쓰지 않음으로써 세조를 왕으로 섬기지 않겠다는 뜻을 밝혔고, 성삼문은 "하늘에 두 태양이 없고 백성에겐 두 왕이 없다"라고 하며 세조의 녹을 먹지 않겠다고 했다. 유응부는 가혹한 고문에도 끝내 굴복하지 않았으며, 이개와 하위지도 불사이군*의 정신으로 갖은 고문에도 늠름한 태도를 보였다.

단종을 향한 충성심을 꺾지 않자 세조가 이들을 잔인하게 처형해 역대 왕 중에서 가장 냉혈한이라는 비난을 받고 있는 것은 사실이다. 그러나 세조에 대한 후대인들의 역사적 평가는 팽팽하다. 조카 단종의 왕위를 빼앗고 죽여버린 냉혹한 야심가라고 혹평하는 학자도 있지만, 그의 치적에 괄목할 만한 것이 많다고 인정하는 학자도 있기 때문이다.

세조는 의정부의 정책 결정권을 폐지, 재상의 권한을 축소하고 6조 직계제를 부활해 왕권과 중앙 집권 체제를 강화했다. 세조가 가장 신경을 쓴 것은 국방력으로 호적·호패제를 강화하고 전국을 방위 체제로 편성했으며 중앙군을 5위 제도로 개편했다. 건주建州 야인을 소탕하는 등 서북면 개척에 힘쓰는 한편, 국토의 균형 잡힌 발전을 위해 각 도에 둔전제**를 실시했다. 또한 과전법의 모순을 시정하기 위해 과

* 불사이군(不事二君)
두 임금을 섬기지 않는 것.

** 둔전제(屯田制)
군량의 확보나 직접적인 재원의 확보를 목적으로 국가 주도 하에 경작자를 집단적으로 투입해 관유지나 새로 확보한 변방의 영토 등을 경작하는 토지 제도.

전을 폐하고 직전법을 실시, 현직자에게만 토지를 지급해 국가 수입을 늘리는 등 조선 왕조가 장기적으로 존속할 수 있는 토대를 닦았다.

세조가 무술이 뛰어났다는 말은 많이 있지만 음악에 뛰어난 재주를 보였다는 것은 그야말로 놀라운 일이다. 아버지 세종은 세조의 능력을 다음과 같이 극찬했다. 『세조실록』에 기록된 내용이다.

"세조가 일찍이 가야금을 타니 세종이 감탄해 이르기를 진평대군(세조)의 기상으로 무슨 일인들 이루지 못하겠는가?……세조가 또 일찍이 피리를 부니 자리에 있던 모든 종친들이 감탄하지 않는 자가 없었고 학이 날아와 뜰 가운데서 춤을 추니 금성대군 이유의 나이가 바야흐로 어렸는데도 이를 보고 홀연히 일어나 학과 마주서서 춤을 추었다.……세종이 또 문종에게 이르기를 악樂을 아는 자는 우리나라에서 오로지 진평대군뿐이니 이는 전후에도 있지 아니할 것이다."

음악에 탁월한 재주를 보인 세조의 또 다른 면은 어느 왕보다 신하들에게 술자리를 많이 베풀었다는 점이다. 실록은 세조의 설작設酌을 수없이 기록하고 있다. 신하와 함께 거나하게 취한 인간적인 모습도 있지만 공신들을 결속하기 위한 정치적 목적이 있었다는 데는 이견이 없다. 세조는 술자리 이상의 무절제를 용납하지 않았으며, 이는 세자를 향한 절제의 가르침에서도 나타난다. 『세조실록』에 다음과 같은 기록이 나온다.

"내가 본래 색色을 좋아하지 아니해 술을 마시고 싶으면 너(예종)와 여러 장상(장군과 재상) 등과 더불어 술을 마시고 절대로 궁첩宮妾과 더불어 술을 마시지 아니했다. 이는 네가 보는 바이다."

실제로 세조는 후궁을 한 명만 두었으며 술자리에는 조강지처인 정희왕후와 함께하는 경우가 많았다. 말년에 세조는 궁을 나서서 왕위에 오르기 전에 살았던 옛집을 찾았는데, 이때도 정희왕후와 술자리를 같이했다.

왕이 되었다고 만사가 세조의 뜻대로만 이루어지는 것은 아니다. 특히 세조는 어린 조카의 왕권을 찬탈했다는 죄책감에 시달렸는데, 단종의 어머니이자 형수인 현덕왕후의 혼백이 꿈에 자주 나타났고 어느 날은 세조의 얼굴에 침을 뱉었다. 세조는 침을 피하려고 몸을 돌렸지만 등에 맞고 말았다. 그 뒤로 세조는 침을 맞은 부위에 등창이 나 평생 고생했다.

어느 날 세조가 오대산 월정사를 참배하고 상원사로 올라가다가, 계곡에서 잠시 쉬면서 몸에 난 종기를 보이지 않으려고 신하들을 물리치고 혼자 목욕을 하고 있었다. 그때 동자 한 명이 노는 걸 본 세조는 등을 좀 씻어 달라고 했다. 그리고 목욕을 마친 뒤 "어디 가서 임금의 몸을 씻어 주었다는 말을 하지 마라"라고 했다. 당시의 법도로는 왕의 몸에 아무도 함부로 손댈 수 없으므로 동자는 이를 어긴 셈이 된 것이다.[48]

그러자 동자도 "대왕도 어디 가서 문수보살을 직접 보았다고 말하지 마십시오"라고 한 뒤 어디론가 사라졌다. 세조는 깜짝 놀라서 두리번거렸지만 아무도 보이지 않았고 그제야 종기가 씻은 듯 나았음을 알았다. 세조는 기억을 더듬어 화공에게 동자로 나타난 문수보살의 모습을 그리게 했고, 이것을 동상으로 조성한 것이 현재 강원도 오대산 상원사 청량선원에 보관된 '문수동자상(국보 제221호)' 이라고 한다.

상원사에서 병을 고친 세조는 다음 해에도 상원사를 찾아 법당으로 올라갔는데, 갑자기 고양이가 나타나 세조의 옷소매를 잡아당겼다. 이상하게 생각한 세조가 밖으로 나와 법당 안을 샅샅이 뒤지도록 하니 불상 밑에 자객이 숨어 있었다. 고양이 때문에 목숨을 건진 세조는 상원사에 '고양이 밭' 이라는 뜻의 묘전을 내렸으며, 서울 인근 여러 군데에 묘전을 마련해 고양이를 키웠다. 서울 강남구 봉은사의 밭을 얼마 전까지 묘전이라 부른 까닭도 여기 있다.[49]

세조가 문수보살을 만나 종기를 고쳤다고 알려지는 상원사.

상원사에 있는 통일 신라 시대 동종(국보 제36호)은 한국에서 가장 오래된 것으로 에밀레종보다 45년 앞선다. 이 종이 상원사에 오게 된 이유도 세조와 관련이 있다. 세조가 상원사에 바치려고 전국을 수소문해 가장 아름다운 소리를 내는 종을 선정했는데, 바로 안동 누문에 있던 종이었다. 이것을 1469년 현재의 상원사로 옮겼는데, 안동 누문에 걸려 있던 종이 꼼짝하지 않아 종유* 하나를 떼어내니 비로소 움직였다고 한다. 전설을 입증하듯 지금도 유곽 안에 종유 하나가 없다.

* 종유(鍾乳)
종 표면에 젖꼭지처럼 양각한 부분.

자신의 수명이 얼마 남아 있지 않다고 생각한 세조는 1468년에 원상제院相制를 설치했는데, 왕명의 출납 기관인 승정원에 세조 자신이 지명한 삼중신(신숙주, 한명회, 구치관)을 상시 출근시켜 왕세자와 함께 모든 국정을 상의 · 결정하도록 한 것이었다. 이는 세조가 말년에 정무 처리에 체력의 한계를 느꼈으며, 후사의 장래를 부탁하려는 의도에서였다고 볼 수 있다. 세조는 1468년 9월에 병이 위급해지자, 여러 신하들의 반대를 물리치고 9월 7일 왕세자에게 전위한 뒤 이튿날 사망했다.

그런데 실록에는 매우 흥미로운 기록이 있다. 세조가 사망하기 직전 천문이 이상하게 돌아간 것이다. 9월 2일에서 4일까지 사흘 동안 혜성이 연속해서 나타났고 9월 6일에도 나타났다. 당대에 혜성은 큰 변괴를 의미했으므로 한 시대의 주인공이었던 세조가 혜성의 등장으로 자신의 죽음을 예측했는지도 모른다는 설명이다.[50]

정희왕후는 파평 윤씨 윤번의 딸로 1428년 수양대군과 가례를 올려 낙랑부대부인에 봉해졌고, 1455년 세조가 즉위하자 왕비에 책봉되었다. 정희왕후는 세조가 왕이 되는 데 큰 공헌을 했다. 세조가 정권을 잡기 위해 계유정난을 일으킬 때 거사를 위한 용병이 누설되었다며 신하들이 만류하자, 중문에 이른 수양대군에게 손수 갑옷을 들어 입혀서 용병을 결행하게 했다는 일화가 전해진다. 1468년 예종이 19세로 즉위하자 정희왕후는 수렴청정을 했고 이는 조선 시대에 처음 있는 일이었다.

하지만 예종이 재위 1년 2개월 만에 사망하자, 정희왕후는 맏아들인 덕종의 둘째 아들 자을산군(성종)을 당일 즉위하게 했다. 하지만 성종 역시 13세의 어린 나이였으므로 정희왕후는 그 뒤로도 7년 동안 섭정을 계속했다.

광릉은 조선 왕릉 중 남다른 것이 많기로 유명하다. 우선 입구로 들어가면 다소 이색적인 하마비가 보인다. 선왕, 선비를 모시는 제사를 주관하기 위해 친행한 왕조차도 이곳에서부터는 말이나 가마에서 내려야 했다.

중앙에 정자각이 있고 그 뒤 좌우 언덕에 능이 있는데 이와 같은 동원이강 형식은 광릉이 최초다. 문종의 현릉도 동원이강 형식이지만 광릉의 조영 시기가 앞선다. 그런데 능은 두 개이지만 정자각이 하나라는 데서 예상치 못한 문제가 생긴다. 각 능마다 정자각을 하나씩 세우면 문제가 없는데 정자각 하나로 양 능을 담당해야 하기 때문이다.

이는 세조와 정순왕후의 사망 연도가 다르기 때문이다. 세조는 1468년에 사망해 정통 범례에 따라 왕릉을 축성했다. 그때 정자각도 조성되었음은 물론이다. 그런데 1483년에 정순왕후가 사망해 동원이강으로 별도의 능을 만들자 기존에 설치된 정자각이 예상치 않은 문제를 일으켰다.

전통적인 개념에 의하면 장례는 흉례이고 제사는 길례다. 세조의 능이 완성된 후 정순왕후가 사망했지만 정순왕후의 시신을 세조의 정자각에 모실 수 없었다. 정순왕후의 시신은 흉례에 준하므로 길례를 기본으로 하는 세조의 정자각에 합당하지 않기 때문이었다. 여기서 묘수가 도출되었다. 가정자각(흉례 건물)을 지어 왕비의 시신을 모신 후 3년 후 두 왕릉의 중앙에 새 정자각(길례 건물)을 지어 둘을 함께 모시는 것이었다.[51]

광릉의 홍살문을 지나면 곧바로 이상한 점을 느낄 수 있다. 왕릉에서 당연히 보일 것이라고 생각하는 참도와 배위가 없기 때문이다. 이런 상태는 광릉이 유일하다. 예감은 세조의 능 사초지에 있지만 산신석은 발견되지 않는다. 일반적으로 왕릉에는 소나무가 주류를 이루는데 이곳은 소나무가 능침 배면에만 일부 있고 넓은 산역에서는 발견되지 않는다. 대부분 전나무이며 광릉 입구에 근래 심은 소나무 몇 그루가 있을 뿐이다. 이들은 유명한 정이품송(천연기념물 제103호)의 후계목이다. 이들 소나무가 광릉에 심어진 것은 세조와 정이품송의 인연 때문이다.

속리산 법주사 입구에 있는 정이품송은 높이 15미터, 가슴 높이의 둘레 4.5미터의 거수로 수령은 600년 정도다. 1464년 세조가 속리산 법주사로 행차할 때 타고 있던 가마가 이 소나무 아래 가지에 걸릴까 염려해 "연* 걸린다"라고 하자 소나무가 스스로 가지를 번쩍 들어 올려 어가를 무사히 통과하게 했다고 한다. 또한 일행은 서울로 돌아갈 때 쏟아지는 소나기를 이 나무 아래서 피했다고 한다. 신기하고 기특한 마음에 세조가 소나무 가지에 친히 옥관자를 걸어주고 후일 정이품 벼슬(장관급)을 내렸다. 이 고사로 이 나무를 '연걸이 나무' 또는

* 연(輦)
임금이 거둥할 때 타고 다니던 가마. 옥개(屋蓋)에 붉은 칠을 하고 황금으로 장식했으며, 둥근기둥 네 개로 작은 집을 지어 올려놓고 사방에 붉은 난간을 달았다.

속리산 법주사 입구에 있는 정이품송. 세조가 정이품 벼슬을 내렸다는 고사가 전해진다.

'정이품송'이라고 부른다.

나무에 벼슬을 내린 것은 세조가 처음은 아니다. 사마천의 『사기』에는 진시황이 소나무에 벼슬을 내린 기록이 있다.

"시황 28년 시황이 동방 군현을 시찰하고 추역산에 올라 비석을 세우고 노나라 지방의 유생들과 상의해 진 왕조의 공덕을 기리는 비문을 새겼다. 그리고 봉선을 거행하고 산천에 망제를 올리는 일에 대해 의견을 나누었다. 그리고 태산에 올라 비석을 세우고 하늘에 제사하는 성대한 의식을 거행했다. 태산을 내려올 때 갑자기 비바람이 불어오자 시황은 소나무 아래에서 휴식을 취하고 그 소나무에게 '오대부五大夫(20작위 중 9등급)'라는 작위를 하사했다."

그런데 『조선왕조실록』에는 정이품송에 관한 기록이 없다. 정부에서 관직을 수여하는 경우 철저하게 기록하는 것을 감안한다면 '정이품 벼슬'은 공식적인 사안이 아니라는 설명이다.

정이품송에서 남서쪽으로 약 7킬로미터 떨어진 속리산 서원계곡 입구에는 길가에 자라는 정이품송 부인 소나무가 있다. 수령은 약 600여 년이며 줄기가 두 개로 갈라져 있다. 정이품송과 부부 간이라 해서 '정부인 소나무'라고 부르는데, 정이품송이 곧추 자란 데 비해 이 나무는 밑에서 두 갈래로 갈라졌고 가지가 서로 얽혀 아름답다.

광릉은 이전의 왕릉과는 건축 방법이 다른 것으로도 유명하다. 세조는 "내가 죽으면 속히 썩어야 하니 석실과 석곽을 사용하지 말고 병풍석을 쓰지 마라"라고 유명을 내렸다. 그러므로 광릉은 병풍석이 없으며 석실은 회격으로 바꾸었고, 병풍석에 새겼던 십이지 신상은 난간 동자석주에 옮겨 새겼다. 이후에 이와 같이 석실이 아닌 회격으로 조성하고 병풍석을 상설하지 않은 능이 많이 등장한다.

세조가 능을 간략하게 조성해 인력과 비용을 절감하고 민폐를 덜라고 했지만 능이 갖고 있는 기본 시설이 사라진 것은 아니다. 광릉은 왕릉과 왕후 능 각각 곡장 3면, 난간석 12간, 석상 1개, 장명등 1개, 망주석 1쌍, 문인석 1쌍, 무인석 1쌍, 석마 2쌍, 석호 2쌍, 석양 2쌍을 두었으며 그 외에도 정자각, 수라청, 능표, 홍살문, 재실이 있다.

광릉은 6·25전쟁의 흔적을 많이 갖고 있는 것으로도 유명하다. 정자각을 올린 정면 석대를 보면 수많은 총탄 자국이 보인다. 배위청 원형 기둥의 총탄 흔적은 고리를 박아 엄폐했다. 영조가 세조 등극 200주년을 기념해 만든 비각 내의 능표에도 흔적이 보인다. 세조와 정희왕후 능침의 석물에도 총탄 자국이 많이 있는데, 정희왕후의 능침에 있는 좌측 석마 한 개는 원형을 볼 수 없을 정도로 파괴되었다. 우측 무인석은 두 동강 난 것을 보수한 흔적이 보인다.

왕릉을 답사할 때 많은 사람이 불평하는 것 중의 하나는 능침을 공개하지 않아 왕릉 주위를 먼 곳에서 보거나 능침 인근에서 헛돌다 돌아갈 수밖에 없다는 점이다. 문화재청에서도 이런 문제점을 감안해 일부 왕릉은 능침까지 올라갈 수 있도록 공개하고 있다. 선조의 목릉, 숙종의 명릉, 세조의 광릉 등이다.

광릉의 원찰은 광릉에서 약 2킬로미터 떨어진 인근 농안 마을에 있는 봉선사다. 고려 광종 20년(969) 법인국사가 창건했고 정희왕후의 명으로 중창되었다. 이름도 '선왕의 능침을 수호하는 원찰'이라는 의미를 담아 지었으므로 광릉과는 한 짝 같은 존재다. 한명회, 구치관 등이 책임을 맡아 건설한 사찰로 왕실 원찰 중에서 으뜸으로 대접받았다.

봉선사는 흥미 있는 용어 '야단법석野壇法席'을 만든 것으로도 유명하다. 법석은 원래 불교 용어로 '법회석중法會席中'이 줄어든 말이다. 이는 설법을 듣는 법회에 회중이 둘러앉아 불경을 읽는 법연을 일컫는 말로서, 매우 엄숙한 자리를 뜻했다. 그런데 봉선사는 신자가 많아 법당에서 이들을 모두 수용할 수 없었다. 그래서 법당 밖에서 법회를 여니 주위가 산만해져 야단법석이라는 말이 나왔다는 설명이다. 그러나 야단법석이라는 말이 봉선사에서 유래되었든 아니든 시끌벅적하게 떠든다고 할 때는 '야단법석惹端法席'이라고 하는 것이 옳다는 설명도 있다.

세조와 정희왕후 능침의 석물에는 6 · 25전쟁 때의 총탄 자국이 많이 보인다.

봉선사는 세조의 원찰로 유명하지만 임진왜란과 병자호란을 비롯해 6 · 25전쟁 등 여러 전란 때마다 화를 입어 현재 옛 모습을 찾을 수 있는 건물은 없다. 하지만 봉선사에 있는 대종(보물 제397호)은 아직도 현장에서 역사를 지켜보고 있다. 이는 예종 1년(1469)에 제작된 것으로 높이 238센티미터, 입 지름 168센티미터, 두께 23센티미터, 무게 1,500킬로그램에 달한다. 종 입구가 넓어진 형태나 몸통에 있는 가로 띠와 조각 수법 등은 조선 시대 나타난 새로운 양상으로 가치를 높이 평가받았다. ❈

제2구역

서오릉

서삼릉

공순영릉

온릉

파주 장릉

김포 장릉

一步

서오릉

西五陵

조선 왕릉의 제1구역인 서울시 동북쪽을 거친 후 서북쪽인 제2구역을 향한다. 이곳에는 서오릉, 서삼릉, 온릉, 공순영릉, 파주 장릉, 김포 장릉 등 14개 능이 분포되어 있다.

제일 먼저 5개 능이 모여 있는 서오릉으로 향한다. 서오릉은 행정 구역상 경기도 고양시에 있지만 서울의 서북 지역과 가까워 교통이 편리하다. 세조의 맏아들이자 왕세자였던 의경세자(추존 덕종)가 20세에 요절하자 풍수지리에 따라 길지로 추천된 이곳에 세조가 친히 거동해 능지로 정하면서 비롯되었다.

경릉 이후 이곳에는 덕종의 아우 예종과 안순왕후가 묻힌 창릉이 조성되었고, 200여 년 뒤에는 제19대 숙종의 원비 인경왕후 김 씨의 익릉이 조성되었다. 이후 숙종과 제1계비 인현왕후 민 씨와 인원왕후 김 씨의 명릉이 조성되었고, 30여년 뒤인 영조 33년(1757년)에 영조의 원비인 정성왕후 서 씨의 홍릉이 조성되면서 '서오릉' 이라는 이름이 생겼다.

정성왕후는 죽어서도 시아버지인 숙종과 그의 시계모 인경왕후, 작은 시어머니 두 분을 모셨고, 숙종의 계비였다가 폐비가 된 대빈 장희빈의 대빈묘가 1970년대에 천장해왔으므로 시부모 다섯 분을 모신 셈이다. 장희빈 묘는 원래 경기도 광주시 오포면에 있었으나 지금의 자리로 옮겨 숙종과 관계된 왕비와 장희빈이 사후에 모두 한 지역에 모여 있다.

서오릉에는 왕릉만 있는 것은 아니다. 경릉, 창릉, 명릉, 익릉, 홍릉 등 5개의 왕릉과 2원(순창원, 수경원), 1묘(대빈묘)가 있다. 원園은 왕세자와 왕세자비 또는 왕의 사친私親의 무덤을 말하고, 그 외 왕족의 무덤은 일반인과 같이 묘墓라 부른다. 순창원에는 명종의 맏아들 순회세자와 그의 부인 공회빈 윤 씨, 수경원에는 사도세자의 어머니 선희궁 영빈 이 씨가 묻혀 있다.

명릉

明陵

숙종과 인현왕후 · 인원왕후

명릉은 제19대 숙종(1661~1720)과 계비 인현왕후 민 씨(1667~1701), 인원왕후 김 씨(1687~1757)의 능이다. 숙종과 인현왕후의 능은 동원쌍분*으로 조영하고 인원왕후의 능은 오른편 언덕에 단릉으로 모셔 쌍릉과 단릉, 동원이강의 특이한 형식을 볼 수 있다.

* 동원쌍분(東原雙墳)
같은 능원 안 다른 묏자리에 나란히 쓴 왕과 왕비의 무덤.

숙종은 1674년 13세의 나이로 왕에 오른 후 46년 동안 재위했다. 숙종은 전후 3차례에 걸쳐 왕비를 맞이했는데 원비는 인경왕후, 둘째와 셋째 왕비는 인현왕후와 인원왕후다. 그리고 또 한 명의 왕비가 있었는데 일반인들에게 잘 알려진 장희빈이다. 장희빈은 역관 출신에서 대부호가 된 장경의 딸로 조선 왕조 최초로 역관 집안에서 왕비가 된

명릉 전경. 숙종과 인현왕후의 능은 동원쌍분으로, 인원왕후의 능은 단릉으로 조영했다.

여인이다.

숙종 시기는 조선 정치 사상 집권 세력의 기복이 가장 심하고 붕당 정치의 정쟁도 심화되었다. 조선 후기의 역사를 분류하는 주제 중 하나는 당쟁이다. 국정 운영은 물론 사상적 지향과 교유, 혼맥처럼 여러 인간관계를 결정한 핵심 요소였기 때문이다. 정치사적인 측면에서 숙종의 치세를 요약하는 단어는 '환국'이다. 숙종 대의 중심 사건은 세 차례의 환국으로 경신환국(숙종 6년, 1680), 기사환국(숙종 15년, 1689), 갑술환국(숙종 20년, 1694)이다.

환국은 현종 때의 예송 논쟁을 통해 손상된 왕권과 왕실의 권위를 강화하려 한 숙종의 정국 운영 방식의 결과였다. 숙종은 군주의 고유 권한인 인사권을 강력하게 행사, 환국을 사용해 정권을 교체함으로써 붕당 내의 대립을 촉발하고 군주에 대한 충성심을 유도했다. 그러므로 학자들은 숙종의 치세 기간 동안 신하와 관료 사이의 정쟁은 격화되었지만 왕권은 강화되어 임진왜란 이후 계속되어온 사회 체제 전반의 정비 작업이 종료되었다고 평가한다.[1]

경신환국은 남인이 축출되고 서인이 등용된 사건이다. 이른바 '삼복의 변'으로 영의정 허적의 서자인 허견이 역모를 꾸몄다는 것이다. 이는 남인과 종친이 연루된 중대한 사건으로 남인의 핵심 인물인 허적과 윤휴가 사사되었고 주요 관직은 서인으로 교체되었다. 또한 서인의 영수 송시열이 최상의 예우로 등용된다.

이런 상황은 10년 가까이 이어지는데 희빈 장 씨의 등장으로 정황은 급변한다. 당시 숙종의 가장 큰 고민은 아직 후사가 없다는 것이었다. 그러다 숙종 14년(1688) 소의 장 씨가 마침내 왕자(뒤의 경종)를 출산하자 숙종은 곧바로 왕자를 원자로 삼고 장 씨를 희빈에 책봉했다.

서인은 숙종의 처사에 강력하게 반대했다. 표면적인 이유는 국왕과 왕비가 아직 젊어 왕자를 충분히 생산할 수 있다는 이유였지만, 핵심적인 이유는 희빈이 남인과 가까웠기 때문이었다. 서인의 영수 송시열은 이런 전례는 중국에도 없다면서 국왕의 의도에 정면으로 반대했다. 그러자 숙종은 신하들의 반항에 전격적이고 대대적인 숙청을 단행했다. 송시열의 관직을 삭탈하고 지방으로 쫓아버렸으며, 주요 관직을 남인으로 교체했다. 앞서 처벌된 주요 남인의 신원도 이루어졌다. 허적, 윤휴, 유혁연 등은 관작이 회복되고 제사가 내려졌다. 기사환국은 서인에게 큰 파국을 몰아왔는데, 서인을 상징하는 이이 등이 출향*되고 송시열은 사사되었다. 더불어 숙종은 중전 민 씨를 서인으로 폐출해 사가로 내보낸 뒤 희빈을 왕비로 삼고 종묘사직에 알렸다. 서인이 장악했던 조정은 곧바로 남인으로 교체되었다.

* 출향(黜享)
종묘나 문묘에 배향한 위패를 거두어 치우던 일.

하지만 상황은 이것으로 끝나지 않았다. 남인은 기사환국으로 정권을 장악했지만, 집권 세력에 합당한 면모를 보여주지 못해 갑술환국을 불러왔다. 이 당시 궁궐의 중요한 변화는 숙원 최 씨(뒤의 영조 어머니인 숙빈 최 씨)가 책봉되어 총애를 받기 시작하면서 중전의 입지가 좁아졌다는 것이었다. 상황은 급변해 중전의 오빠 장희재가 숙의를 독살하려고 한다는 고변이 들어왔다. 그 뒤의 과정과 결과는 기사환국을 그대로 뒤집은 것이었다. 김익훈, 김석주, 송시열 등이 복관되었으며 이이, 성혼은 다시 문묘에 종사되고, 영의정 권대운을 비롯한 주요 남인은 관직에서 쫓겨나거나 처벌되었다.

핵심 문제였던 중전의 교체도 즉각 이루어졌다. 장 씨는 다시 희빈으로 강등되고, 민 씨는 중전으로 복귀했다. 권력을 둘러싼 궁중의 갈등은 비극적으로 종결되었다. 인현왕후가 사망한 뒤 장 씨와 그 일가가 자신의 거처에 신당을 짓고 왕후를 저주했다는 사실이 드러나자 숙종은 즉각 장 씨를 사사했다. 그 뒤 숙종의 치세는 서인이 주도하면서 종결되었다.

극심한 당쟁 속에서 일세를 살았지만 46년에 걸친 긴 세월 동안 숙종의 업적이 없을 리 없다. 대동법을 경상도와 황해도까지 확대했으며, 당시에 발행된 상평통보는 조선 후기의 대표적 화폐로 유통되었다. 국방과 군역 문제에서도 여러 변화를 보여 임진왜란 이후 추진된 군제를 개편했다. 또한 북한산성을 크게 개축해 도성 방어를 강화하기도 했다. 일본과도 활발하게 교류해 통신사를 파견하고 막부로부터 왜인의 울릉도 출입 금지를 보장받아 울릉도의 귀속 문제를 확실히 했다. 또한 북쪽 변경에 무창과 자성 2진을 설치, 옛 땅의 회복 운동을 시작했으며, 이로 인해 조선인의 압록강 출입이 잦아지면서 인삼 채취 사건을 발단으로 청과 국경선 분쟁이 일어나자 1712년 청과 협의해 유명한 '백두산정계비'를 세웠다.

숙종은 인경왕후, 인현왕후, 인원왕후로 이어지는 세 왕비를 두었다. 그러나 이들에게서는 왕자를 얻지 못했고 희빈 장 씨와 숙빈 최 씨에게서 각각 경종과 영조가 되는 왕자를 낳았다.

숙종은 인현왕후를 명릉에 장사 지낼 때 왕비 능을 비워놓아 쌍릉으로 조성하고 정자각을 중간에 위치하게 했다. 정자각 옆의 비각에는 두 개의 비석이 각각 문을 달리해 세워져 있는데 왼쪽은 숙종과 인현왕후의 비이고 우측은 인원왕후의 비로 모두 명릉이라는 한 이름으로 조성된 것임을 나타낸다.

명릉의 홍살문은 도시 계획의 여파로 다소 불편한 곳에 위치해 있지만 이곳에서 정자각까지의 참도는 조선 왕릉 참도의 전형을 보여준다. 신도와 어도로 이루어진 참도 옆에는 신하들이 걸어가는 변로가 조

숙종 어필. 숙종은 북한산성을 개축하고 백두산정계비를 세우는 등 많은 업적을 남겼다 (경기도박물관 소장).

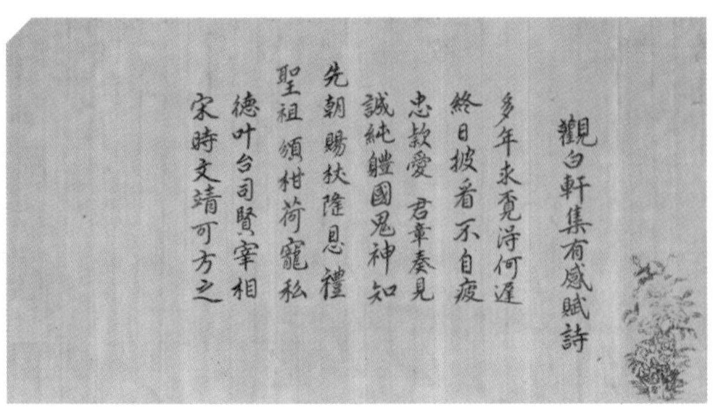

명릉 장명등. 숙종 때 왕릉 역사상 처음으로 간소한 사각형 장명등이 설치되었다.

성되어 있다.

봉분은 병풍석을 두르지 않고 난간석만 둘러 연결했는데, 앞에서 봤을 때 좌측이 숙종의 것, 우측이 인현왕후의 것이다. 난간석에는 방위 표시를 위한 문자를 음각으로 새겨넣었는데, 풍화가 심하지 않아 문자를 알아볼 수 있다.

특이한 것은 능역의 중앙에 세워진 장명등이다. 조선 왕릉에는 건원릉 이래 약 300년 동안 팔각 장명등을 설치했는데, 이런 전통이 숙종에 의해서 바뀌었다. 숙종은 단종을 복위하고 장릉을 후릉의 예에 따라 간소하게 조성하도록 했는데, 이때 왕릉 역사상 처음으로 사각 장명등이 설치되었다. 이후에도 사각 장명등은 경종의 의릉, 영조의 원릉, 정성왕후의 홍릉, 헌종의 경릉 등에 계승되었다.

숙종의 능과 인현왕후 능침 사이 양측에 문인석과 석마 한 쌍이 있는데, 다른 능의 문인석과 달리 키가 170센티미터 정도로 실물 크기와 흡사하다. 조선 왕릉 중 석물 크기가 가장 작은데 숙종의 명에 의해 간소한 조영 제도를 따랐기 때문이다. 머리에는 높은 관을 썼으며 키에 비해 과장되어 있다. 소매에는 깊고 강한 곡선이, 등 뒤에는 가는 실선이 있으며 팔꿈치 부분의 짧은 두 개의 선은 주름으로 처리했다. 사각형 관대에는 꽃잎 무늬가 있다.

무인석은 미소를 머금고 추켜올린 입, 어깨까지 내려온 귀, 등으로 늘어진 투구, 이마에 그어진 물결 모양 선 등이 특징으로 18세기 양식을 볼 수 있다. 부장품의 수량도 줄여 다소 작게 보이지만 조각 솜씨는 매우 사실적인 편이다.[2]

명릉은 엄밀한 의미에서 조선 왕릉의 동원이강의 원칙에는 부합하지 않는다. 전면에서 보면 좌상우하의 상하 서열에 따라 합장릉, 쌍릉, 삼연릉 모두 좌측에 왕릉을 두고 있는데, 서열이 맨 뒤인 인원왕후가 가장 높은 자리에 있기 때문이다. 이것은 생전에 숙종 곁에 묻히기를 원하던 인원왕후가 숙종의 능에서 400걸음 정도 떨어진 곳에 묏자리를 잡아놓았는데, 영조가 인원왕후의 능을 조성하면서 지금의 자리로 옮겨 별도의 능호 없이 한 정자각의 봉사를 받게 했기 때문이다. 서오릉에는 숙종과 숙종의 정비 인경왕후, 제1계비 인현왕후, 제2계비 인원왕후, 며느리이자 영조의 정비인 정성왕후, 대빈 장씨(장희빈)의 묘가 있어 숙종의 가족 능과 같다.

조선 왕실사를 화려하게 수놓은 장희빈의 대빈묘는 경릉에서 홍릉으로 들어가는 좌측 후미진 곳에 작은 규모로 조성되어 있다. 왕을

장희빈 대빈묘. 서오릉 후미진 곳에 작게 조성되어 있다.

낳은 생모는 무덤을 묘에서 원으로 격상하는 것이 일반적이다. 그러나 희빈은 왕의 생모임에도 폐비가 된 관계로 무덤을 원이 아닌 묘로 칭한다.

봉분 주위를 곡장이 둘러싸고 있으며, 장명등과 문인석 한 쌍만 배치되어 있다. 보통 후궁들의 묘소 중 원에는 문인석과 석마 등이 갖추어져 있으나 대빈묘에는 석마도 없다. 위치나 전체적인 꾸밈새, 작은 석물 등이 일반 사대부 묘보다 초라해 희빈 장 씨에 대한 후대 역사가들의 평가를 짐작할 수 있다. 처음에는 경기도 양주 인장리에 있었지만 묘에 물기가 있다는 상소가 있자 1719년(숙종 45) 경기도 광주 진해촌으로 천장했고, 1969년 묘소를 통과하는 도로가 생겨 서오릉의 숙종 곁으로 이전했다. ◈

경릉

敬陵

덕종과 소혜왕후

경릉은 추존 왕 덕종(1438~1457)과 소혜왕후 한 씨(1437~1504)의 묘로 덕종은 세조의 장남이다. 1455년 왕세자에 책봉되었으나 20세에 사망해 대군 묘 제도에 따라 장례를 치렀지만, 1471년 둘째 아들인 성종에 의해 덕종으로 추존되었다.

소혜왕후는 정난공신 1등에 오른 한확의 딸로 세조가 왕위에 오르자 1455년 세자빈으로 책봉되었고, 아들 성종이 즉위하자 왕대비(인수대비)가 되었다. 세조 3년(1457) 본래 병약했던 남편이 사망하고 세조의 법통은 시동생인 예종이 물려받는다. 예종 또한 즉위 1년 2개월 만에 죽자 아들 성종이 즉위하면서 실권을 장악했다.

덕종의 능(위)은 대군 묘로 조성되어 매우 간소하다. 반면 소혜왕후의 능(아래)은 왕릉 형식을 갖추고 있다.

여인 천하의 주역이라고 할 정도로 파란만장한 생애를 살다 간 인수대비가 왕실로 들어온 이유는 당대의 정치 역학 때문이었다. 인수대비의 큰고모는 명에 공녀로 갔다가 성조의 후궁이 된 여비다. 1424년 성조가 죽자 순절했다고 전해지지만 실제로는 처형과 다름없는 자살로 알려진다.

놀라운 것은 성조의 뒤를 이어 황제에 오른 선종 또한 한확의 누이동생을 후궁으로 삼았다는 점이다. 한확은 청렴결백하고 뛰어난 인품의 소유자라 전해지지만 명에 2명의 누이를 공녀로 보낸 이유는 남다른 권력욕 때문이었다는 평판도 있다.

속마음이 어떻든 한확은 젊은 시절 누이의 후광을 업고 출세 가도를 달리기 시작했다. 명 황실과 인척이므로 명과 조선의 민감한 사안은 도맡아 처리했고, 태종 17년(1417) 진헌부사로 명에 갔을 때는 황제에게 광록시소경이라는 벼슬을 받기도 했다. 특히 태종이 세종에게 왕위를 물려주자 조선 사신으로 명에 가서 황제의 사령장*을 받아오기도 했다.

* 사령장(辭令狀)
임명, 해임 따위의 인사에 관한 명령을 적어 본인에게 주는 문서. 고명(告命).

한확의 위상을 볼 때 왕실에서 한확과 사돈 관계를 맺고자 한 것은 당연한 일이었다. 그의 둘째 딸은 세종의 후궁 소생인 계양군과 혼인했고, 여섯째 딸(인수대비)은 수양대군의 아들인 도원군(덕종)과 혼인했다. 당대의 야망가인 수양대군이 훗날 정치적 입지를 고려해 명 황실이라는 막강한 배경을 지닌 한확과 사돈 관계를 맺은 것으로 보인다.

인수대비는 아들 성종을 둘러싼 분란을 만든 장본인이기도 하지만 지식인으로도 한몫했다. 인수대비는 독실한 불교 신자로 범자와 한자, 한글 등 3자체로 손수 쓴 불경이 전해질 정도다. 『불정심다라니경언해』(보물 제1108호), 『오대진언집』(충북 유형 문화재 제253호), 『육조대사법보단경언해』(경북 유형 문화재 제354호)는 그녀가 편찬을 주도한 것이다.

인수대비가 남다른 대우를 받는 이유는 부녀자들의 예의범절을

『불정심다라니경언해』

가르치는 『내훈』을 39세에 썼기 때문이다. 『내훈』은 『소학』, 『열녀전』, 『명심보감』 등에서 훈계가 될 만한 것을 모아 한글로 풀어 쓴 책이다. 부인들의 모범적인 사례를 들어 이해를 높이고 부부의 도리, 형제와 친척 간의 화목 등 여성으로서 갖춰야 할 덕목을 실어 유교적 도리를 실천할 수 있도록 했다.

인수대비는 나라나 집안의 치란과 흥망은 일차적으로 남자의 능력에 달려 있지만, 부인의 덕성 또한 중요한 변수이기 때문에 여자를 가르치지 않을 수 없다고 『내훈』의 서문에서 밝혔다. 천하의 큰 성인 요순도 자식 교육은 마음먹은 대로 되지 않아 단주와 상균 같은 불초한 아들을 두었음을 상기하며, 한낱 과모인 자신의 자식 교육은 어떠해야 하는가를 고민한 발로가 『내훈』이라는 설명이다.

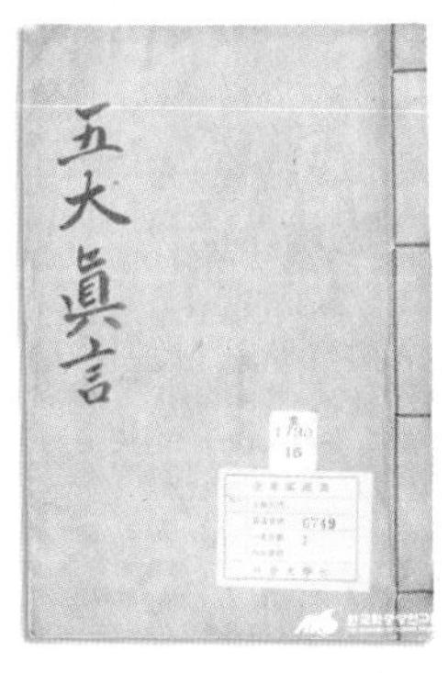

『오대진언집』

『내훈』

아내는 남편을 하늘로 떠받들어 공경해야 한다는 내용의 이 책은 이후 조선 시대의 남존여비 사상을 형성하는 데 큰 영향을 주었다.[3] 그녀의 지론은 간단하다. 며느리가 잘못하면 가르칠 것이고, 가르쳐도 말을 듣지 않으면 때릴 것이고, 때려도 고치지 않으면 쫓아내야 한다는 것이다. 그녀가 이처럼 강한 생각을 한 이유는 그녀의 특이한 경력 때문이기도 하다. 인수대비의 집안은 조선 왕실에서도 의지할 정도로 위상이 있는 가문이었지만 막상 그녀는 왕비를 거치지 않고 대비에 올랐으므로 아쉬움이 있었다. 자신의 며느리이자 왕비라면 완벽한 여성이어야 했다.

그런데 그녀의 며느리이자 연산군의 어머니인 윤비는 『내훈』의 법도와는 다소 거리가 먼 여인이었다. 인수대비가 주장하는 여성의 교양은 남성을 우위에 둔 여성의 부덕이었다. 또한 부덕을 갖추지 못한 여성은 비록 왕비라 해도 내칠 수 있다는 것이 그녀의 생각이었다. 유학적 소양을 갖춘 엄격한 인수대비는 윤비의 행동이 자신이 강조하는 내용에 저촉되는 것을 결코 용납하지 않았다.

윤비의 초창기는 매우 좋았다. 원래 성종의 부인은 한명회의 딸인 공혜왕후였으나 어린 나이에 후사 없이 사망하는 바람에, 연산군을 잉태한 후궁 윤 씨가 중전의 자리에 올랐기 때문이다.

두 여자는 물과 기름같이 섞일 수 없는 배경과 생각을 지니고 있었다. 인수대비는 친정집이 명이라는 막강한 배경을 뒤에 업고 있었지만 윤비는 그렇지 못했다. 윤비는 가난한 대간* 집안 출신의 딸로 친정의 지원이 없었다. 또한 인수대비가 지적인 면을 강조하는 반면 윤비는 자유분방하고 사랑을 중요시했다.

성종이 엄 귀인과 정 귀인을 총애하자 윤비는 왕의 총애를 되찾고자 이른바 압승壓勝이라 불리는 저주를 주저하지 않았다. 그러다 윤비의 처소에서 극약인 비상과 이를 바른 곶감이 발견되었다. 하지만 정작 인수대비와 성종은 그녀가 성종과 후궁을 죽이려 했다고 믿었다. 윤비는 이 사건으로 빈으로 강등될 뻔한 수모를 겪었지만 잘 무마되었다. 하지만 1479년에 투기로 왕의 얼굴을 할퀴어 왕과 인수대비의 진노를 불러일으켰다.

*** 대간(臺諫)**

조선 시대에 대관(사헌부의 대사헌 이하 지평까지의 벼슬)과 간관(사간원과 사헌부에 속해 임금의 잘못을 간하고 백관의 비행을 규탄하던 벼슬아치)을 아울러 이르던 말.

세자인 연산군이 장성함에 따라 윤 씨의 처우 문제가 쟁점화되면서 여론은 동정론으로 기울어갔다. 대신들은 원자의 친모인 윤비의 폐비와 사사는 궁극적으로 큰 문제를 일으킬 수 있다며 강력하게 반대했다. 하지만 인수대비는 윤 씨가 살아 있으면 화근의 불씨가 될 수 있다며 그녀를 제거하는 데 앞장섰다.

하지만 마음에 들지 않는 며느리를 제거하면 왕실 내에 후환이 없을 것이라 생각한 인수대비의 생각은 오판이었다. 윤비가 사사되자마자 정희왕후가 사망했고 성종 또한 재위 25년 만에 세상을 떠났다. 아들인 연산군을 낳은 윤 씨의 사사가 그의 사후에 커다란 불씨가 될 것으로 생각한 성종은 자신의 사후 100년 동안 이 사건을 공론화하지 못하도록 유언을 남겼다.

역사는 성종의 예상대로 진행되지 않았다. 왕이 된 연산군은 결국 윤 씨가 사사된 진상을 알게 되었고 이것이 조선 왕실에 전례 없는 회오리바람을 몰아온다. 연산군은 성종의 후궁이자 어머니를 죽음으로 몰아간 엄 숙의와 정 숙의를 살해했고, 병상에 누워 있던 인수대비가 꾸짖자 그녀를 머리로 들이받아 사망에 이르게 했다고 한다.[4]

결국 연산군은 조선 왕조에서 유별난 폭군으로 변해갔고, 방탕한 생활로 국정을 파멸로 몰아 결국 중종반정으로 왕위를 빼앗겼다. 그의 무덤 역시 왕릉이 아닌 묘로 유네스코 세계 문화유산에 등재되지 못하는 불운을 맛본다.

경릉은 조선 왕릉 중 봉분의 지름이 가장 크지만 봉분에 병풍석은 물론 난간석, 망주석, 석수, 무인석이 없어 매우 간소하다. 귀면이 조각되지 않은 고석이 받친 석상과 팔각 장명등이 보이고 시럽한 문인석이 양쪽에 있다. 이는 당초에 경릉이 대군 묘로 조성되었기 때문이며 이후 추존 왕릉으로 조성되는 능의 표본이 된다.

문인석은 머리 부분이 전체의 3분의 1을 차지할 만큼 크고, 신장이 매우 커서 당당해 보이는 점이 특징이다. 전면의 관대에는 무늬가 없고, 뒷면 관대도 사각 외형만 5개 있다. 요대 역시 무늬 없이 좌에서 우로 사선형을 이룬다. 덕종 능침의 팔각 장명등은 조선 초기 형태로 규모가 크고, 장명등 옥개석 아래의 처마 밑 처리는 한옥의 다포 양식으로 당시의 모습을 볼 수 있다.

소혜왕후는 여인 천하의 주역이라고 할 정도로 파란만장한 생애를 살다 간 여성이었다.
■

반면 소혜왕후의 능은 추존 왕 덕종과는 달리 생전에 왕비로 책봉되었기 때문에 왕릉 형식을 갖추고 있다. 열두 칸의 난간석을 비롯해 모든 석물이 있다. 석양과 석호 등의 석상도 각각 두 쌍 있으며, 문인석과 무인석도 있다.

단, 문인석과 무인석은 마모가 심하다. 무인석은 체구에 비해 손이 크고 우람하며, 갑옷 무늬도 잘 나타나지 않을 정도로 거칠어 장인들이 신경을 쓰지 않은 것처럼 보이는데, 연산군이 서둘러 조영하도록 했기 때문으로 추정한다.[5]

경릉은 동원이강의 능제를 따르고 있지만 일반적인 배치 예와 다르다. 능을 전면에서 바라볼 때 좌상우하의 원칙에 따라 좌측에 왕, 우측에 왕비의 능이 배치되는데 조선 왕릉 가운데 유일하게 왕비가 왕보다 높은 좌상 자리를 차지한 것이다. 이는 인수대비의 위상이 얼마나 높았는지 보여준다. ❖

창릉

昌陵

예종과 안순왕후

창릉은 제8대 예종(1450~1469)과 계비 안순왕후 한 씨(1445?~1498)의 능이다. 예종은 세조와 정희왕후의 둘째 아들인데 의경세자가 요절하는 바람에 세조의 뒤를 이어 왕위에 올랐지만 재위 기간은 14개월에 불과하다.

예종은 즉위 초 세조의 유명을 받들어 대신을 원상*으로 삼아 이들이 서무를 의결하게 했다. 원상 제도는 신하들에 의한 일종의 섭정이었다. 세조가 원상으로 지목한 세 명의 신하는 한명회, 신숙주, 구치관 등 측근 세력이었다. 이들은 승정원에 상시 출근해 모든 국정을 상의 · 의결했고, 예종은 형식적으로 결재만 했다.

*** 원상(院相)**

조선 시대에 왕이 죽은 뒤 어린 임금을 보좌해 정무를 맡아보던 임시 벼슬. 왕이 죽은 뒤 졸곡(卒哭)까지 스무엿새 동안 중망(衆望)이 있는 원로 재상급 또는 원임자(原任者)가 맡았다.

창릉은 서오릉에 조성된 최초의 왕릉으로 언덕 위에 두 개의 능이 있는 동원이강 형식이다.

국정 처리는 물론 왕실에 관한 일 중 그가 할 수 있는 일은 거의 없었다. 어머니 정희왕후가 수렴청정을 하고 있었기 때문이다. 그럼에도 직전수조법을 제정하고 『경국대전』이 완성된 것은 그의 치세에 들어간다. 또한 그는 삼포에서 왜와의 사무역을 금지했고 각 도, 읍에 있는 둔전을 일반 농민이 경작하는 것을 허락했다. 이 시기는 세조 시대에서 성종 시대로 넘어가는 과도적인 성격을 띠는데, 잘 알려진 남이 장군의 옥사도 이때 일어났다.

남이는 태종의 외손자로 이시애의 난을 평정하고 서북변의 여진족을 토벌하는 등 혁혁한 무과를 세워 27세에 오위도총부도총관과 공조판서, 병조판서로 초고속 승진한 무인이다. 그런데 세조가 사망하고 예종이 즉위하자 강희맹 등 훈구 대신들이 그가 병조판서의 직임에 적당하지 못하다고 상소해 해임되었다. 그가 왕궁을 호위하는 겸사 복장으로 궐 안에서 숙직하고 있던 중 혜성이 나타나자 "혜성이 나타남은 묵은 것을 몰아내고 새로운 것을 받아들일 징조다"라고 측근에게 말했는데 이를 유자광이 역모를 꾀한다고 고발해 결국 남이를 비롯한 많은 무인이 처형당했다.

예종과 함께 창릉에 유택을 마련한 안순왕후는 한백륜의 딸로, 한명회의 딸이 세자빈에 책봉되었으나 곧바로 병사하자 세자빈으로 간택되었고 예종이 즉위하자 왕비에 책봉되었다. 그러나 이듬해 예종이 사망하자 인혜대비, 명의대비에 책봉되었고 연산군 4년(1498) 사망해 창릉에 안장되었다.

창릉은 서오릉에 조성된 최초의 왕릉으로 왕과 왕비의 능을 서로 다른 언덕 위에 만든 동원이강 형식이다. 그런데 일부 풍수가들은 지리적으로 볼 때 창릉이 청룡이 높고 백호가 낮은, 달리 말하면 청룡의 어깨 부분이 푹 꺼져 '황천살黃泉煞'이라고 부를 만큼 매우 꺼림칙한 땅이라고 지적한다.

조선 왕릉은 기본적으로 명당에 자리 잡고 있는데 창릉은 왜 이런 곳에 있을까. 이를 '역풍수'로 해석하는 사람도 있다. 풍수를 통해 후손에게 복을 가져다주기도 하지만, 거꾸로 풍수를 통해 특정 후손의 절손이나 멸망도 초래한다는 것이다. 다시 말해 당대의 실력자들이 예종의 무덤을 이곳에 쓰는 것을 반대하지 않았다는 것이다.

원래 예종에게는 2남 1녀가 있었다. 큰아들인 인성대군은 일찍 죽었고, 제안대군과 현숙공주가 있었다. 제안대군이 서열상 아버지 뒤를 이어 왕위에 올라야 했으나 사촌인 성종에게 자리를 빼앗겼고, 이혼과 재혼을 거듭하는 등 행복하지 못한 결혼 생활을 하다가 끝내 자손 없이 죽었다. 예종의 딸 현숙공주는 병조판서를 지낸 임사홍의 아들 임광재에게 시집갔으나 임광재의 문란한 사생활 때문에 당시 조정이 시끄러울 정도였으며, 끝내는 별거하고 후손 없이 죽어 예종의 직계는 끝이 났다.

창릉이 선정될 때 신하들은 위치가 나쁜 것을 알고도 이를 방조했다. 홍윤성 등이 묏자리를 살펴보고 돌아와서 "이 땅은 의심할 만한 것이 없습니다"라고 했지만 정인지가 홀로 뒤에 이르러 "이 산은 청룡이 높고 백호가 낮으니 그다지 사용에 적합하지는 않으나, 다만 한양에 가까운 점만 취할 뿐입니다"라고 했다.

정인지는 세종대왕 때 왕명으로 집현전에서 풍수학을 직접 연구했으며 여러 왕릉 선정에 관여하는 등 문자 그대로 풍수 이론과 실무에 능통한 대신이었다. 분명 왕릉으로 쓸 자리가 아니라고 했는데도 그의 의견은 채택되지 않았다.

풍수지리 사상은 원래 중국에서 유래했다고 하지만 중국과 한국의 지리적 조건이 전혀 다르므로 중국의 풍수지리는 한국에 큰 영향을 미치지 못했다. 한국의 풍수지리는 우리 땅을 배경으로 인간의 삶과 죽음을 해석하려는 우리 민족의 독창적인 유산으로 이를 '자생 풍수설'이라고 한다.

고려 태조 왕건은 풍수지리를 국시로 삼았고, 조선의 태조 이성계도 새로운 서울을 한양에 건설할 때 풍수지리에 집착했다. 그러나 조선 왕조의 통치가 궤도에 오르고 점점 안정을 취해가자 풍수지리에 대한 국가적인 논의는 사라지고 개인의 풍수설인 음택 풍수로 중심이 옮겨 간다. 음택이란 무덤 자리를 가리킨다.

음택 풍수에서 가장 많은 논란의 대상이 되는 것은 발복이다. 이는 명혈에서 주는 운을 말하며, 명혈에 조상을 모시면 운이 트여서 음복을 받게 된다는 것이다. 살아 있는 사람은 땅의 생기 위에서 살아가며 기운을 얻지만, 죽은 자는 땅 속에서 직접 생기를 받아들인다. 죽은 자가 땅으로부터 얻은 생기가 후손에게 그대로 이어질 수 있다는 뜻으로 '동기감응同氣感應' 또는 '친자감응親子感應'이라고도 한다. 부모와 자식 간에 감응이 생겨 생기의 효과가 자손에게 전해진다는 믿음이다.

원래의 풍수지리는 부모의 은혜로움에 아무쪼록 유골만이라도 평안하도록 정성을 다하는 효도 사상의 위선사*였다. 자신이 태어날 수 있었던 것은 부모, 증조부모 등 선조가 있기 때문인데, 부모가 살아 계실 때는 효도를 다할 수 있지만 부모가 돌아가신 다음에는 효도를 할 방법이 없다. 그러므로 부모의 뼈라도 오래 보존된다면 자신과 육체적으로나 정신적으로나 밀접한 관계가 성립할 수 있다고 믿어 부모의 시신이 오래 보존될 수 있는 곳을 찾았으며, 그런 장소를 명당이라고 부른 것이다.

*** 위선사(爲先事)**
다른 것에 앞서 우선하는 일이라는 뜻으로, 조상을 위해 일함. 또는 그러한 일을 이르는 말.

이와 같이 뼈를 오랫동안 보존하려는 우리의 풍수지리는 이집트의 미라 사상과 일맥상통하는 점이 있다. 둘 다 죽은 자를 잘 모시려는 것이 공통점인데, 이집트에서는 사자가 영원한 삶을 누린다고 믿어 영혼이 돌아올 수 있도록 시신을 약품으로 처리해 보존했다.

반면 한국은 이집트처럼 인공적이고 적극적으로 시신을 처리하지 않았다. 선조가 환생하는 것이 아니라, 후손과 정신적으로 접촉한다고 생각했기 때문이다. 더구나 신체발부는 수지부모라는 유교 사상에 젖어 있는 조선 시대에 시신을 훼손하는 것은 용납될 수 없었으므로 시신이 적어도 500년에서 1,000년 정도 갈 수 있는 장소를 찾았다.[6]

지관들은 명당을 확인하는 방법으로 주로 달걀을 사용한다. 보통 땅에 달걀을 파묻으면 곧바로 썩지만 명당에서는 몇 달이 지나도 생생하게 보존된다는 것이다. 한 실험에서 명당의 혈처 지점과 보통의 땅에 달걀을 묻어놓고 76일 만에 꺼내보니 혈처에 묻은 달걀은 전혀 부패하지 않은 채 처음 상태를 유지한 반면, 보통 땅에 묻은 달걀은 형체조차 알아볼 수 없을 정도로 부패해 있었다.

두 흙 모두 화강암 잔적층*이라는 점은 동일했지만 일반 흙의 PH는 4.88이었고, 명당의 흙은 6.90이었다. 이것은 일반 흙은 산성이고 명당의 흙은 중성임을 뜻한다. 북한에서 단군의 뼈라고 발표한 유골이 5,000년이나 지났지만 온전한 이유가, 전형적인 중성 토양에서 발견되었기 때문이라고 한 것과 일맥상통한다. 하지만 한국의 토양은 대부분 산성이다.[7]

* 잔적층(殘積層)
풍화된 암석의 분해물이 다른 곳으로 옮겨지지 않고 본래의 암석 위에 그대로 쌓여서 생긴 층.

창릉의 석물 배치는 『국조오례의』를 따랐는데 상·중·하계가 명확해 능제의 특성을 확인할 수 있다. 군주 국가의 확실한 위계질서를 엿볼 수 있는 형식으로 봉분을 감싸는 병풍석을 세우지 않았으며, 봉분 주위에는 난간석이 있다. 석상, 고석, 석양, 석호, 장명등, 문인석, 무인석, 석마 등의 석물 배치는 일반 왕릉과 같다. 특이하게도 대석주의 주두가 둥근 원수圓首와 그 아래 둥근 받침으로 되어 있다. 또한 석

창릉 고석. 문고리를 새겨넣어 생김새가 북 형상인 것이 독특하다.

상을 받치고 있는 고석은 문고리를 새겨넣어 생김새가 북 형상인 것이 독특하다.

왕비 능의 문인석은 왕릉과는 달리 왼손에 지물을 쥐고 있으며, 투구에 길고 짧은 상모가 달렸다. 요대는 좌에서 우로 대각선을 이룬다. 기본적으로 석물들은 풍화 작용으로 상태가 양호하지 못하며 장명등 지붕 옥개석의 상륜부도 사라졌다. 양쪽 능 아래 중간 지점에는 정자각과 홍살문이 있다. ◈

익릉
翼陵

인경왕후

서오릉 가운데 가장 높은 곳에 위치한 익릉은 제19대 숙종의 원비 인경왕후 김 씨(1661~1680)의 능이다. 인경왕후는 1670년 세자빈으로 간택되어 1674년 숙종이 즉위하면서 14세에 왕비로 책봉되었으나 20세 때 천연두를 앓다가 사망했다. 인경은 '인덕을 베풀고 정의를 행했으며 자나 깨나 항상 조심하고 가다듬는다'는 뜻이다. 그러나 인경왕후는 남편인 숙종보다 40년, 아버지인 김만기보다 7년 앞서 세상을 떠났다. 왕비가 천연두에 걸렸기 때문에 병문안도 하지 못한 숙종은 천연두가 자신에게 전염될 것을 염려해 창경궁으로 집무실을 옮겼고, 영의정이 홍화문에 머물면서 양쪽 궁궐의 상황을 보고했다.

■
익릉은 서오릉에서 가장 높은 곳에 자리 잡았고 봉분이 웅장하다.

아버지 김만기는 『구운몽』을 지은 서포 김만중의 친형이며 사계 김장생의 증손이다. 이들 집안은 대제학을 7명이나 배출했고, 김만기와 김만중 형제도 대제학을 지내고 현종과 숙종의 묘당*에 공신으로 들어간다.[8] 그렇기에 인경왕후는 당대 최고 가문의 규수라고 볼 수 있다.

＊ 묘당(廟堂)
1. '의정부'를 달리 이르던 말.
2. 종묘와 명당을 아울러 이르는 말.

익릉은 정자각으로 가는 참도가 특이한데 대지의 경사가 심해 참도 중간에 3단으로 계단을 두었다. 정자각에는 현종의 숭릉 정자각같이 당시 유행하던 정면, 측면이 1칸씩 늘어난 각 5칸 익랑이 있으며, 배전은 전면 1칸, 측면 2칸으로 다른 능보다 규모가 크다. 맞배지붕에

방풍판이 있는 정전 양쪽에는 지붕을 떠받드는 기둥 세 개가 약간의 사이를 두고 있다.

병풍석은 없고 난간석만 봉분 주위에 둘렀는데, 다른 왕릉과 달리 방위 표시를 위해 석주가 아닌 동자석 상단에 12간지를 글자로 새겨놓았다. 장명등과 망주석에는 꽃무늬를 새겼는데 균형감과 정교함이 뛰어난 걸작으로 평가된다. 망주석에 새겨진 상행 · 하행하는 모습의 세호는 임진왜란 이후의 양식을 보여준다.[9]

문인석은 숭릉 것보다 작은 240~250센티미터 정도다. 조관을 썼으며 두 손으로 홀을 쥐고 있다. 짧은 목에 미소 띤 얼굴을 앞으로 내밀어 턱을 홀 위에 올려놓은 형상이다. 무인석은 군인답게 근엄한 표정인데 투구에 있는 상모를 뒤로 넘겼다. 갑옷의 바탕은 솟을 고리 문

꽃무늬를 새긴 익릉의 장명등은 균형감과 정교함이 뛰어난 걸작으로 평가된다.

익릉은 개지의 경사가 심해 정자각으로 가는 참도 중간에 계단을 두었다.

이며, 투구 끈은 턱 밑에 있다. 반월형의 요대 안에는 상서로운 구름이, 양손의 위아래에는 귀면이 각각 조각되었는데 무인석의 일반적인 형태다. 갑옷의 어깨 부분에도 작은 귀면을 넣었고, 소매는 활동하기 편리하게 터놓았다. 흉갑 부분은 구름으로 장식되었고, 칼을 잡은 손등은 사실적으로 표현되었다.

익릉은 서오릉에서 가장 높은 곳에 자리 잡았고 봉분이 웅장하며 석물도 명릉에 비해 크다. 이는 숙종이 왕릉 제도를 간소하게 하라는 명령을 내리기 전에 조성되었기 때문이다. 어느 시대이든 정치가 안정되면 능의 규모가 줄어드는 법인데, 숙종 때부터 정조 때까지가 그런 예다. ◈

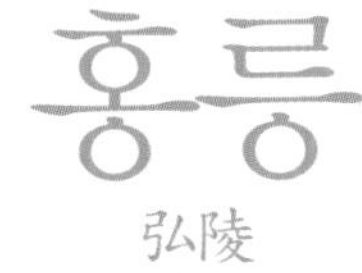

홍릉

弘陵

정성왕후

장희빈의 묘인 대빈묘를 지나 창릉 방향으로 걷다 우측으로 난 길로 들어가면 제21대 영조의 원비 정성왕후(1692~1757) 서 씨의 홍릉이 나타난다. 정성왕후는 달성부원군 서종제의 딸로 13세에 1704년 숙종의 둘째 아들 연잉군과 결혼했고, 경종의 뒤를 이어 연잉군이 영조로 등극하자 왕비가 되었다. 영조는 왕비의 행장기*에서 정성왕후가 43년 동안의 왕궁 생활 동안 늘 미소 띤 얼굴로 맞아주고, 윗전을 극진히 모시며 게으른 빛이 없었다고 적었다.

* 행장기(行狀記) 일생의 행적을 적은 기록.

영조는 생전에 왕후가 먼저 사망하자 현재의 경기도 고양시 덕양구 용두동에 장지를 정하면서 장차 자신도 함께 묻히고자 했다. 그는

홍릉은 조선 왕릉 42기 중 유일하게 왕의 유택이 지금까지 비어 있다.

왕비 능의 오른쪽 정혈에 돌을 십자로 새겨 묻도록 하고 자신의 터를 비워둔 수릉을 조성했다. 하지만 영조는 지금 동구릉 내에 있는 원릉에 계비인 정순왕후와 함께 잠들어 있다.

일설에 의하면 정조가 자신의 아버지 사도세자를 뒤주에 가두어 죽게 한 할아버지에 대한 미움으로, 영조를 홍릉에 모시지 않고 동구릉 내 효종의 영릉 터에 안장했다는 일화가 전해진다. 또 다른 일화는 영조의 계비 정순왕후가 자신의 정치적 입지를 이용해 영조와 함께 묻히기 원해 서오릉에 있는 영조의 유택을 선택하지 않고 비워놓았다는 것이다. 어찌되었든 홍릉은 조선 왕릉 42기 중 유일하게 왕의 유택이 지금까지 비어 있다.

홍릉의 배치는 을좌신향*으로 일반적인 능역이 자좌오향**인 것

*** 을좌신향(乙坐辛向)**
묏자리나 집터 따위가 을방(乙方)을 등지고 신방(辛方)을 바라보는 방향. 또는 그렇게 앉은 자리. 동남쪽을 등지고 서북쪽을 향해 앉은 자리다.

**** 자좌오향(子坐午向)**
묏자리나 집터 따위가 자방(子方)을 등지고 오방(午方)을 바라보는 방향. 정북(正北) 방향을 등지고 정남향을 바라보는 방향이다.

과 다르다. 능침의 상설 제도는 기본적으로 선대왕인 숙종의 명릉 양식과 영조 때 제정된 『속오례』를 따르고 있다.

홍릉의 능침은 쌍릉 형식으로 상계, 중계, 하계로 이루어져 있으며 능침은 난간석으로 되어 있다. 영조와 계비 정순왕후의 능인 원릉부터는 중계와 하계를 구분하지 않아, 홍릉은 중계와 하계를 구분한 조선 시대 마지막 능이 되었다. 즉 홍릉은 문인 공간과 무인 공간을 구분한 마지막 능침이다.

3면의 곡장 안에는 우측 왕의 자리가 비어 있어 평지를 이루고 있다. 그러나 석물의 배치는 쌍릉 형식이다. 망주석 1쌍, 문·무인석 각 1쌍, 혼유석은 왕비의 것 1좌만 능침 앞에 있으며, 장명등이 가운데 1좌, 석마, 석양, 석호가 각각 2쌍씩 배치되어 있다.

장명등은 사각지붕이며, 명릉의 그것과 비슷하나 좀더 변화를 주었고 망주석에는 꼬리가 완연한 세호가 있다. 좌측 세호는 하향, 우측은 상향이다. 난간 석주에는 방위 표시를 한 십이지가 문자로 새겨져 있다.

문·무인석은 명릉처럼 입가에 미소를 머금고 있는데, 이마에 투구 갓 선이 둥글게 올라가 대조를 보인다. 무인석은 투구와 등에 장식이 많고 뒷면에는 무늬가 촘촘히 넣어져 있으며 목 가리개를 위로 올리고 있다. 갑옷의 등 부분에는 물고기 비늘무늬가 새겨져 있으며, 가슴 부분은 구름 형태의 판 모양으로 이루어져 있다.

정자각 왼쪽에는 예감, 오른쪽 뒤편에는 산신석이 있다. 비각에는 영조가 친히 내린 왕후의 시호 '혜경장신강선공익인휘소헌단목장화정성왕후惠敬莊愼康宣恭翼仁徽昭獻端穆章和貞聖王后'가 새겨져 있다. 이렇게 존

■
홍릉은 중계와 하계를 구분한, 즉 문인 공간과 무인 공간을 구분한 마지막 능침이다.

호가 긴 이유는 정성왕후가 43년간 긴 궁궐 생활을 하면서, 무수리 출신인 시어머니 숙빈 최 씨로부터 희빈 장 씨, 숙종의 정비 인경왕후, 계비 인현왕후와 인원왕후에 이르기까지 왕실 어른을 잘 모시고 살림을 잘해냈다는 행장의 기록이기 때문이다. 홍릉에는 홍살문과 금천교가 남아 있으며 어정의 흔적도 있다.[10] ❖

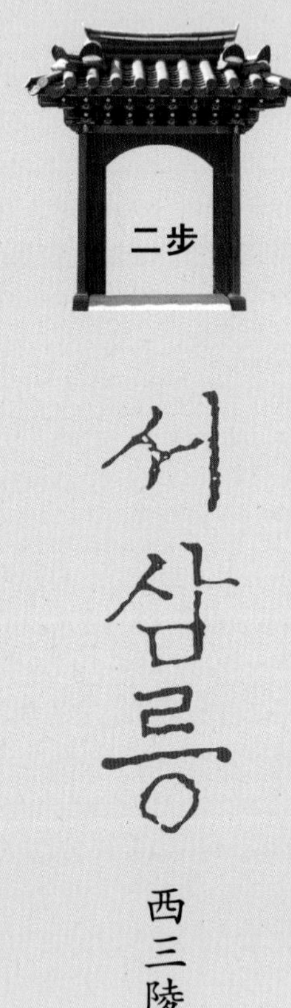
二步
서삼릉
西三陵

서삼릉은 상당한 우여곡절을 겪은 후 현재와 같은 능역이 된 것으로 유명하다. 처음으로 조성된 능은 중종의 계비 장경왕후의 능인 희릉이다. 원래 제3대 태종의 헌릉 옆으로 택지가 결정되었으나 권력 다툼으로 인해 이곳으로 옮겨졌고, 이후 중종의 정릉이 자리 잡았다가 강남구 삼성동의 선릉으로 옮겨 갔고, 아들인 인종과 인성왕후 박 씨의 효릉이 조성되었다. 이후 철종과 철인왕후의 능인 예릉이 들어서면서 '서삼릉' 이라는 이름을 얻게 되었다.

현재 서삼릉의 3개 왕릉 중에서 제12대 인종과 인성왕후 박 씨의 효릉은 비공개다. 농협중앙회젖소개량사업소 관할 안에 있어 축협을 통해 들어갈 수 있기 때문이다. 하지만 일반인에게 완벽하게 공개가 차단된 것은 아니다. 매월 2번 정도 공개했는데 앞으로 공개일이 축소될 예정이고, 동절기에는 답사가 다소 위험해 공개하지 않으므로 방문 가능 여부를 확인할 필요가 있다. 서삼릉을 답사할 때 명심할 것은 효릉과 예릉, 희릉 구역이 다른 데다 영역이 넓으므로 남달리 많은 발품을 팔아야 한다는 것이다.

잡상이 인상적인 희릉 정자각.

예릉
睿陵

철종과 철인왕후

예릉은 제25대 철종(1831~1863)과 철인왕후(1837~1878) 김 씨의 능이다.

철종이라는 공식적인 이름보다 '강화 도령'으로 더 잘 알려진 원범은 짧지만 남다른 삶을 살았다. 할아버지는 사도세자의 아들이자 정조의 이복동생인 은언군이지만, 아들 상계군이 반역을 꾀했다는 명목으로 강화도로 유배 갔다. 그의 부인 송 씨와 며느리 신 씨는 천주교 세례를 받았다고 죽임 당했고, 은언군 또한 강화도에서 사사되었다. 형도 모반 사건에 연루되었다는 이유로 사사되었고, 나머지 가족들은 강화도로 유배를 갔다. 그때 철종의 나이 14세였다.

예릉은 조선 왕조의 상설 제도를 따른 마지막 능이다.

강화도에서 농사짓던 원범은 19세 때 헌종이 후사 없이 죽자 순조의 비이자 대왕대비인 순원왕후에 의해 왕통을 물려받았다. 그가 왕이 된 이유는 당대의 실권자인 안동 김씨들이 원범을 자신들의 뜻대로 조종할 수 있다고 생각했기 때문이다.

재위 14년간 처음 3년은 대왕대비가 수렴청정하고 그 뒤로 내내 김씨들의 세도 정치에 눌려 왕으로서의 권리를 제대로 행사하지 못했지만, 국내외 정황은 철종의 생각과는 달리 급변하고 있었다. 그동안 이단시하던 천주교가 널리 퍼졌고, 동학마저 일어나는 등 극심한 혼란을 겪었다. 탐관오리와 극심한 민생고로 인해 진주민란을 시작으로 각지에서 민란이 일어났고, 이를 수습하고자 삼정이정청을 세웠지만 오래된 세도 정치의 굴레를 벗어날 수는 없었다.

철인왕후 김 씨는 영은부원군 김문근의 딸로 순원왕후의 천거로 1851년 왕비로 책봉되었고, 1858년 원자를 낳았으나 6개월 만에 사망했다. 철인왕후 또한 김씨이므로 왕비가 된 이후 안동 김씨 친정을 위한 주청을 계속하다가 철종으로부터 신의를 잃었고, 이후 철종은 철인왕후를 찾지 않았다고 한다. 철인왕후는 철종 사망 15년 후인 1878년 자손 없이 42세로 사망했다.[11]

예릉은 조선 왕조의 상설 제도를 따른 마지막 능이다. 철종 다음의 고종과 순종은 황제였으므로 왕릉의 법식이 아니라 황제 능의 법식을 따랐기 때문이다. 봉분은 병풍석 없이 난간석으로 연결된 쌍릉으로 자좌오향이다. 곡장을 두른 봉분에는 혼유석과 망주석, 장명등, 문인석, 무인석, 석양, 석호, 석마 등의 석물이 배치되었다. 팔각지붕인 장명등이 두 석상 앞에 있는데 멀리 앞으로 나와 있어 특이하다.

두 봉분 모두 난간석주에 동그란 원을 그려 넣고 그 안에 문자를 새겨 방위를 표시하고 있다. 문인석과 무인석은 머리가 지나치게 큰 가분수로 몸집이 비대한 것에 비해 키는 작다. 다소 과장된 수염과 눈썹의 세밀한 표현이 눈에 띈다.

일반적으로 능은 3단으로 설계되는데 예릉은 동구릉의 경릉과 마찬가지로 2단으로 줄여서 문인석, 무인석이 한 단에 있다. 그러나 예릉의 참도는 일반 왕의 예와는 달리 이도가 아니라 삼도다. 대한 제국 시절 고종 황제가 시조인 태조를 비롯해 장조, 정조, 순조, 문조를 황제로 추존했고 이어 순종 때 진종, 헌종, 철종을 추존했다. 이에 예릉의 철종 능은 1908년 황제 능의 예에 따라 삼도로 다시 조성되었기 때문이다.

■ 불에 탄 철종 어진(국립고궁박물관 소장).

예릉은 매우 씁쓸한 면도 보여준다. 조 대비가 예릉을 조성하면서 중종의 정릉 초장지에 매몰되었다가 땅 밖으로 나온 석물을 재사용했기 때문이다. 힘없고 자식도 없는 철종에 대한 홀대라 하지 않을 수 없다. 선대의 석물을 재사용하는 것은 조선 시대에만 볼 수 있었던 특이한 사례로, 현종의 숭릉과 순조의 인릉 등에서도 나타난다. 그러나 오래된 선대의 석물을 그대로 사용한 예는 예릉이 대표적이다.

물론 그 덕분에 철종의 예릉 석물은 거창하고 웅장한 조선 중기 조각의 특징을 나타낸다. 인근의 희릉 석물과 같은 시기에 조영되었기 때문에 문·무인석의 형태가 비슷하다.[12]

예릉 좌측에는 정조의 아들인 문효세자의 묘소인 효창원과 영조의 아들인 장조(사도세자)의 첫째 아들인 의소세손의 묘소 의령원이 있다. 효창원은 용산구 청파동 효창공원 안에 있었으나 일제 강점기인 1944년이 이곳으로 이장되었으며, 의령원은 서대문구 북아현동에 있었으나 1949년 이곳으로 이장되었다. 비문의 글씨는 영조의 어필이다. ❈

예릉 석물은 거창하고 웅장한 조선 중기 조각의 특징을 나타낸다.

희릉
禧陵

장경왕후

제11대 중종의 제1계비 장경왕후(1491~1515) 윤 씨의 능이다. 장경왕후는 파원부원군 윤여필의 딸로 중종반정의 주역이었던 박원종의 누이다. 1506년 중종반정 때 중종의 후궁 숙의에 봉해졌다가 단경왕후 신 씨의 아버지가 역적으로 몰려 사사되고, 역적의 딸인 단경왕후도 폐비되자 왕비로 책봉된 행운의 주인공이다. 1515년 세자인 인종을 낳은 후 산후병으로 경복궁 별전에서 사망했다.

왕비가 된 지 9년이나 되었음에도 중종에게 단 한 번도 누군가의 벼슬을 청탁하거나 죄를 벗겨달라고 청한 일이 없으므로 중종도 감탄하며 "왕비가 무던하고 지조가 높고, 태사의 덕이 이보다 더할 수는

희릉은 입구인 홍살문부터 배위, 정자각, 비각까지 일목요연하게 볼 수 있다.

없다"라며 끔찍이 대했다고 한다.

장경왕후의 처음 능지는 태종의 헌인릉 옆에 있는 산줄기였다. 그런데 장경왕후의 장사는 그야말로 속전속결로 사망한 지 불과 두 달 만에 매장을 완료했다. 원래 왕과 왕비는 5개월 장을 치르므로 3월에 사망했으니 7월에 장례를 치르는 것이 맞다. 일부 신하가 신속한 장례를 반대했음에도 이와 같이 장례를 치른 것은 당대의 절후 때문이다.

5월에는 좋은 날이 없고, 6월은 장마철이라 땅이 질 염려가 있고, 장지로 가려면 많은 나루를 건너야 하는데 장마로 물이 불면 건너기가 어렵다는 이유였다. 결국 장삿날 왕비의 관을 실은 대여*가 한강을

* 대여(大輿)
국상(國喪) 때에 쓰던 큰 상여. 4개의 줄을 32~60명이 메었다.

건너기 위해 무려 배 500척을 동원한 부교, 즉 배다리를 만들었다.

그러나 장경왕후의 능은 중종 32년(1537) 지금의 서삼릉 자리로 이장했다. 희릉이 이곳으로 옮겨진 데도 사연이 있다. 장경왕후는 인종과 효혜공주를 낳았다. 이조판서 김안로는 자신의 아들 희가 효혜공주와 혼인해 중종의 부마가 되자 권력을 남용하다가 영의정 남곤, 대사간 이항 등에 의해 탄핵을 받고 유배되었다. 그런 그가 복귀해 정적을 치기 위한 수단의 하나로 장경왕후의 희릉 천장론을 들고 나온 것이다.

중종 32년 김안로는 국장 당시 삼도총호사를 담당했던 정광필과 남곤 등을 치기 위해 "풍수지리상 돌이 광 밑에 깔리면 불길한데 희릉 광중에 큰 돌이 깔렸음에도 그대로 공사를 감행했다"라며 왕비의 능

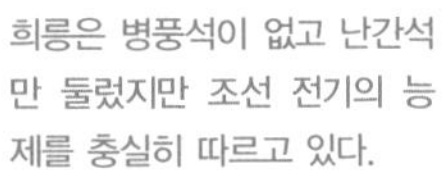

희릉은 병풍석이 없고 난간석만 둘렀지만 조선 전기의 능제를 충실히 따르고 있다.

을 이장해야 한다고 주장했다. 그리고 왕이 별 반응을 보이지 않았음에도 계속 왕을 압박했다. 땅속에 흐르는 생기는 흙을 몸으로 하고 있어 돌산에 장사를 치른다면 흉이 생겨나고 이미 받고 있는 다른 복도 소멸된다는 주장이었다. 처음에는 이장에 신통치 않은 반응을 보인 중종이었지만 자신에게도 영향을 미칠지 모른다는 말에 결국 장경왕후의 천장에 동의해 능을 현재 자리로 옮겼다.[13]

희릉 예감. 제향 후 축문을 태우는 곳이다.

희릉은 병풍석이 없고 12간의 난간석만 둘렀지만 조선 전기의 능제를 충실히 따르고 있다. 왕릉의 격에 맞게 조성되었으므로 단명한 왕후의 능치고는 석물도 매우 규모가 크고 석양과 석호가 봉분을 호위하고 있다. 봉분 앞에는 혼유석과 망주석, 장명등, 문인석, 무인석, 석양, 석호, 석마 등이 배치되어 있다.

팔각 장명등은 영조 때 추봉되어 만든 온릉 등에 비해 세련되고 웅장해 조선 전기의 대표적인 걸작이다. 조선 왕실의 능 제도를 충실하게 도입해 입구인 홍살문부터 왕릉 출입 시 참배하는 곳인 배위, 정자각, 비각, 제향 후 축문을 태우는 예감까지 일목요연하게 볼 수 있다. ❖

효릉
孝陵

인종과 인성왕후

효릉은 제12대 인종(1515~1545)과 인성왕후(1514~1577) 박 씨의 능이다.

인종은 희릉에 안장된 장경왕후의 맏아들로 1515년에 태어났는데, 생모 장경왕후가 7일 만에 사망해 문정왕후 윤 씨의 손에서 자랐다. 1520년인 6세에 세자로 책봉되었는데 그 시절부터 인품이 남달랐다. 언제나 몸가짐에 흐트러짐 없이 바른 자세로 앉아 공부에 열중했고, 언동은 때와 장소에 어긋남이 없었다고 한다. 특히 검약하고 욕심이 없어서 시녀 가운데 호화로운 옷을 입은 사람이 있으면 곧바로 궁궐에서 내보내, 특별히 엄하게 단속하지 않아도 예절이 잘 유지되었다고 한다.

인종의 성품을 알 수 있는 예가 있다. 인종이 동궁에 있을 때 한밤중에 불이 났다. 누군가가 여러 마리의 쥐 꼬리에 솜방망이 불을 붙여 동궁으로 들여보내 순식간에 불이 번지자, 인종은 계모인 문정왕후의 짓임을 직감했지만 자신을 길러준 그녀의 뜻을 어기는 것도 불효라 생각해 꿈쩍 않고 앉아 있었다고 한다. 그러다 밖에서 중종이 애타게 부르는 소리를 듣고, 계모에게는 뜻을 따르는 것이 효이지만 아버지에게는 불효라 생각해 불길을 뛰쳐나왔다는 것이다.[14]

문정왕후는 중국의 측천무후와 비견될 정도로 자주 거론되는 인물이다. 남존여비가 분명한 조선에서 남성 관료들을 호령했고, 조선의 국시인 억불 정책을 무시하고 호불 정책을 견지했으며, 왕권 강화를 위해 강력한 독재 권력을 휘둘렀기 때문이다. 세조의 왕비 정희왕후의 수렴청정 이후 조선 왕실에 몇 차례 왕비들의 수렴청정이 있었지만 문정왕후처럼 철저하게 정권을 장악한 사람은 없다.

문정왕후는 신하들이 주도한 반정 덕에 왕위를 차지하게 된 중종이 세 번째로 맞은 왕비였다. 우여곡절 끝에 국모인 왕비의 자리에 올랐지만, 아들을 낳지 못하고 딸만 넷을 줄줄이 낳은 탓에 초기 문정왕후의 삶은 그다지 녹록지 못했다. 신하들의 입맛에 맞지 않으면 왕도 바뀔 수 있다는 것을 체험한 문정왕후는 왕궁 내에서 일어나는 정치의 쓴맛을 골고루 맛보면서 후일의 토대를 차곡차곡 쌓아나갔다. 그녀가 날개를 단 계기는 왕비가 된 지 20년이 다 되었을 때 아들 경원대군(훗날 명종)을 낳은 것이다.

그녀는 후계를 이을 아들이 없으므로 20년 동안 세자(인종)의 방

■
인종의 능은 효성이 지극했던 인종을 기려 능호도 효릉으로 정해졌다.

패막이로 자임했지만 아들을 낳자 상황은 완전히 달라졌다. 그동안 보살펴준 세자는 자신의 아들인 경원대군을 위해 반드시 제거되어야 할 정적이었다. 그녀는 세자를 끌어내리고 경원대군에게 왕위를 물려주기 위해 적극적으로 싸움터에 뛰어들었다. 하지만 중종이 사망하자 인종이 왕위를 이어받고 말았다. 문정왕후의 정적들이 권력의 핵이 된 것이다. 기록에 의하면 문정왕후는 장차 경원대군과 자신의 친정 가문을 죽이지 말라고 협박 아닌 협박을 해 인종을 근심스럽게 했다고 한다.[15]

그런데 생각지 못한 기회가 왔다. 병약한 인종이 즉위 9개월 만에 사망한 것이다. 실록에서는 인종이 부왕의 죽음을 슬퍼한 나머지 병을 얻어 사망했다고 적고 있다. 아버지인 중종이 병이 나자, 인종은 옆에서 밤낮으로 갓과 띠를 끄르지 않고 음식 먹는 것도 금해 몸이 몹시 수척해졌다고 한다. 또한 중종이 사망하자 머리를 풀고 맨발로 뜰 밑에 엎드려 엿새 동안이나 물 한 모금 입에 대지 않았고, 다섯 달 동안 계속 곡을 했다고 한다. 이렇게 선왕의 장례를 치르느라 몸이 허약해진 인종은 음력 5월의 폭염에 시달려 병석에 눕고 말았으며 급기야 일어나지 못했다.

인성왕후는 금성부원군 박용의 딸로 1524년인 11세에 세자빈에 책봉되고 인종의 즉위와 더불어 왕비가 되었다. 인종의 재위 기간은 9개월이므로 인성왕후는 인종 사망 후 32년간을 자녀 없이 홀로 살았다.

인종의 장지가 서삼릉으로 결정된 사유는 효심이 지극했던 그의 유언 때문이었다.

"내가 우연히 병을 얻어서 부왕께 끝까지 효도를 하지 못하게 되었으니, 망극한 심정을 어떻게 모두 말할 수 있겠는가. 반드시 부왕과 어머니 장경왕후가 계신 정릉 근처에 내 묘를 써야 한다. 또한 모든 내 장사는 소박하게 해 백성들의 힘을 펴게 하라."[16]

인종의 능은 간좌곤향*의 언덕 위에 있는 쌍릉으로 효성이 지극했던 인종을 기려 능호도 효릉으로 정해졌다.

기록에 따르면 인성왕후가 사망하자 선조가 인종 곁에 장사 지내면서 왕릉의 개수를 명해 병풍석을 둘렀다고 한다. 면석에는 십이지신상을, 우석에는 구름무늬를 조각했는데 수많은 왕릉 조각 중에서 가장 뛰어난 것으로 평가된다. 인성왕후 봉분에는 병풍석이 생략되어 간략한데, 위 기록에 의하면 인종의 왕릉임에도 선조가 개수를 명할 때까지 병풍석도 없었다는 것을 알 수 있다. 인종이 사망한 후 을사사화로 인종의 외가, 처가 및 가까운 신하들이 큰 피해를 입었던 시대적 상황을 볼 때, 왕에 대한 대우가 달라져 왕릉 조성을 소홀히 했던 것으로 보인다. 곡장이 감싼 봉분 주위를 석양과 석호 등이 호위하고 있고, 봉분 앞에는 혼유석과 망주석, 장명등, 문인석, 무인석, 석마 등이 배치되어 있다.

숙종 30년(1704) 효릉에 산달(검은담비)이 나타나 수라간 아궁이 속으로 들어가자, 노복인 주명철이 불을 지펴 연기를 내서 잡으려다 그만 화재를 내 능상까지 불이 번졌다. 왕릉을 태운 죄로 해당자는 사형당하고 가족과 관리자, 참봉 등 관리인들은 천민으로 강등되어 귀양을 갔다. 왕릉이 타버리는 전례 없는 일이 일어나자 숙종은 정전에 들지

* 간좌곤향(艮坐坤向)
풍수지리에서 묏자리나 집터 따위가 간방(艮方)을 등지고 곤방(坤方)을 바라보는 방향. 또는 그렇게 앉은 자리.

않고 3일간 업무를 중단하고, 백관들은 천담복*을 입고 위안제를 올렸다고 한다.

효릉의 좌측은 조선 왕실의 묘가 가장 많이 모여 있는 집장묘로도 잘 알려져 있다. 소현세자의 소경원과 조선 말기까지 역대 후궁을 비롯한 대군, 군, 공주, 옹주 등의 분묘가 별도로 조성되어 있다. 본래 능역 내에는 후궁이나 왕자, 공주의 묘를 쓰지 못하나 일제 강점기나 해방 후 도시화에 따른 개발 과정에서 한 곳으로 집장한 것이다.

*** 천담복(淺淡服)**
제사 때 입던 엷은 옥색의 옷. 국상이나 일반 가정의 상에서 삼년상을 치르고 백 일간 입었다.

효릉에는 전국 각지에 산재해 있던 54위의 태를 한곳에 모은 태실이 있다.
■

또한 이곳에는 전북 금산군 추부면에 있던 태조의 태묘(태반을 묻은 묘)를 비롯해 전국 각지에 산재해 있던 왕 21위와 대군, 세자, 공주 등 모두 54위의 태를 한곳에 모은 태실이 있다. 일제는 태실의 형태를 일日자 형태로 만들고 묘석 높이도 3미터에서 1미터가량으로 대폭 축소해 민족정기 말살을 시도했으며, 서삼릉을 신사 참배의 장소로 쓸 목적으로 본래의 형태를 훼손해 공원으로 만들었다.

효릉 인근에 특이한 묘가 있는데 연산군의 어머니 폐비 윤 씨의 묘다. 윤 씨는 성종보다 열두 살 연상이지만 빼어난 미모로 숙의에 봉해졌고, 원비 공혜왕후가 사망하자 왕비로 책봉되었다. 그해 연산군을 낳았으나 심한 투기와 모함으로 폐위되어 사약을 받았고 오로지 묘비만 세웠을 정도였다.

성종이 사망하고 왕이 된 연산군은 자신의 생모가 윤 씨인 것을 알고 묘를 능으로 승격해 회묘에서 회릉으로 고쳤다. 능의 석물 또한 왕릉의 형식을 따라 조성했고 제향 절차도 종묘에 위패를 모신 연대 왕의 제사 절차에 맞추도록 했다.

그러나 연산군이 중종반정으로 폐위되자 회릉은 다시 회묘로 격하되었다. 그럼에도 능 자체를 훼손하지 않아 왕릉으로서의 면모를 그대로 갖추고 있다. 특히 웅장한 무인석과 문인석, 석호와 석양은 다른 왕릉에서 볼 수 없을 정도로 뛰어나 연산군의 묘보다 한층 돋보인다. 회묘는 원래 서울 동대문 회기동에 있었으나 1969년 경희대학교 공사 때 이곳으로 옮겼다.[17] ※

동물 머리에 사람의 몸, 십이지 신상

※ 십이지 신상은 십이지 각각을 상징하는 동물을 신격화해 표현한 상을 말한다. 열두 동물에 대한 개념은 중국의 은대에 비롯되었다고 추정된다. 동물을 숭배하는 것은 동양뿐 아니라 고대 이집트, 그리스, 중앙아시아, 인도 등 많은 지역에 퍼져 있는데 유럽의 경우 고양이나 사자를 숭배하기도 했다.

그러나 열두 동물을 방위나 시간에 대응한 것은 대체로 한나라 중기로 추정하며 다시 이것을 쥐子, 소丑, 범寅, 토끼卯, 용辰, 뱀巳, 말午, 양未, 원숭이申, 닭酉, 개戌, 돼지亥 등 열두 동물과 대응한 것은 그보다 후대에 불교 사상의 영향을 받은 것으로 보인다. 동물 머리에 사람의 몸을 차용한 것은 당 중기부터다.

한국의 경우 십이지 신앙은 신라가 삼국을 통일하기 전까지는 밀교의 영향으로 호국적 성격을 지녔으나, 삼국 통일 이후부터는 단순한 방위신으로 신격이 변모해갔다. 탑을 만들 때 기단부에 십이지 신

김유신묘십이지신탁상본.

상을 조각했는데, 8세기 중반에 건립된 경주 원원사지(보물 제1429호)에 있는 삼층 석탑이 효시다.

삼국 통일 전에는 단순히 탑에 사천왕, 십이지 신상 등을 부조하는 기법이 성행했는데 이후 능묘의 호석에도 영향을 끼쳐 구릉형의 무덤 밑부분을 원형으로 돌리고 각각 십이지 신상을 안치했다. 대표적인 곳은 김유신묘, 진덕여왕릉, 경덕왕릉, 구정동 방형분, 괘릉 등이 있다. 성덕왕릉은 호석이 넘어지지 않도록 삼각형 수석袖石을 받치고 그사이에 따로 환조* 십이지 신상을 세운 특이한 예이며, 그 이후의 왕릉에는 괘릉과 마찬가지로 호석 면에 십이지 신상을 양각했다. 한편 신라에서는 갑옷에 무기를 든 모습이 자주 보이는데 신라 특유의 창안이다. 고려 시대에 와서는 입상뿐 아니라 좌상도 나타난다.[18] 조선 시대는 전대와 거의 같으나, 인조의 장릉에서부터 십이지 신상 대신에 모란 무늬가 나타난다.

*** 환조(丸彫)**
한 덩어리의 재료에서 물체의 모양 전부를 조각해내는 일. 또는 그런 작품.

공순영릉

恭順永陵

파주시 조리읍 봉일천리에 위치한 세 개의 능은 '파주삼릉' 으로 알려졌는데 공릉, 순릉, 영릉이 자리 잡고 있어 '공순영릉' 이라고도 불린다. 이곳에 처음 자리 잡은 왕릉은 제8대 왕인 예종의 원비 장순왕후가 묻힌 공릉이다. 장순왕후는 성종 대에 영의정을 지낸 한명회의 딸로 예종이 세자 시절에 가례를 올려 세자빈이 되었으나 일찍 세상을 떠났으며 사후 왕후에 추존되었다. 뒤이어 제9대 성종의 원비였던 공혜왕후의 순릉이 자리 잡았다. 공혜왕후는 장순왕후의 동생으로 역시 한명회의 딸이다. 12세에 자을산군(훗날의 성종)과 혼인하고 14세에 왕비로 책봉되었으나 19세의 나이로 슬하에 소생 없이 요절했다. 마지막으로 영조의 맏아들이었지만 10세의 어린 나이로 죽은 효장세자, 즉 진종의 능인 영릉이 들어와 오늘날의 공순영릉이 되었다. 공순영릉 주변에는 공릉국민관광지를 비롯해 용미리석불입상, 윤관 장군 묘, 오두산성 등이 있어 가족이 많이 찾는다.[19]

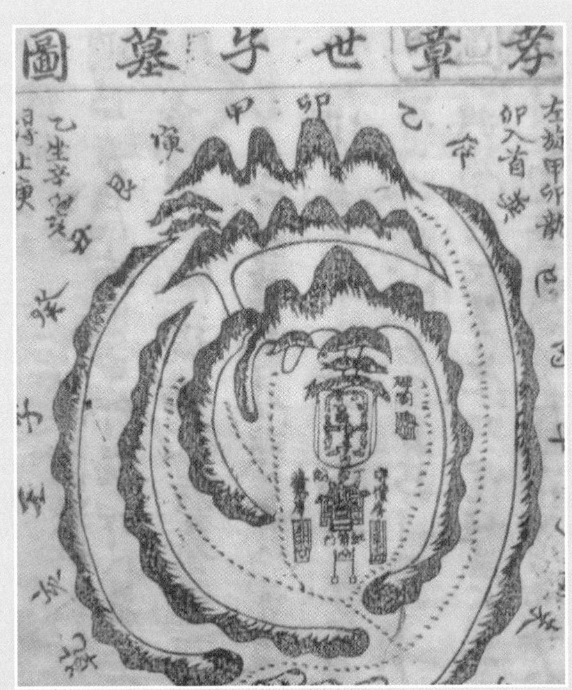

효장세자(진종) 묘도.

순릉

順陵

공혜왕후

순릉은 제9대 성종의 비 공혜왕후(1456~1474) 한 씨의 능이다. 공혜왕후는 한명회의 넷째 딸로 순릉과 마주 보고 있는 공릉의 장순왕후와 자매 지간이다. 공혜왕후는 12세 때인 1467년 의경세자(덕종)의 둘째 아들 자을산군에게 출가했는데, 예종이 세조의 장례를 치르면서 건강을 잃어 재위 14개월 만에 사망했다. 이때 예종의 아들 제안대군은 겨우 3세였고 15세인 월산군은 병약해 자을산군(성종)이 왕위를 계승하면서 왕비로 책봉되었다.

공혜왕후는 어린 나이에 궁에 들어왔으나 효성이 지극해 삼전(세조의 비 정희왕후, 덕종의 비 소혜왕후, 예종의 계비 안순왕후)의 귀여움을 받았

■
공혜왕후는 왕비의 신분이었기 때문에 순릉은 공순영릉 중에서 유일하게 왕릉으로 만들어졌다.

다고 한다. 1469년 11월 28일 예종이 사망하고 성종이 즉위한 다음 날, 공혜왕후는 어찌된 일인지 궁궐을 나가 사가에 머물다가 다음 해 1월 19일에야 창덕궁 인정전에서 왕비로 책봉되었다. 왕비로 책봉된 지 5년 만인 19세에 후사 없이 사망했다. 계유정난으로 단종을 숙청하며 집권한 한명회는 조선 역사상 유일무이하게 두 딸을 왕비로 만들며 무소불위의 권력을 누렸지만 두 딸 모두 19세를 넘기지 못하고 요절했다.

순릉의 정자각 앞에는 일반 능역에 있는 신로와 어로가 아닌 한 개의 참배로만 있는데 조선 왕릉의 철저한 격식을 볼 때 원형이 아닌 것으로 추정되며 배위석도 규모가 작은 것이 특징이다.

공혜왕후는 왕비의 신분이었기 때문에 공순영릉 중에서 유일하게 조성 당시부터 왕릉으로 만들어졌다. 병풍석만 세우지 않았을 뿐 능제나 상설 제도는 모두 조선 초기의 왕릉에 준하는 제도를 따랐다. 난간석의 작은 기둥은 태조의 건원릉과 태종의 헌릉을 본받았으며, 혼유석을 받치고 있는 4개의 고석에 새겨진 나어두문도 문종의 현릉 양식을 따르고 있다. 석상 앞에 설치된 팔각형 장명등은 태조 건원릉 때부터 계승해온 조선 왕릉의 모습이다. 무인석은 안정적인 신체 비례를 갖추고 있으며 복식과 갑주* 표현이 정밀하다. 표정 또한 사실적으로 조각되어 성종 대의 우수했던 예술 수준을 보여준다. 다소 경색된 표정이지만 팔자형 수염에 투구를 쓰고, 양손으로는 칼을 잡고, 무관의 갑옷을 입고 목을 움츠린 모습이다.

* 갑주(甲冑)
갑옷과 투구를 아울러 이르는 말.

정밀한 복식과 갑주 표현을 보여주는 순릉 무인석.

능침을 보호하는 석마, 석양, 석호의 모습도 다소 예외적이다. 일반적으로 석마와 석양은 배 부분을 판으로 만들어 무늬를 조각하는데 이곳에서는 서 있는 상태로 배를 보이고 있다. 반면에 석호는 앉아 있는 모습이다.

정자각 우측에는 정면 1칸, 측면 1칸 규모로 지은 팔작지붕 건물의 비각이 있는데 순조 17년(1817) 공릉 표석과 함께 제작된 것이다.[20] 공혜왕후는 왕비로 사망했으므로 세자빈의 신분으로 사망한 언니 장순왕후의 공릉에 비해 석물이 많이 설치되어 있다. ❖

공릉
恭陵

장순왕후

공릉은 제8대 예종의 원비 장순왕후(1445~1461)이자 한명회의 셋째 딸인 한 씨의 능이다. 세조 때 한명회는 영의정까지 오르면서 권력의 중심에 선다. 세조의 세자(덕종)가 죽고 세조의 둘째 아들(예종)이 왕세자에 책봉되자 한명회는 15세인 그의 딸을 세자빈의 자리에 앉혔다. 이때 세자의 나이는 다섯 살 연하로 불과 10세였다. 그녀는 세자빈으로 책봉된 지 1년 7개월 만에 원손(인성대군)을 낳은 뒤 산후병을 앓다가 17세 어린 나이로 사망했다. 더구나 어렵게 얻은 인성대군도 3세에 요절해 기록이 거의 남아 있지 않다. 장순왕후에 이어 예종도 짧은 재위 기간을 마감하고 요절했다.

■
공릉 봉분. 규모가 크고 병풍석이 없는 원 형식이다.

공릉은 능 아래쪽의 홍살문에서 정자각에 이르는 길인 참도가 신덕왕후의 정릉처럼 ㄱ자로 꺾여 있다는 것이 특징이다. 참도는 원래 직선으로 만들지만 자연 지형에 어울리게 조영한 것이다. 조선 왕릉 중 참도가 꺾인 곳은 공릉, 정릉 그리고 다소 조성 내역이 다른 단종의 장릉 등이다.

월대 위의 정자각은 앞면 3칸, 측면 2칸으로 작은 규모인 세자빈묘의 형식에 준했는데, 정자각에 올라가는 신계 무늬가 아름답고 선명한 것으로 유명하다. 붉은색 기둥 하부에 약 2자 정도로 하얀색을 칠했고 그 위에는 파란색 줄이 하나 있다. 이는 정자각이 신전 역할을 하기 때문이다. 하얀색은 구름, 파란색은 하늘을 의미하므로 정자각이 하늘에 떠 있다는 것이다. 하지만 공릉을 비롯한 몇몇 왕릉의 정자각에는 이런 색이 없다. 고의인지 아닌지는 모르지만 철저함이 남다른 왕릉 규범에서 이 같은 예외처럼 흥미로운 점은 없다.

공릉의 봉분은 당 시대 세자 묘로 조영된 경릉의 봉분같이 규모는 크나 병풍석이 없는 원園 형식이다. 이는 처음에 세자빈 묘로 조성되었기 때문이며 봉분의 난간석과 병풍석, 망주석이 생략되었고 무인석도 없다. 석양과 석호는 각 2기씩 능을 보호하고 있다. 석양은 봉분 밖 곡장 쪽을 바라보고 있고, 얼굴과 뿔이 비교적 자세하게 표현되어 있으나 몸통은 단순하게 처리되었다. 석호는 석양과는 달리 앉은 자세다.

봉분 앞에는 혼유석과 장명등이 있는데 혼유석의 고석은 무늬가 사라졌는지 거의 보이지 않는다. 장명등에는 사각 창이 뚫려 있고 옥개석이 둘러져 있으며, 그 위에 상륜이 있다. 팔각으로 규모가 크지만 지붕돌과 화사석*에 비해 간석과 하대부 등 기단부가 낮아 다른 왕릉의 장명등에 비해 안정적이지 못한 모습이다.

다소 특이한 것은 일반적으로 석마는 문인석 옆에 있는데 이곳의 석마는 문인석 뒤에 있다는 점이다. 이 역시 파격적인 배치가 아닐 수 없다. 문인석은 홀을 쥔 손이나 몸에 비해 큰 얼굴, 옷 주름 등이 조선 초기의 양식을 그대로 따르고 있다. ◈

*** 화사석(火舍石)**
석등의 중대석(中臺石) 위에 있는, 등불을 밝히도록 된 부분.

영릉
永陵

진종과 효순왕후

영릉은 제21대 영조의 맏아들 추존 진종(1719~1728)과 효순왕후(1715~1751) 조 씨의 능이다. 진종은 1725년 7세에 왕세자에 책봉되었으나 3년 뒤 사망하자 시호를 효장이라 했다. 영조는 둘째 아들인 사도세자를 뒤주에 가둬 죽게 한 뒤 그의 맏아들인 왕세손(정조)에게 왕통을 잇게 했다.

영조는 사도세자에 대한 자신의 조처가 지나친 일이었음을 깨닫고, 이 일이 뒷날 가져올 정치적 파란을 우려해 정조에게 사도세자 처벌 결정을 번복하지 말도록 특별히 주문했다. 그러면서 왕통 시비를 우려, 형식상 사도세자와의 관계를 끊어버리고 정조를 사도세자의 이

영릉이 간소한 이유는 세자와 세자빈의 예로 조성했기 때문이다.

복형인 효장세자의 양자로 입적했다. 정조에게는 두 명의 아버지가 있는 셈이다.[21]

정조가 즉위함에 따라 효장세자는 진종으로 추존되었으며 그 후 1908년 황제로 추존되어 진종소황제가 되었다. 효순왕후 조 씨는 풍릉부원군 조문명의 딸로 1727년 세자빈에 간택되었고 1735년 현빈에 봉해졌으나 37세에 소생 없이 사망했다. 정조가 즉위한 후 효순왕후로 추존되었으며 1908년 다시 효순소황후로 추존되었다.

영릉은 세자와 세자빈의 예로 능을 조성했기 때문에 다른 능에 비해 간소하다. 동원이봉의 쌍릉으로 봉분 주위에 병풍석과 난간석이 생략되어 있다. 석양과 석호 각 한 쌍이 능을 호위하고 있으며 봉분 앞에 각각 혼유석을 두고 망주석 한 쌍이 서 있다. 또 명릉처럼 사각 장명등

■
영릉 진종대왕의 능 표석. 역대 왕들 중 최고의 명필로 평가받는 정조의 작품이다.

과 문인석이 설치되었으나 무인석은 생략되었다. 공복을 착용한 문인석은 얼굴에 비해 몸은 왜소한 편이고, 겸손하게 머리를 조아리고 있는 석마의 다리 사이 석판에는 꽃무늬를 정성스럽게 장식해놓았다.

정자각 우측에는 비각이 두 채 있다. 비각에는 3개의 비석이 세워져 있는데 위 비각에는 능 조성 당시의 세자 신분의 비가 있으며, 아래 비각에는 정조 때 왕으로 추존한 후 세운 비와 순종 때 황제로 추존하고 세운 비 2기가 있다. '진종대왕'의 능 표석은 역대 왕들 중 최고의 명필로 평가받는 정조의 작품이다.[22]

조선 왕릉의 부장품은 화려함보다는 예를 기반으로 소박하게 만들어진 것이 특징이다. 영릉의 부장품에 대한 기록은 의궤에 따르면 대례복, 장신구류인 복완*, 실물보다 작게 만든 식기, 제기, 악기 등의 다양한 명기로 구성되었다. 하지만 진종과 효순왕후의 부장품은 조금 다르다. 복식과 장식구류는 부부의 성별에 따라 달리 구성되었으며 무기류는 남성인 진종의 부장품에만 있다. 이 밖에 나무로 된 노비, 악공 등은 고대 순장 풍습의 흔적으로 조선 초기부터 왕릉의 부장품이었으나 영조가 인의에 어긋난다는 이유로 금지해 효순왕후의 상례를 치를 때부터는 넣지 않게 되었다.

* 복완(服玩)
의복과 몸속에 지니고 다니는 물건, 가락지나 노리개 따위.

공순영릉으로 들어가는 입구에 재실이 있는데 전면 6칸, 측면 1칸 반이다. 이곳에는 흥미로운 공간이 있다. 일반적으로 재실 아궁이는 건물 외부에 있는데 이곳은 맨 우측 1칸이 부엌이고 아궁이가 있다. 엄격하고 딱딱한 왕실 규범이라 할지라도 예외가 필요했다는 뜻이다. 부엌에서 곧바로 제물을 공급하는 것이 간편하다는 것을 모르는 사람은 없을 것이다. ◈

온릉

溫陵

온릉
溫陵

단경왕후

온릉은 제11대 중종의 여러 부인 가운데 첫 번째 부인이었던 단경왕후 신 씨의 능이다. 미공개 왕릉인데다 다소 외딴 지역에 있어 잘 알려지지 않았지만 39번 국도와 인접하며 교외선 온릉역과 장흥역 사이에 있어 찾아가는 것이 어렵지는 않다. 단, 서오릉에 있는 문화재청 조선왕릉서부지구관리소에서 사전에 허가를 받고 방문해야 한다.

단경왕후는 성희안, 박원종 등이 일으킨 중종반정으로 광해군이 폐위되고 진성대군이 왕위에 오르자 곧바로 왕비로 책봉되었다. 박원종은 연산군의 신임이 두터워 도부승지, 좌부승지, 경기관찰사 등을 거치며 국가의 재정을 주로 맡았다. 그러나 연산군이 월산대군(성종의

■
단경왕후는 '죄인의 딸'로 낙인찍혀 왕비 책봉 7일 만에 폐출되었다.

형)의 부인인 자신의 누이를 궁으로 불러들여 불륜을 저질렀다는 소문이 들리자 쿠데타를 일으켰다.

단경왕후가 폐출되는 연유는 매우 복잡하다. 단경왕후는 12세 때 성종의 차남인 진성대군(중종)과 가례를 올렸다. 그런데 진성대군의 형인 연산군이 반정으로 폐위되자 19세 나이에 진성대군이 왕으로 옹립되면서 왕비가 된다.

그러나 왕비의 부친 익창부원군 신수근이 매부인 연산군 편에서 중종반정을 반대하는 것이 문제였다. 반정이 일어나기 전 우의정 강귀손이 반정 계획에 동조한 후 좌의정이었던 신수근에게 "누이와 딸 중에 누가 더 가까우냐"라고 묻자 신수근은 "매부 연산군을 폐하고 사위인 진성대군을 세우는 일은 용납할 수 없다"라고 답했다. 그 뒤에 박원종이 신수근과 장기를 두면서 궁을 바꾸어 폐립*의 뜻을 보이니 신수근이 장기판을 밀치며 자신의 머리를 베라고 반발했다. 박원종은 신수근의 마음을 움직일 수 없음을 알고 장사로 알려진 신윤무를 보내 그를 수각교에서 살해했다. 누이와 딸 중 누이를 택한 것이 화를 불러일으킨 것이다.

* 폐립(廢立)
임금을 폐하고 새로 다른 임금을 맞아 세움.

중종이 왕이 된 날에 얽힌 일화가 있다. 연산군이 폐위되자 곧바로 군사들이 진성대군의 집을 둘러쌌다. 누군가 진성대군을 해할지도 모르기 때문에 호위 차 보낸 것인데 진성대군이 그런 연유를 모르고 자결하려고 하자 신 씨가 말했다.

"군사의 말 머리가 궁 쪽으로 향해 있으면 우리 부부가 죽지 않고 무엇을 기다리리까. 그러나 만일 말 꼬리가 궁으로 향하고 머리를 밖으로 향해 섰다면 반드시 공자公子를 호위하려는 뜻이니 이를 알고 난 뒤에 죽어도 늦지 아니하오리다."

이에 사람을 보내어 살펴보고 오니 과연 말 머리가 밖을 향해 있었다고 한다.

하지만 단경왕후가 왕비가 되자 곧바로 반정 공신들이 벌떼같이 일어났다. 죄인의 딸은 왕비로 부적절하다며 단경왕후의 폐위를 요청한 것이다. 결국 중종은 종사가 중하니 사사로운 정을 생각할 수 없다며 왕비를 책봉 7일 만에 폐출하라는 명을 내린다.

단경왕후는 폐출되자마자 세조의 사위인 정현조(영의정 정인지의 아들)의 집으로 쫓겨났다가 본가로 돌아갔다. 이때 나이 20세로 그녀는 71세에 죽을 때까지 자식 한 명 없이 중종의 사랑이 되돌아오기만을 손꼽아 기다렸다. 중종이 즐겨 타던 말을 보냈더니 단경왕후가 왕을 보듯이 쌀죽을 쑤어 먹였다는 일화도 있고, 중종이 단경왕후의 집 쪽을 바라보며 그리워하니 단경왕후는 분홍치마를 바위에 걸쳐놓아 화답했다는 일화도 있다. 인왕산 치마바위 전설이다.

하지만 이런 일화도 있다. 계비인 장경왕후가 인종을 낳고 산후병으로 6일 만에 죽자 신하들 사이에서 단경왕후를 복위하자는 건의가 나왔다. 그러나 중종은 이를 물리치며 오히려 건의한 사람들을 유배 보냈다. 더불어 장경왕후 곁에 묻히고 싶은 마음을 토로하며 쌍릉자리를 마련하라고까지 했다.

그래서 중종의 능은 처음엔 장경왕후의 희릉 곁에 조성되었지만, 제2계비인 문정왕후에 의해 강남구 삼성동으로 천릉되어 정릉이 되었다. 중종에게 단경왕후는 잊혀져버린 여인이었던 것이다.

1698년 숙종은 연경궁 내에 사당을 세워 춘추로 제사지내게 하고 한식에는 묘제를 지내게 했다. 1739년 영조는 다시 그녀를 왕후로 복위하며 익호를 단경, 능호를 온릉으로 추봉하고 정릉과 사릉의 상설을 따랐다.

정려문에서 참도를 통해 전면으로 정자각이, 우측으로 비각이 보이며 정자각은 익공식 맞배지붕이다. 병풍석과 난간석이 생략되었으며 곡장 내에 석양, 석호 각 1쌍을 배치했다. 봉분 앞에 혼유석 1좌, 양측에 망주석 1쌍을 세웠고 망주석의 세호는 우주 상행, 좌주 하행의 원칙에 충실하다. 동물 석상을 절반으로 줄인 것은 추봉된 왕비 능의 예에 따른 것이다.

한 단 아래 무인석은 생략했고 문인석만 한 쌍 있는데 장명등을 중심으로 배치되어 있다. 문인석은 공복을 입고 과거 급제자가 홍패를 받을 때 착용했던 복두를 썼으며, 홀을 쥐고 있다. 전체적으로 상체가 크고 하체가 짧은 4등신인데 이는 숙종 · 영조 대의 조각 형태라 볼 수 있다. 장명등은 낮은 하대에 탑신을 올린 모습으로 화사석이 사각으로 소박한 인상을 준다. 석양은 배 부분이 불룩하게 나왔으며 석호는 복슬강아지를 닮은 귀여운 모습으로 꼬리가 S자 곡선을 그리며 등줄기 가까이 올라간다.

일반적으로 능원은 능침 하계의 좌측 하단에 산신석을 놓아 3년간 제사의 예를 갖추고, 사가 묘역에서는 좌측 묘지 상단에 산신석을

온릉 문신석. 상체가 크고 하체가 짧은 숙종 · 영조 대의 조각 형태를 보여준다.

■
중종은 단경왕후를 복위하자는 신하들을 유배 보냈다. 그녀는 잊혀져버린 여인이었던 것이다.

배치한다. 왕릉에서는 산신도 왕의 통치 아래 있다고 보기 때문이다. 온릉의 산신석은 능침 우측이 아니라 좌측에 있는데, 일반 묘의 형식을 따랐다가 추봉된 능역이기 때문이다.[23]

정자각 우측에는 팔작지붕의 비각이 있으며 안에는 비좌와 비신, 옥개석을 갖춘 능표 1기가 있다. 전면에 '조선국단경왕후온릉' 이라는 비면이 있고 후면에 '공소순열단경왕후신씨' 의 탄생과 책봉, 퇴위 및 약력을 음각했다. 6·25전쟁의 흔적인지 정자각 근처에 자리 잡았던 군부대 탓인지 총탄 자국이 많이 보인다.[24] 능 아래에 재실이 있었으나 1970년 도로 확장 때 없어졌다.

단경왕후는 폐위된 후 추복위해 신주를 종묘에 봉안했으므로 『단경왕후복위부묘도감의궤』가 남아 있다. '복위부묘도감의궤' 는 폐위된 왕 또는 왕비를 추복위해 신주를 종묘에 봉안한 의식, 절차 등을 영조가 추복할 때 기록한 책이다. 영조 15년(1739) 사당에 있던 신주를 새로 만들어 혼전*인 자정전에 이봉했다가 다시 종묘에 부묘했는데, 권말에 채색의 반차도가 있다. 복위부묘도감의궤는 현재 두 권 남아 있는데 다른 하나는 『단종·정순왕후복위도감의궤』다. ※

*** 혼전(魂殿)**
임금이나 왕비의 국장 뒤 삼 년 동안 신위를 모시던 전각.

왕의 모습을 기리다, 기신제

※ 2009년 6월 유네스코 세계유산위원회에서 조선 왕릉을 세계문화유산에 등재할 때 큰 점수를 부여한 것은 건축과 조경뿐 아니라 지금까지 600여 년을 이어온 제례 문화였다.

조선 왕실에서는 기쁠 때나 슬플 때나 제례를 올렸는데 대표적인 제례가 지금까지 전해 내려오는 기신제다. 기신제는 선왕과 비가 사망한 기일에 생전의 모습을 기리기 위해 올리는 길례의 하나다.

고려 말과 조선 초에는 능 주변에 사찰을 지어 재궁을 설치하고 불교식으로 모셨으며, 세종 이후에는 원묘와 문소전에서 유교의 '국조오례의' 예에 따라 모셨지만 선조 때 임진왜란으로 문소전이 소실되자 각 능에서 모시고 있다.

온릉의 제향일은 원래 음력 12월 7일인데 매년 양력 1월 18일로 통일해 '전주이씨대동종약원'에서 봉향을 주도한다. 현직 왕이 직접 제사를 모시는 것을 친행이라 하고 삼정승 또는 관찰사 등이 행하는

온릉에서 기신제를 모시는 모습.

것을 섭행이라 하는데, 왕이 많은 왕릉을 친행할 수 없고 비용도 많이 들어 섭행을 자주 했다.

제사를 모실 때 초헌관*은 남의 조상이나 문병을 하지 않으며, 음악을 듣지 않고, 죄를 다스리지 않으며, 술이나 파, 마늘, 고추 등 자극성 강한 음식을 먹지 않았다. 제례 전에는 목욕재계하고, 제례복으로 갈아입고, 맑은 마음으로 오로지 제사를 모시는 데만 정진했다.

* 초헌관(初獻官)
조선 시대에 종묘 제향 때 첫 번째 잔을 올리는 일을 맡아 보던 제관.

기신제는 일반적으로 한밤중(새벽 1~2시)에 모셨는데 현재는 낮 12시를 중심으로 봉행한다.[25]

각 왕릉은 지방자치단체장이 초헌관으로 참여하는데 온릉은 양주시장이 초헌관으로 참여한다. 반면에 아헌관, 종헌관, 감찰 등 제관은 모두 전주 이씨의 후손이 맡는다. 40개 능의 봉향일은 '전주이씨대동종약원'에 일정을 확인한 뒤 참관할 수 있다. ❖

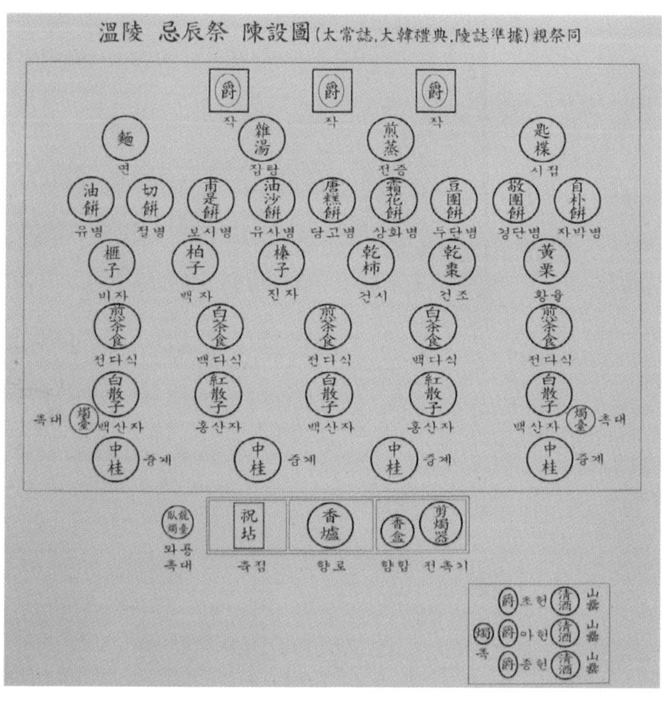

■ 온릉 기신제 진설도.

파주 장릉

長陵

파주 장릉

長陵

인조와 인열왕후

파주 장릉은 제16대 인조(1595~1649)와 인열왕후(1594~1635) 한 씨의 무덤으로 조선 시대 후기의 대표적인 능원으로 평가받는다.

인조는 파란만장한 생활을 한 것으로 유명하다. 인조는 선조의 아들인 정원군(추존왕 원종)의 아들로 황해도 해주부 관사에서 태어났다. 그가 해주에서 태어난 이유는 당시 임진왜란으로 전란이 계속되어 왕자제궁王子諸宮이 모두 해주에 있었기 때문이다.

선조에게는 광해군과 임해군을 포함해 여러 아들이 있었는데, 그중 정원군이 일찍 결혼해 얻은 첫 손자가 능양군이었다. 선조는 자신이 서자인 탓에 능양군이 서자였음에도 특별히 불러다 왕궁에서 기르

■
장릉은 17세기와 18세기의 석물이 공존하는 왕릉이다.

며 총애했으며, 할머니뻘인 의인왕후는 그를 더욱 귀중히 여겼다.

이후 역사는 드라마틱하게 변해 광해군이 왕위에 올랐다가 인조반정으로 인조가 다시 왕위에 오른다. 반정의 명분은 광해군의 부도덕성과 실정이었다. 그러나 근래 학자들은 인조 때 작성된 『광해군실록』과 인조의 아들인 효종 때 작성된 『인조실록』은 광해군의 역모를 정당화하기 위해 꾸며 썼을 가능성이 농후하다고 지적하기도 한다.

광해군은 만주에서 새롭게 발흥한 후금과 명 사이에서 절묘한 줄타기로 중립 정책을 펴왔다. 당시 명은 임진왜란의 여파 등으로 광해군의 책봉을 늦추는 것은 물론 조선의 왕위 계승에 대한 진상 조사단을 파견하는 등 광해군에게 적대적이었다.

그러던 중 명과 후금과의 전투는 광해군으로 하여금 실리적인 면에서 정세를 판단하도록 했다. 무장 박엽을 평양감사로 임명해 대포를 주조하게 하는 등 전쟁에 대비하던 광해군은 명이 후금 정벌을 위해 군사 파견을 요청하자 강홍립을 도원수로, 김응서를 부원수로 삼아 1만여 명의 조선군을 파견하면서 강홍립에게 밀지를 내렸다. 후금과 전력을 다해 싸우지 말고 유리한 쪽에 붙어 전력을 보존하라는 것이었다. 강홍립이 현장에 나가보니 명은 후금의 상대가 아니었다. 그는 후금과 전투하는 척하다가 항복한 후 조선의 참전이 자의가 아님을 설명했다.

후금은 명과 자신 사이에 낀 조선의 사정에 동정을 표했고, 강홍립은 후금 진영에서 광해군에게 계속 밀서를 보내 당시의 정황을 속속들이 파악하게 했다. 간단하게 말해 남의 전쟁에 조선이 피를 흘릴 이유가 없다는 것이었다. 광해군은 이처럼 현실적인 외교 정책을 펼쳤지만 명에 대한 명분을 앞세운 친명론자들에게는 왕으로서는 낙제점이었다.[26]

광해군이 축출되자 인조를 내세운 신하들은 친명배금 정책으로 전환했는데 이것이 조선에 큰 파국을 불러왔다. 1627년 후금이 군사 3만여 명으로 정묘호란을 일으켜 파죽지세로 평산까지 쳐들어오자, 조정은 강화도로 천도했다가 최명길의 강화 주장을 받아들여 형제의 의를 맺고 철수한다. 하지만 1636년 국호를 청으로 바꾼 후금이 군신관계를 요구하자 조선은 강력하게 반발했고 청은 10만 대군으로 재

광해군이 축출되자 인조는 친명배금 정책으로 전환했는데 이것이 조선에 큰 파국을 불러왔다.

침, 병자호란을 일으켰다.

이때 조선의 백성은 물론이고 인조 자신도 남한산성으로 들어가 항전하면서 모진 고초를 겪었다. 척화파와 주화파 간에 치열한 논쟁이 전개된 끝에, 인조는 결국 주화파의 뜻에 따라 항복을 결심하고 인조 15년(1637) 삼전도(현 서울 송파구 삼전동)에서 군신의 예를 맺었다.

성문을 나선 인조는 비탈길을 내려와 수항단에 앉은 청 태종 앞에 무릎을 꿇었다. 그리고 삼궤구고두례*를 행했다. 이때 반드시 머리 부딪치는 소리가 크게 나야 한다. 태종은 소리 나지 않는다고 다시 할 것을 요구했고 인조는 수십 번 머리를 부딪쳐 이마가 피투성이가 되었다고 한다.

인조의 첫 번째 비인 인열왕후는 서평부원군 한준겸의 딸로 광해

*** 삼궤구고두례(三跪九叩頭禮)** 황제 앞에서 신하가 세 번 절하고 아홉 번 땅에 머리가 닿도록 조아리는 것.

군 2년(1610년) 능양군(뒤의 인조)과 가례를 올렸다. 인조반정으로 왕비가 되었으며 소현세자와 후일의 효종인 봉림대군, 인평대군, 용성대군을 낳았다. 1635년 42세 늦은 나이에 출산하다 병을 얻어 타계했다. 인을 베풀고 의를 따르는 것을 인仁, 공로가 있고 백성을 편안하게 하는 것을 열烈이라 해 인열이라는 시호를 받았다.

비운의 인물인 소현세자도 인조와 관련이 있다. 청이 화평 조건에 따라 인질을 요청하자 소현세자는 자진해서 부인 강 씨와 봉림대군 부부, 주전파 대신들과 청의 수도로 가서 심양관에 억류되었다. 그는 그곳에서 오랫동안 청과 조선을 중재하는 역할을 하면서, 함께 끌려와 재판을 받은 반청파 김상헌 등과 조선 백성 보호에 많은 힘을 썼다. 그러나 그는 아버지 인조와는 달리 조선이 청에 대적하는 것은 불가능하므로 서양 과학을 들여와 조선을 발전시켜야 한다고 주장했다.

조선 왕실의 지도층으로서는 상당히 파격적이었음이 틀림없다. 청에 그만큼 모욕을 당했으면서도 그들을 이기기 위해서는 그들 것을 철저하게 배워서 조선의 것으로 만들어야 한다는 것이다. 청에 굴하는 것으로 보이더라도 앞선 문물을 배우지 않으면 결코 청을 이길 수 없다는 생각이다. 배청이 아니라 친청으로 보이는 소현세자의 행동에 청에 원한이 사무친 인조와 조정 대신들은 발끈했다.

그런데 1645년 2월에 귀국한 소현세자가 4월 갑자기 사망한다. 그의 갑작스런 죽음은 상당한 파장을 몰고왔다. 가장 큰 의혹은 소현세자가 살해되었다는 것이었다. 일부 학자들은 세자가 죽고 난 뒤 곳곳에 검은 반점이 나고, 시신이 빨리 부패했다는 점을 볼 때 인조가 의관 이형익을 시켜 독살했을 것이라 추정한다. 인조 23년(1645) 6월

27일 『인조실록』에 다음과 같은 기록이 있다.

"세자는 본국에 돌아온 지 얼마 안 되어 병을 얻었고 병이 난 지 수일 만에 죽었는데, 온몸이 전부 검은빛이었고 이목구비의 일곱 구멍에서는 모두 선혈이 흘러나오므로, 검은 멱목*으로 얼굴 반쪽만 덮어 놓았으나, 곁에 있는 사람도 얼굴빛을 분변할 수 없어서 마치 약물에 중독되어 죽은 사람 같았다. 그런데 이 사실을 외인들은 아는 자가 없었고, 상도 알지 못했다. 당시 종실 진원군 이세완의 아내는 곧 인열왕후의 서제庶弟였기 때문에, 세완이 내척으로서 세자의 염습에 참여했다가 그 이상한 것을 보고 나와서 사람들에게 말한 것이다."

*** 멱목**(幎目)

소렴(小殮)할 때 시체의 얼굴을 싸매는 헝겊. 천으로 네모지게 만드는데, 겉과 안을 흰색으로 하거나 겉은 검은빛, 속은 남색으로 하기도 하며 네 귀에 끈을 매단다.

가장 큰 문제는 아버지인 인조의 처신이었다. 인조는 의관인 이형익을 국문하라는 상소를 시종일관 무시했다. 당시는 왕이나 세자가 사망하면 이를 의관의 책임으로 몰아 죄를 주는 것이 기본이었고 심지어는 사형에 처하기도 했다.

또한 『의례』에 의하면 왕은 장자를 위해 참죄 3년을 입고, 신하는 왕의 부모와 아내의 장자를 위해 기년으로 종복한다고 되어 있다. 하지만 인조는 날짜로 달수를 바꾸어 1년을 12일로 셈하더니 그조차 7일로 감해버렸다. 그리고 원손을 제치고 둘째 아들 봉림대군(효종)을 왕세자로 책봉했다. 적자 계승의 원칙을 저버리는 조처에 신하들이 벌떼같이 일어났지만 인조는 끄떡도 하지 않았다.[27] 인조의 이 같은 행동은 훗날 현종과 숙종 때 치열하게 전개된 예송의 불씨가 되었다.[28]

장릉은 본래 인조가 파주시 운천리에 인열왕후 능을 먼저 조성하고 우측에 미리 자신의 능을 마련해두었다가 사망 후 묻히도록 준비한 것이다. 인조 사망 후 사전에 예정된 대로 능을 조성했는데, 후에 화재가 일어나고 뱀과 전갈이 능 주위로 무리를 이루며 석물 틈에 집을 짓는 등 이변이 계속되자 영조 때 현 위치인 파주시 갈현리로 옮겨 다시 조성했다.

천장으로 합장하면서 규격이 맞지 않은 병풍석 등은 새로 마련했고, 일부 석물은 기존의 것을 그대로 사용했다. 따라서 장릉은 17세기와 18세기의 석물이 공존하는 왕릉이라고 볼 수 있다.

왕과 왕비가 합장된 무덤 형태로 병풍석을 둘렀는데, 면석에는 구름무늬와 십이지 신상을 새기던 전통을 따르지 않고 모란문, 연화문 등 꽃무늬를 새겨 새로운 양식을 남겼다. 이것은 이후 사도세자의

장릉 면석. 구름무늬와 십이지 신상 대신 꽃무늬를 새겨 새로운 양식을 남겼다.

융릉과 홍릉, 유릉으로 이어진다. 인석(왕릉의 호석이나 병풍석에 얹은 돌)에도 만개한 꽃무늬가 있는데, 중심부에 12간지를 문자로 새겨놓았다. 장명등에도 모란 무늬와 연꽃무늬가 있는데 17세기 석물 무늬의 특징을 보여주는 예다.[29]

무인석과 병풍석의 꽃무늬는 사도세자의 융릉 것과 흡사해 융릉이 장릉을 모델로 삼아 조성했을 가능성도 있다. 봉분을 둘러싼 곡장 3면을 비롯해 석상, 고석, 장명등, 망주석, 문인석, 무인석, 석마, 석양, 석호 등의 석물은 매우 섬세하게 조각되었다. 능침을 보호하는 석마, 석양, 석호는 공순영릉의 순릉 같은 형태다. 석양과 석마의 배 부분을 판으로 만들었고 석호는 앉아 있는 모습도 동일하다.

대부분의 정자각 기둥 하부에는 구름과 하늘을 의미하는 하얀색과 파란색 줄이 있는데 다소 예외가 보인다. 일반적으로 이들은 정자각 전면부의 원형 기둥에만 칠해져 있는데 파주 장릉에서는 정자각의 모든 기둥에 칠해져 있다.

정자각 우측에는 비각과 수복방이 있다. 특이하게 비각은 정자각보다 상단에 있으며 수복방은 정자각 우측 하단에 있다. 비각 안에는 1731년 이장할 때 건립한 방부개석方趺蓋石 양식의 능표가 있다. 파주 장릉은 미공개 지역이나 학술 등 답사가 필요한 경우 파주삼릉관리소에 예약하면 허가를 받을 수 있다. ❖

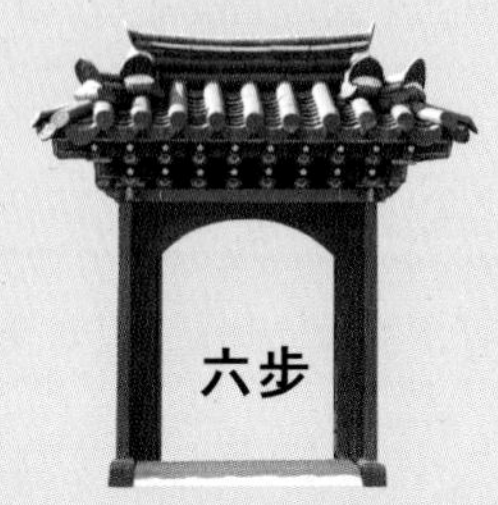

김포 장릉

章陵

김포 장릉

章陵

원종과 인헌왕후

경기도 김포시 풍무동에 있는 장릉은 제16대 인조의 부모인 원종(1580~1619)과 인헌왕후(1578~1626) 구 씨를 모신 능이다. 원종은 선조의 다섯째 아들 정원군으로 태도가 신중하고 효성과 우애가 남달라 선조의 사랑을 많이 받았으며, 1604년 임진왜란 중 왕을 호종*했던 공으로 호성공신 2등에 봉해졌다. 왕을 뜻하는 '종'이라는 묘호를 갖고 있음에도 원종이라는 이름이 우리에게 낯선 까닭은 그가 생존 당시의 왕이 아니라 추존된 왕이기 때문이다.

＊ 호종(扈從)
임금이 탄 수레를 호위해 따름.

원종은 사망할 때 정원군인 '군'의 신분이었으므로 양주 곡촌리(현재 남양주시 금곡동) 처갓집 선산에 초라하게 묻혀 있었다. 하지만 인

김포 장릉은 육경원에서 왕릉으로 변경되었지만 병풍석과 난간석을 두르지 않은 쌍릉 형식이다.

조반정으로 정원군의 아들 능양군(인조)이 왕이 되자 이미 고인이 된 정원군은 정원대원군으로 높여졌고, 10년 후에 묘호가 원종으로 추존되었으며 묘도 원으로 추승되어 홍경원이라 했다. 이후 원종의 무덤은 현재의 자리인 김포시로 옮겨지면서 장릉이 되었다. 살아 있을 때보다 죽은 뒤에 남다른 대접을 받은 셈이다. 인헌왕후는 아들이 즉위하자 연주부부인이 되었고 궁호를 계운궁이라 했다. 1626년 49세의 나이로 세상을 떠나 김포 성산 언덕에 예장했다가 원종의 능인 현재 자리로 천장했다.

정원군은 어려서부터 뛰어난 재능과 비범한 관상으로 부왕인 선조의 사랑을 많이 받았다. 그런데 선조가 사망하고 이복형인 광해군이 왕이 되자 정원군은 잠재적인 정적으로 집중적인 견제와 감시를 받았다. 특히 정원군의 어머니 인빈 김 씨의 무덤과 정원군이 살던 집터에 왕기가 서렸다는 소문 때문에 광해군은 민감한 반응을 보였다. 더욱이 정원군의 셋째 아들 능창군은 성품이 호탕하고 인물이 훤칠하며 무예가 뛰어나다는 평을 받고 있었다. 마침 능창군이 황해도 수안 군수 신경희 등의 추대를 받아 왕이 되고자 한다는 상소가 들어왔다. 그러자 광해군은 곧바로 능창군을 강화도로 유배 보낸 후 죽였다. 광해군 7년(1615)에 일어난 이른바 '신경희 옥사'다.

정원군이 더욱 낙담한 건 아들을 잃은 지 2년 후였다. 지관 김일룡이 "새문동에 왕기가 서려 있으니 그곳에 궁궐을 짓자"라고 광해군에게 보고했다. 새문동터는 정원군이 살던 집터로 광해군은 결국 그곳을 빼앗아 경덕궁(현재의 경희궁)을 짓게 한다.

정원군은 광해군이 나머지 아들들을 해할지도 모른다는 생각을 술로 달래다가 40세의 나이에 화병으로 죽는다. 그는 평소에 다음과 같이 말했다고 한다.

"나는 해가 뜨면 간밤에 무사하게 지낸 것을 알겠고 날이 저물면 오늘이 다행히 지나간 것을 알겠다. 오직 바라는 것은 일찍 집의 창문 아래에서 죽어 지하의 선왕을 따라가는 것일 뿐이다."

그래도 불안한 광해군은 정원군이 무덤 자리를 제대로 고르지 못하도록 장례 기간을 단축하라고 재촉하며 조문객을 감시했다고 한다.

하지만 이후 '새옹지마'에 들어맞는 상황이 이어진다. 처음에는

2008년 발견된, 육경원을 의미하는 비석 받침돌.

정원군과 광해군의 싸움에서 광해군이 완승했다. 그러나 정원군이 세상을 떠난 지 4년 후인 1623년에는 광해군이 쫓겨나고 정원군의 큰아들인 능양군이 왕에 오른다. 광해군이 정원군에게만 신경을 썼지 실제로 왕의 기운은 능양군에게 있다는 것을 예상하지 못했기 때문이다. 정원군의 부인인 인헌왕후는 아들이 왕이 되자 남편의 한을 풀듯 빼앗긴 새문동 집터(경덕궁)로 되돌아가 몇 년을 살다 1626년에 숨을 거둔다.

정원군은 원래 왕이 아니었으므로 장릉 역시 원제인 육경원으로 조성되었지만 왕으로 추존된 뒤 왕릉제에 따라 석물을 바꾸었다. 육경원을 의미하는 비석의 토대를 2008년에 발견해 비각 옆에 전시했고, 비석도 언젠가 발견될 것으로 추정한다. 재실은 능침으로 올라가는 중간에 있는데 현재 관리소 사무실로 사용하고 있다. 솟을대문인 정문은 남다를 것이 없지만 재실 뒤로 후문이 열려 있다. 기본적으로 재실 문은 정문 외에는 좌 · 우측에 설치하는데 뒤쪽으로 문을 만든 까닭은 그만큼 현실적인 활용을 중시했기 때문이다.

홍살문에서 참도가 시작되고 우측에 배위가 있는 것은 일반 격식과 다름없지만 유독 참도가 넓다. 정자각까지 가는 중도에는 5계단이 있는데 자연의 지형에 어울리게 정자각을 지었기 때문이다. 지형이 높기 때문에 필연적으로 만든 것이긴 하지만 참도에 계단이 있는 경우는 극소수다.

육경원에서 왕릉으로 변경되었지만 병풍석과 난간석을 두르지 않은 쌍릉이다. 봉분은 자연과 맞닿은 부분에 아무런 조각이나 무늬도 새기지 않은 초석을 둘렀고 혼유석을 놓았다. 2계와 3계에는 문 · 무인석을 한 쌍씩 세웠다. 팔각 장명등에는 꽃무늬를 화려하게 새겼으며 석호는 앉아 있지만 석마, 석양은 일반 석물과는 달리 배 부분이 막혀 있지 않아 배가 보인다.[30]

조선 왕릉은 장명등의 창호*로 조산을 바라보면 조산 또는 안산의 봉우리와 연결되는 자연의 축을 이루는 것이 특징이다. 김포 장릉은 정자각이 중앙으로 보이며, 정자각에서 다른 왕릉과는 달리 두 개의 능침이 곧바로 보인다. 그렇기에 조선 왕릉 중 축 개념이 확실한 능역으로 평가된다.

* 창호(窓戶)
온갖 창과 문을 통틀어 이르는 말. 건구(建具).

정자각 좌측과 우측에 뽕나무가 있는데 좌측의 나무는 인조가 심었다고 전해지는 수령 350년 정도의 나무다. 크지만 오디가 열리지 않는 반면, 우측 뽕나무는 작지만 오디가 많이 열린다고 한다. 뽕나무는 뿌리가 깊고 왕실을 상징하는 황색의 수피를 갖고 있다. 뿌리 속이 흰색이라 한약재로 상백피라고도 한다. 열매는 푸르다가 차츰 적색, 검은색으로 변한다. 오행 색을 갖추고 있어 예로부터 귀하게 여겼다. 오래된 뽕나무는 궁궐에도 있는데 특히 창덕궁 후원(비원)에 많다. 궁궐에서 기르는 뽕나무는 고급 비단의 어의를 만들기 위한 용도였고, 궁궐에는 누에를 기르는 잠실을 두었다.

왕실에서는 상례 때 왕과 비의 영혼이 의지할 신위를 혼전에 모시는데, 이를 우주虞主라고 한다. 우주는 뽕나무로 제작한다. 그래서 신위를 상주桑主라고도 한다. 우주는 종묘 터에 묻고 밤나무로 만든 신주로 부묘한다. 밤나무는 자손의 번성과 왕권의 영구한 승계를 의미한다. 인조는 아버지를 종묘의 혼전에 모시지 못함을 안타깝게 여겨 장릉에 부모의 영혼이 의지할 뽕나무를 직접 심었다고 한다.[31] ◈

정자각 좌측과 우측에는 뽕나무가 있는데, 좌측은 인조가 심었다고 전해지는 수령 350년 정도의 나무다.

제3구역

태강릉

●

의릉

●

헌인릉

●

선정릉

●

정릉

太康陵

태강릉은 제11대 중종의 제2계비 문정왕후 윤 씨의 능인 태릉과 제13대 명종과 인순왕후 심 씨의 능인 강릉으로 나뉜다. 원래 동일한 능역 안에 있었지만 개발 등의 여파로 완전히 분리된 상태이며 입구도 다르다. 태릉 입구에는 조선왕릉박물관이 있는데 국장 절차와 조선 왕릉의 건설 방법, 부장품, 조선 왕릉에 담긴 역사와 문화, 산릉 제례를 포함한 왕릉 관리 등 상세한 사항을 알려주고 있다. 왕과 왕비가 사망한 후 왕릉에 묻히기까지 국장 절차를 살펴본다.

사망 당일 초종初終이라 해서 사망 확인 후 세상을 떠난 왕의 혼을 부른다. 이를 복復이라 하며 곧바로 삼도감을 설치한다. 장례는 철저한 격식에 의해 진행되는데, 습襲이라 해서 시신을 목욕시키고 9겹의 옷을 입힌다. 또한 종묘와 사직에 고하는 고사묘告社廟를 거친다. 이후 3일째에는 소렴小殮이라 해서 19겹의 옷을 입히고 이불로 감싼다. 5일째는 대렴大斂이라 해서 시신에 90겹의 옷을 입히고 재궁으로 모신 뒤 빈전으로 운반하는데 이를 성빈成殯이라 한다. 신하들은 모두 상복으로 갈아입으며 사위嗣位라 해서 새 왕이 즉위식을 올린다. 이후 발인發靷해 왕을 왕릉에 모신 후 신주를 모시고 궁으로 돌아오는데 이를 반우返虞라 한다. 이후 첫 번째 기일(1년째)에 제사를 지내는데 이를 연제練祭라 한다. 2년 이후 신주를 종묘에 모시는 부묘祔廟로 국장은 일단락된다. 조선왕릉박물관에서 이 내용을 유물과 영상을 통해 볼 수 있다.

국장 행렬을 복원한 모형(조선왕릉박물관).

태릉

泰陵

문정왕후

태릉은 제11대 중종의 제2계비 문정왕후(1501~1565) 윤 씨의 능으로 봉분 1기만 있는 단릉이다. 문정왕후는 중종과 인종, 명종 3대에 걸쳐 왕비와 대비로 있으면서 정권에 개입하는 등 큰 영향력을 행사하면서 조선을 회오리바람 속으로 몰아넣은 인물로 알려진다.

문정왕후에 관한 일화는 워낙 많지만 을사사화와 연계된 정난정의 일화는 그야말로 한 편의 드라마다. 그녀의 아버지 정윤겸은 부총관을 지냈지만 어머니는 관비 출신이므로 위계가 철저한 조선에서 그녀가 일어설 기회는 거의 없었다고 해도 과언이 아니다. 정난정은 이 기회를 반전하기 위해 우선 기생이 되었다. 고관과 자주 어울릴 수 있

태릉의 소나무 숲은 신림으로 불릴 만큼 울창해 도시에서 얻을 수 없는 풍취를 느끼게 한다.

는 기생은 격이 낮은 여자가 신분 상승을 꾀할 수 있는 유일한 기회였다. 그녀는 바람대로 문정왕후의 동생인 소윤 윤원형의 첩이 되었다. 마침 명종이 12세의 어린 나이로 즉위하고 모후인 문정왕후가 수렴청정을 하게 되자 정계는 모두 윤원형 쪽으로 쏠린다.

곧바로 윤원형은 명종과 문정왕후에게 인종의 척족 윤임이 그의 조카 봉성군에게 왕위를 주려 한다고 무고한다. 이는 인종의 외척인 대윤과 명종의 외척인 소윤의 권력 다툼으로, 결국 대윤의 우두머리인 윤임 등이 반역 음모죄로 유배되었다가 사사되고 만다. 이를 '을사사화'라고 한다.

이 기회를 이용해 정난정은 윤원형의 정실 김 씨를 몰아낸 다음 적처*가 되고, 윤원형의 권세를 배경으로 상권을 장악해 전매 · 모리 행위로 많은 부를 축적한다. 그럼에도 문정왕후의 신임을 얻어 궁궐을 마음대로 출입했고, 1553년에는 외명부 종1품 정경부인이 되어 많은 사람을 놀라게 했다.

* 적처(嫡妻)
정식으로 예를 갖추어 맞은 아내.

정난정에 대한 사가들의 평은 비난으로 꽉 차 있지만 그녀는 윤원형을 움직여 적자와 서자의 신분 차별을 폐지하고 서자도 벼슬길에 나설 수 있도록 했다. 당시로서는 신분 제도의 근간을 흔드는 획기적인 정책으로 좌절한 사람들에게 커다란 호응을 받았음은 물론이다.[1]

문정왕후는 당의 측천무후, 청의 서태후와 비교될 정도로 억척같은 집념으로 아들을 왕으로 만든 여인이다. 그러나 명종이 어린 나이에 왕위에 오르자 8년 동안 국정을 지휘하며 막강한 권력을 행사해, 문정왕후의 가장 큰 피해자로 그의 아들인 명종이 손꼽히기도 한다. 왕이 된 아들에게 "내가 아니면 어떻게 이 자리를 소유할 수 있었겠느냐?"라며 호통을 치고, 왕이 자신의 말을 듣지 않자 회초리까지 들었다는 일화는 유명하다. 그래서 사람들은 명종을 눈물로 왕위를 지킨 왕으로 기억한다.

하지만 그녀의 월권은 적어도 국왕의 권위를 누르거나 자신의 욕심만을 위한 것은 아닌 것으로 보인다. 수렴청정을 끝내며 문정왕후는 다음과 같은 말을 남긴다.

"우리나라가 불행하게도 두 대왕이 연이어 사망했으므로, 주상이 어린 나이에 보위를 이어 국정을 맡길 수 없었기 때문에 내가 부득이 섭정을 하기는 했으나, 미안한 마음을 일찍이 하루도 잊지 못했다. 더구나 재변이 계속 이어지고 여러 변고가 함께 발생함이 지금과 같은 적이 없었다. 나는 항상 나의 부덕한 소치 때문이 아닌가 해 주야로 근심하고 염려했으며 2~3년 이래로는 항상 성상께 귀정歸政하고자 했으나, 아직 주상의 학문이 성취되지 못해 모든 기무를 홀로 결단할 수 없다는 이유로 군이 사양하는 까닭에 머뭇거리다가 지금에 이르게 되었다."

문정왕후가 사망하자 명종은 당시 지관이며 예언가였던 남사고가 "동쪽에 태산을 봉한 뒤에야 나라가 안정될 것이다"라고 한 예언에 따라 어머니를 태릉에 모시고 자신도 태릉 옆인 강릉에 안장되었다.

신도와 어도로 나누어진 태릉 참도.

그러나 문정왕후는 남편인 중종 옆에 묻히고 싶었는지 원래 장경왕후의 희릉(고양시 서삼릉 내) 우측에 있던 중종의 능을 정릉(현재의 강남구 삼성동) 터로 옮겨놓고, 자신도 그 옆에 묻힐 계획을 세웠다. 하지만 정릉 주위의 지대가 낮아 장마철에 물이 들어 자주 침수되자, 명종이 장마철에 물이 들어온다는 명분을 대고 태릉에 안장해 결국 그녀의 뜻은 무산된다.

태릉은 조선 왕릉 가운데 능침과 정자각의 거리가 가장 길며, 기를 모아 뭉치게 한다는 능침 앞 강岡을 약하게 한 것이 특이하다. 상설은 『국조오례의』를 따르고 있는데 봉분 아래에는 구름과 십이지 신을 의미하는 병풍석과 난간석을 둘렀다. 병풍석 위의 만석 중앙에는 12간지를 문자로 새겨놓았다. 12간지가 문자로 쓰이기 시작한 이유는 병풍석을 없애고 신상을 대체하기 위한 방편이었는데, 여기에는 신상과 문자가 함께 새겨져 있어 주목할 만하다.

문·무인석은 목이 짧고 얼굴이 상대적으로 매우 큰 형태다. 문인석은 높이가 260센티미터로 사람의 실제 키보다 크며 과거 급제자가 홍패를 받을 때 착용하는 복두 차림이다. 두 손으로는 홀을 공손히 맞잡고 있는데, 좌측 문인석은 오른손으로 왼손을 감싸고 있는 반면 우측의 문인석은 반대 자세다. 일반적으로 좌우 문인석이 홀을 잡는 방법이 동일한데 이곳은 예외다.

무인석은 문인석과 비슷한 크기이지만 얼굴이 크고 방울눈에 유난히 큰 코와 우락부락한 표정이 특징이다. 문·무인석 모두 얼굴과 몸통의 비례가 1대 4 정도로 머리 부분이 거대하다. 학자들이 이들 석상에 큰 점수를 주지 않는 이유는 얼굴 부분을 제외하고 입체감이 결여되어 사각기둥이 서 있는 것 같은 느낌을 주기 때문이다.

정자각은 6·25전쟁 시 파손되어 석축과 초석만 남아 있던 것을 1994년에 복원했다. 정면 3칸, 측면 2칸의 정전과 그 앞의 배전으로 이루어져 있다.

한편 태릉에서는 비교적 원형에 가까운 금천교를 만날 수 있으며 태릉의 소나무 숲은 신림神林으로 불릴 만큼 울창해 도시에서 얻을 수 없는 풍취를 느끼게 한다.[2]

임진왜란 직전 조영된 태릉은 효인이라는 사람이 능침 안에 금은 보화가 많다고 고자질해 1593년 1월 왜군이 기마병 50명을 동원해 도굴하려 했으나, 삼물의 회灰가 너무 단단해서 실패했다는 기록이 있다.[3] ◈

태릉 정자각. 6·25전쟁 시 파손된 것을 1994년에 복원했다.

강릉
康陵

명종과 인순왕후

강릉은 중종과 문정왕후 윤 씨의 아들인 제13대 명종(1534~1567)과 인순왕후(1532~1575) 심 씨의 능이다.

명종은 후사 없이 죽은 인종의 뒤를 이어 왕위에 올랐다. 왕으로 등극한 후부터 8년간 문정왕후 윤 씨가 섭정했고 1553년부터 사망할 때까지 친정했지만 외척인 윤원형, 윤원로 등에 의해 정사가 좌지우지되면서 혼란을 겪었다.

인순왕후는 청릉부원군 심강의 딸로 1543년 경원대군(명종)과 가례를 올리고 명종이 즉위하면서 왕비로 책봉되었다. 명종이 죽은 후 선조가 즉위하자 잠시 수렴청정을 했다. 1569년(선조 2)에 의성懿聖이

강릉은 왕과 왕비의 봉분을 나란히 마련한 쌍봉 능이다.

라는 존호가 진상되었다. 아들 순회세자를 일찍 잃고 이복 조카인 하성군을 후계자로 지목하고 사망했다.

성종 때 싹튼 훈구파와 사림파의 대립은 연산군 대의 무오사화, 갑자사화, 중종 대의 기묘사화로 나타나면서 관료층의 분열과 권력 투쟁으로 변질되고 있었다. 명종은 이러한 정치적 분위기 속에서 즉위해 조선 왕조 시대의 격변을 누구보다 심층적으로 겪었다.

중종의 제1계 비인 장경왕후 윤 씨 소생의 세자 호(인종)를 왕위에 앉히려는 윤임 일파의 대윤과, 문정왕후 소생의 세자 환(명종)을 즉위시키려는 윤원형 일파의 소윤 사이에서 왕위 계승을 둘러싼 암투는 중종 말년부터 치열하게 전개되었다. 결국 인종이 우여곡절을 겪고 즉위하자 윤임 일파가 권력을 장악하며 이언적 등 사림들이 정권에 참여하게 되었다.

그러나 1545년 인종이 병으로 죽고 명종이 12세의 나이로 즉위해 문정왕후가 수렴청정을 하자, 윤원형 일파의 소윤이 권력을 장악해 대윤에 대대적인 숙청을 단행했다. 을사사화 이후에도 반대파에 대한 숙청이 계속되어 6년 동안 100여 명에 달하는 사람이 죽었을 정도다. 당시의 정황을 실록에서는 다음과 같이 전하고 있다.

"어린 나이로 왕위에 올라 모비가 청정하게 되었으므로 정치가 외가에 의해 좌우되었다. 그리해 뭇 간인奸人이 득세해 선량한 신하들이 많이 귀양가거나 살해되었으므로 주상의 형세는 외롭고 위태로웠다."

당파 싸움의 폐해를 잘 알고 있는 명종은 친정하면서 외척을 견제하고 고른 인재를 등용하기 위해 노력했으나 워낙 깊숙이 박혀 있던 기득권 세력의 견제로 뜻을 이루지 못했고 정치는 더욱 문란해졌다.

민생이 어려워지자 양주 지방의 백정 출신인 임꺽정이 의적을 자처하며 1559년부터 1562년 사이 황해도와 경기도 일대를 횡행하면서 이름을 날렸다. 임꺽정의 난은 3년이나 지속되었는데 이는 조선 시대의 난 중에서 상당히 장기적인 경우다. 위계가 철저한 시대였지만 난이 오래 지속된 이유는 백정이 도적이 되지 않으면 안 될 정도로 열악했기 때문이다. 『명종실록』에 당시의 상황이 비교적 정확하게 적혀 있다.

"도적이 성행하는 것은 수령의 가렴주구* 탓이며, 수령의 가렴주구는 재상이 청렴하지 못한 탓이다. 오늘날 재상들의 탐오한 풍습이 한이 없기 때문에 수령들은 백성의 고혈을 짜내어 권력자들을 섬겨야 하므로 돼지와 닭을 마구 잡는 등 못 하는 짓이 없다. 그런데도 곤궁한 백성들은 하소연할 곳이 없으니, 도적이 되지 않으면 살아갈 길이 없는 형편이다."

* 가렴주구(苛斂誅求)
세금을 가혹하게 거두어들이고, 무리하게 재물을 빼앗음.

당시의 집권자들이 정치만 잘했다면 임꺽정의 난이 일어날 리 없었다는 말이다. 임꺽정이 출현할 당시 황해도 지역은 극심한 흉년과 전염병으로 죽은 시체가 들판에 가득할 정도라고 했다. 이러한 상황에서 가난에 쪼들린 농민들은 살 곳을 잃고 떠돌아다니다가 도적이 되는 것이 기본 수순이었다.

임꺽정의 활동 무대는 처음에는 구월산, 서흥 등 산간 지대였으나 따르는 무리가 많아지면서 평안도와 강원도, 안성 등 경기 지역으로 확대되어 갔다. 임꺽정의 무리가 계속 증가한 까닭은 약탈 대상이 이른바 부자들이었기 때문이다.

무리는 관청이나 양반, 토호*의 집을 습격해 그들이 백성들에게 거두어들인 재물을 가져갔고, 심지어 과감하게 관청을 습격하기도 했다. 민중들이 임꺽정을 비호한 이유는 그가 일개 좀도둑이 아닌 농민 저항 수준의 반란군이었기 때문이다.

* 토호(土豪)
어느 한 지방에서 오랫동안 살면서 양반을 떠세할 만큼 세력이 있는 사람.

명종은 이들을 '반적'이라 부르며 토벌을 명령했지만 임꺽정은 쉽게 잡히지 않았다. 조선 땅을 떠들썩하게 했던 임꺽정의 난이 진압된 것은 1562년 1월, 토포사 남치근이 이끄는 관군에 의해서였다. 관군에 체포된 서림이 길잡이로 나서 결국 임꺽정은 부상을 당하고 체

포되었다.[4]

임꺽정의 체취가 남아 있는 곳이 강원도 철원군 고석정이다. 전해 내려오는 이야기에 따르면 임꺽정은 고석정 앞에 솟아 있는 고석바위 안에 숨어 지내면서 조공물을 탈취해 빈민을 구제했다고 한다.

임꺽정의 난이 진정되었지만 우환은 계속된다. 삼포왜란 이래 세견선*의 감소로 곤란에 처한 왜인들이 1555년 배 60여 척을 이끌고 전라도에 침입하는 을묘왜변을 일으킨 것도 명종의 치세 동안이다. 정황이 좋지 않음에도 명종이 친정하면서 가장 신경을 쓴 부분은 인재 등용이었다. 그는 인재의 중요성을 다음과 같이 말했다.

* 세견선(歲遣船)
조선 세종 때에 쓰시마(對馬)섬 도주(島主)의 청원을 들어주어 삼포(三浦)를 개항하고, 내왕을 허락한 무역선.

"국가가 인재를 등용함은 가장 중요한 일이다.……수령 될 인물은 자상한 사람으로 십분 가려서 주의하고 시종이나 감찰이 될 간원들은 더욱 별도로 택해 주의해야 한다. 또 외방 수령 중에 명망이 있어 쓸 만한 사람이나 문신 및 정현직을 역임했던 사람으로서 하자가 없는 자라면 아울러 청빈에 주의하라."

명종이 매료된 인물이 바로 퇴계 이황이다. 당대의 어지러운 세상에는 퇴계와 같은 인물이 더욱 필요했지만 퇴계는 병을 칭하며 관직에서 물러나 경상도 지방에 은거했다. 명종은 여러 번 사람을 보내

■
고석정 풍경. 조선을 호령했던 임꺽정의 체취를 느낄 수 있다.

이황의 마음을 돌리려고 애를 썼지만 이황은 여러 가지 이유로 명종의 부름을 사양했다. 그러자 명종은 다른 방법을 강구했다. 독서당에 문신들을 모아 놓고 '초현부지탄招賢不至灘(어진 이를 불러도 오지 않으니 한탄스럽다)'이라는 제목으로 시를 짓게 한 것이다.

명종의 개인적인 불행도 계속되었다. 1563년 순회세자를 잃고 2년 뒤 어머니 문정왕후마저 세상을 뜨자 허약했던 명종은 병을 얻어 1567년 경복궁 양심당에서 사망했다. 명조는 영조(52년), 숙종(46년), 고종(44년), 선조(41년), 순조(34년), 세종(32년), 인조(26년), 성종(25년), 정조(24년)에 이어 22년이라는 오랜 기간 왕위에 있었지만 사망할 때 나이는 겨우 34세였다.

강릉의 참도는 조선 왕릉의 여타 참도와 다소 다르다. 참도 자체가 매우 넓은 것은 물론 좌측 신도는 약 30센티미터, 우측 어도는 약 15센티미터 높게 시공되어 있다. 또한 정자각의 월대로 오르는 계단은 일반적으로 3단인데 이곳은 한 단 높아 신계와 어계가 4단이나 된다.

강릉은 왕과 왕비의 봉분을 나란히 마련한 쌍봉 능이며, 두 능 모두 병풍석을 둘렀고 12칸의 난간석으로 연결되었다. 봉분의 봉토가 무너지는 것을 방지하기 위해 설치된 인석引石에 꽃무늬를 장식한 것이 이색적이다. 대체로 태릉과 마찬가지이나 혼유석은 각각 설치했다. 상설 제도에 의해 장명등, 망주석, 석호, 석마, 석양 등이 설치되어 있으며 보존 상태가 모두 양호하다.[5]

문인 공간에 세워진 장명등은 조선 초기 건원릉과 헌릉을 본뜬 16세기 복고풍 장명등의 특징을 잘 보여주고 있다. 화대가 하대석보다 좁고 몸체 부분이 긴 형식은 할아버지인 성종의 선릉에서부터 나타났다.

문인석은 신체에 비해 머리가 크고 목이 짧아 머리가 양어깨 사이를 파고 들어간 것처럼 보인다. 복장은 복두를 쓰고, 관복을 걸치고, 두 손에는 홀을 쥐고 있다. 태릉과 마찬가지로 강릉의 문인석은 좌우에 따라 손의 위치가 다르다. 태릉을 조각한 작가들이 강릉 조영에도 참여한 것으로 추정된다.

무인석은 좌·우측이 서로 다르다. 둘 다 코에 붉은빛이 돌지만 좌측은 투구와 얼굴 크기가 엇비슷한 반면, 우측은 투구가 작고 코가 둥글며 턱과 양쪽 볼이 튀어나와 묘한 인상을 준다. 표현도 좌측 무인석은 팔꿈치에 구름무늬, 등과 무릎 부분에 비늘무늬를 새긴 반면, 우측 무인석은 띠가 생략된 가슴의 전면에 파도 무늬를 조각했으며, 양 어깨에는 귀면을 새기는 등 조각하기 어려운 화강암임에도 수준이 높다. 석상을 받치고 있는 고석은 많이 퇴화하기는 했으나 나어두문에서 입체감이 느껴질 만큼 굴곡 깊게 새겨놓았다.[6]

강릉은 원형 보존을 위해서 그동안 일반인에게는 공개하지 않았지만 2013년 1월 1일부터 개방하고 있다. ※

강릉에서는 건원릉과 헌릉을 본뜬 16세기 복고풍 장명등을 볼 수 있다.

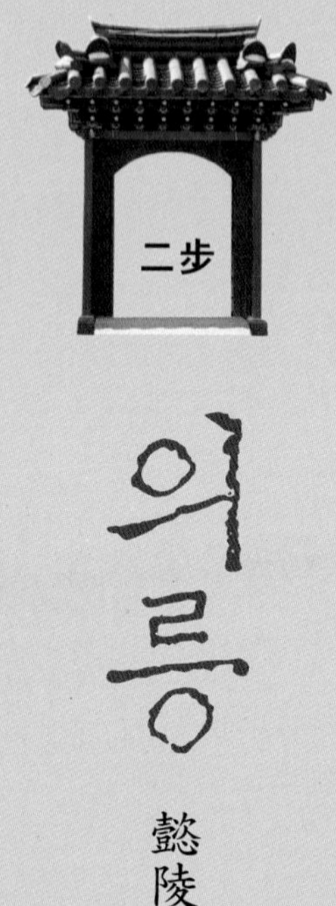

의릉

懿陵

의릉

懿陵

경종과 선의왕후

의릉은 제20대 경종(1688~1724)과 계비 선의왕후(1705~1730) 어 씨의 능으로 서울시 성북구 석관동에 있다. 경종의 아버지는 숙종이며 어머니는 한국 역사에 큰 파란을 일으킨 희빈 장 씨다.

경종을 비운의 왕이라 부르는데 생애가 어릴 적부터 편치 않았기 때문이다. 경종은 폐비 장희빈의 소생인 데다 정치적으로는 남인계에 속하기 때문에 정치적 실세였던 서인들의 극렬한 반대에 부딪혔다. 그러나 숙종은 신하들의 벌떼 같은 항의에도 경종을 세자에 책봉했다. 이 때문에 송시열은 사사되었고 서인은 실각했다.

희빈 장 씨가 숙종에게 총애받던 시절 경종은 총명함이 뛰어난

■
의릉은 왕릉과 왕비 능이 각각 단릉의 상설을 갖추었다.

세자로 칭송받았고 숙종의 극진한 배려 속에서 성장했다. 숙종은 학문에 힘쓰는 것을 중히 여겨 세자는 4세 때 『천자문』을 익혔고 8세 때 성균관 입학례를 치렀다. 실록은 "세자가 입학례를 행하는데 글을 읽는 음성이 크고 맑아서 대신들이 서로 축하하지 않는 이가 없었다"라고 전한다. 그런데 그가 14세 되던 해 비극적인 사건이 일어난다.

숙빈 최 씨가 이복동생인 연잉군(뒤의 영조)을 출산하면서 숙종과 장희빈의 관계가 멀어지자 세자 또한 숙종의 관심에서 멀어지기 시작했다. 정치적으로 남인이 실각하고 서인이 노론과 소론으로 분파되면서 숙빈 최 씨는 노론의 지지를 받았고 세자는 소론의 지지를 받았다.

그러다 희빈 장 씨가 인현왕후를 모함했다는 것이 알려지자 숙종은 그녀를 용서하려 하지 않았다. 이는 사형 선고나 마찬가지이므로 신하들은 상소를 거듭했다. 그러나 숙종은 냉철하게 희빈 장 씨를 내치고 사약을 내렸다. 이때부터 경종은 점차 내성적인 성격으로 변했고 심한 우울증을 앓았다고 전해진다.

숙종은 병약한 경종을 보며 후사가 없을 것을 우려해 몰래 이이명을 불러 이복동생인 연잉군을 후사로 정할 것을 부탁했다. 이것이 추후에 큰 화를 불러 그를 지지하는 소론과 연잉군을 지지하는 노론 간 당쟁이 격화된다.

경종이 즉위한 지 2개월 만에 그의 무자다병無子多病을 이유로 건저* 논의가 일어났다. 노론인 영의정 김창집 등은 연잉군을 세제로 책봉한 후, 왕이 병환 중이어서 정무를 제대로 수행하기 어려우므로 휴양해야 한다는 명분을 앞세워 세제에 의한 대리청정을 요구했다. 이에 소론은 왕권을 침해하는 불충이라며 강하게 반발해 이 안건은 결국 철회되었다.

* 건저(建儲)
왕의 자리를 계승할 왕세자나 황태자를 정하던 일.

하지만 나이 어린 연잉군을 앞장세우려는 속셈이 뻔히 보여 결국 소론에 의해 노론은 철퇴를 맞는다. 마침 노론이 주도해 경종을 폐출하려는 역모 사건이 소론 목호룡의 고변으로 밝혀졌기 때문이다. 기회를 엿보던 소론은 유배 중인 노론 핵심 4명을 사사한 뒤 노론의 주도적 인물 50여 명을 처단하고 170여 명을 유배 또는 연좌로 처벌했다. 이것이 '신임사화'다.

이후에도 소론의 과격파인 김일경 중심 정권은 노론에 가혹한 탄압을 벌여 경종의 재위 4년 동안은 당쟁의 절정기였다. 이런 정국의

혼란은 경종의 건강을 더욱 악화했고 그는 즉위 4년이 되던 해 자리에 누운 지 며칠 만에 급서했다.[7]

짧은 치세 기간이었지만 경종은 서양의 수총기(소화기)를 모방해 제작했고, 독도가 우리의 영토라는 내용을 담은 남구만의 『약천집』을 간행하는 등 열성적으로 업무에 나서기도 했다.

경종의 계비 선의왕후는 함원부원군 어유구의 딸로, 세자 시절 첫 번째 세자빈이었던 단의왕후가 숙종 44년(1718) 사망하자 세자빈에 책봉되었고 경종이 즉위함에 따라 왕비가 되었다. 그녀는 매사에 조심스럽고 온유한 성품을 지녔다고 한다. 선의왕후는 경종이 사망하자 왕대비에 올랐다가 26세의 젊은 나이로 사망한다. 두 사람 사이에 자녀는 없다.

의릉은 쌍릉이지만 다른 왕릉과 약간 다른 점이 있다. 왕릉과 왕비 능이 각각 단릉의 상설을 갖추었지만 뒤에 있는 왕릉만 곡장을 둘렀다. 일반적으로 쌍릉은 좌우로 조성하나 이 능은 앞뒤로 약간 축을 비껴 조성했다. 전후 능설 제도는 효종과 인선왕후 장 씨가 묻힌 여주의 영릉에 처음 나타난 형식이다.

능혈의 폭이 좁아 왕성한 생기가 흐르는 정혈에서 벗어나지 않으려는 풍수지리적 이유도 있지만 자연의 지형을 훼손하지 않으면서 능원을 조성하려는 우리 민족 고유의 자연관을 따랐다고 볼 수 있다. 영릉과 다른 점은 영릉은 왕과 왕비의 봉분이 약간 엇비슷하게 배치된 반면 의릉은 두 봉분이 앞뒤로 벗어나지 않게 배치되었다는 점이다.

홍살문 앞에 명당수가 흐르는 금천이 있으며 그 위에 금천교가 있다. 정자각은 정청이 앞면 3칸, 측면 2칸의 건물에 양쪽에 1칸씩 익랑을 덧붙인 것이 특이하다. 이 같은 설계는 비슷한 시기에 조영한 휘릉, 숭릉, 익릉, 의릉에서도 볼 수 있다. 배위청은 옆면 1칸, 앞면 2칸의 건물로 일반적이다. 참도는 박석*이 아닌 대소형의 사각형 돌로 정돈되어 있는데 근래 만들어졌기 때문이다.

* 박석(薄石)
얇고 넓적한 돌.

능침의 봉분은 병풍석을 세우지 않고 능침 주위로 12칸의 난간석을 설치했으며, 난간 석주에 방위를 나타내는 십이지를 문자로 간략히 새겨넣었다. 석양, 석호 각 2쌍, 석상 1좌, 망주석 1쌍, 3면의 곡장으로 위 층계를 이루었다. 석호의 꼬리가 몸통을 지나 목 뒤까지 이어

장검을 두 손으로 힘차게 짚고 있는 의릉 무인석.

지도록 묘사한 것은 다른 능의 석호에서 볼 수 없는 특이한 모습이다.

한 단 아래에는 문인석과 석마 각 1쌍, 사각형 장등석 1좌가 있고, 그 아래 층계에는 무인석과 석마 각 1쌍이 배치되어 있다. 문·무인석은 4등신의 땅딸막한 비례에 움츠러든 어깨로 다소 경직되어 보인다. 갑주를 걸치고 장검을 두 손으로 힘차게 짚고 있는 무인석의 뒷면에는 짐승 가죽을 나타내는 꼬리가 말려 있어 석공의 재주를 가늠하게 한다.[8]

망주석 세호는 모두 위를 향해 기어오르게 조각되어 있으며, 전체적인 형태에서 부친인 숙종의 명릉 망주석 양식을 충실히 모방하고 있다. 장명등은 지붕이 사각 형태인데, 숙종 이후 나타난 새로운 형식으로 건원릉부터 나타난 팔각등에 비해 한결 간략하면서도 소박한 인상을 준다.

왕후 능은 왕릉과 마찬가지로 병풍석 없이 난간석만으로 봉분을 호위하고 있으며, 곡장이 없는 것을 제외하고 나머지 석물은 왕릉과 같다. 석물의 배치와 양식은 명릉같이 규모가 작고 간소한 후릉 제도를 택했는데 『속오례의』를 따른 것으로 보인다. 의릉의 능역은 37만 9,034제곱미터다. ❖

■
의릉 정자각은 정청이 앞면 3칸, 측면 2칸의 건물에 양쪽에 1칸씩 익랑을 덧붙인 것이 특이하다.

헌인릉

獻仁陵

강남구 내곡동 대모산 남쪽 기슭에 자리 잡은 헌인릉은 제3대 태종과 원경왕후의 능인 헌릉과 제23대 순조와 순원왕후의 인릉을 합쳐 이름 붙인 곳이다. 서울시 생태경관보전지역으로 지정되어 우거진 숲이 일품이며, 헌릉에는 아름다운 오리나무 숲에 둘러싸인 습지가 있다.

원래 왕릉 뒤에는 우거진 숲을 계획적으로 조성했고, 특히 봉분 뒤에는 소나무를 심었다. 소나무가 나무 중의 나무로 제왕을 뜻하기 때문이다. 봉분 주변에 심은 떡갈나무는 산불을 막는다. 지대가 낮은 홍살문 주변에는 습지에 강한 오리나무를 심었다. 헌릉이 그런 예다.[9] 오리나무는 장수목으로 옛날에 5리마다 심어놓고 거리 표시를 했다 해서 붙은 이름이다. 낙엽 활엽수의 교목으로 습하고 비옥한 정체수가 있는 토양에서 잘 자란다. 목질이 붉은 것은 오행 중 남측을 상징하며, 말라도 갈라지지 않아 가구 제조용으로도 많이 사용한다.[10]

태종 때는 유달리 천재지변이 많았다. 태종이 사망하기 하루 전 지진이 일어났고, 홍수에 마소가 떠내려갔고, 태종이 만년에 애용한 정자 기둥이 무너지기도 했다. 이런 상황을 못내 안타깝게 생각한 태종은 자신이 죽어 혼이 있다면 이날 비를 내리게 하겠다고 유언을 남겼다. 이후 해마다 태종의 기일인 음력 5월 10일이 되면 비가 왔는데, '태종우' 라고 하는 이 비는 헌릉의 혼유석 밑 하전석의 네모난 구멍 속에 고였다고 한다.[11]

학자들이 헌인릉에 주목하는 이유는 400년 이상의 시간차를 두고 조성된 두 개의 왕릉에서 조선 초기와 후기 양식을 비교해볼 수 있기 때문이다. 입구에 들어서면 정면으로 인릉이 있고 우측으로 길을 따라 가면 헌릉이 있다.

헌릉
獻陵

태종과 원경왕후

헌릉은 조선 왕조를 화려하게 수놓은 풍운아 제3대 태종(1367~1422)과 원비 원경왕후(1365~1420) 민 씨의 능이다. 태종 이방원은 고려 공민왕 16년 함흥 귀주동에서 태조 이성계와 신의왕후 한 씨의 다섯째 아들로 태어났다. 방원은 16세에 문과에 급제할 정도로 머리가 명석했다. 태종 등극의 1등 공신으로 관상을 잘 봤던 하륜은 방원을 보고 다른 사람들에게 "이 사람은 하늘을 덮을 만한 영특한 기상이 있다"라고 칭찬했다. 계모로 태종과 알력을 벌인 신덕왕후 강 씨도 방원의 글 읽는 소리를 들으면 "어찌 내 몸에서 나지 않았는가" 하며 탄식했다고 한다.

태종의 능이 다른 왕릉에 비해 규모가 크고 석물이 많은 이유는 세종의 효심 때문이다.

태조가 조선을 개창한 배경에는 방원의 역할이 컸다. 그는 고려 충신 정몽주를 선죽교에서 격살하고, 고려의 마지막 왕인 공양왕을 폐위한 뒤 아버지 이성계를 등극하게 했다. 그런데 태조가 신의왕후 소생의 장성한 자식들을 제쳐두고 계비 신덕왕후 소생의 방석(의안대군)을 세자로 책봉하자 사단이 일어나지 않을 수 없었다.

방석이 세자가 되자 이에 불만을 품은 방원은 태조 7년(1398) 중신 정도전, 남은 등을 살해하고 이어 강 씨 소생의 방석과 방번을 귀양 보내기로 했다가 도중에 죽어버린다. 이것을 '제1차 왕자의 난' 이라 하며 방원은 이때 세자로 추대되었으나 이를 동복형인 방과(정종)에게 양보한다. 그러나 그의 왕위 등극 기회는 생각보다 빨리 왔다.

정종 2년(1400) 넷째 형인 방간이 박포와 공모해 '제2차 왕자의 난'을 일으켜 방원 일당을 제거하려 하자, 방원은 이를 즉시 평정하고 정종의 양위를 받아 조선 제3대 왕으로 즉위했다.[12] 방원은 왕위에 오른 후 공신과 외척을 제거해 왕권을 튼튼히 했으며, 개경에서 한양으로 천도하고 관제 개혁에 주력해 조선 왕조의 기반을 닦는 데 큰 치적을 남겼다.

원경왕후 민 씨는 고려 우왕 8년(1382) 방원에게 출가했다. 정도전 등이 주살될 때 변이 일어날 것을 예측해 방원에게 귀띔을 해주기도 하고, 몰래 무기를 숨겨두었다가 방원의 군사에게 내주기도 하는 등 태종이 왕위에 오르기까지 많은 도움을 주었다. 그러나 태종이 불충을 이유로 처남 민 씨 형제를 처형하면서 골이 깊어졌다. 원경왕후는 사망 뒤 태종에 의해 헌릉에 안장되었고, 태종이 2년 후 사망하자 세종은 어머니인 원경왕후 능 옆에 태종의 자리를 마련했다.

헌릉은 태종과 원경왕후를 같은 언덕에 무덤을 달리해 안장한 쌍릉으로 앞쪽에서 봤을 때 왼쪽이 태종의 능, 우측이 원경왕후의 능이다. 다른 능과 달리 홍살문이 일반 도로와 면해 있어 폐쇄된 것처럼 보이지만 홍살문에서 가능한 한 뒤로 가서 앞을 향하면 참도를 거쳐 정자각, 2기의 신도비가 있는 비각이 잘 보인다. 참도는 다른 왕릉과 달리 어도와 신도가 구분되지 않은 것이 특징이며 신계와 어계도 일반적인 3단이 아니라 2단이다.

능제는 태조의 건원릉 형식을 따랐다. 각 무덤은 12간의 난간석으로 연결된다. 봉분 아랫부분에 화강암 병풍석을 쓰고, 병풍석에 방울, 방패, 십이지 신상을 새겨 넣은 것 모두 건원릉을 그대로 모방한 것이다. 당시 왕비의 석곽은 서울 동대문구 창신동의 석산 돌로 사용했

■
정자각 우측 비각 안에 있는 신도비.

다. 석곽 덮개돌은 원래 물 등이 새어들지 않도록 한 판으로 써야 하지만, 태종은 그렇게 하면 백성들이 다친다며 반을 쪼개 두 개를 덮도록 지시하고 직접 현장에 가 석공들로 하여금 돌을 쪼개도록 했다.

십이지 신상은 지구가 태양을 도는 길인 황도 위의 별들을 짐승 모양으로 나타낸 것이며, 근동* 지방에서 시작되어 중국을 거쳐 우리나라에 들어온 것으로 추정한다. 십이지 신상을 무덤에 배치한 이유는 무덤 안을 하나의 우주로 보는 시각과 더불어 십이지로 하여금 무덤의 수호신 구실을 하라는 의미 때문이다. 이와 같은 풍습은 중국에서 이미 시작되었으나 이를 돌에 새겨 무덤의 호석으로 발전시킨 것은 통일 신라인이다.

* 근동(近東)
서유럽에 가까운 동양의 서쪽 지역. 터키, 이란, 이라크, 시리아, 이스라엘 등 여러 나라가 있다.

혼유석 아래에 놓인 고석은 5개인데, 이처럼 고석이 5개인 능은 건원릉과 헌릉 두 곳으로 모두 조선 초기 상설 제도에서 볼 수 있는 형식이다.

3면의 곡장이 석양과 석호 각 4쌍, 석상 2좌, 망주석 1쌍을 감싸 안고 있고, 한 단 낮춘 중간층에는 문인석 2쌍, 마석 2쌍, 팔각형 장명석 2좌가 각 무덤에 설치되어 있다. 한 단 아래에는 무인석, 석마 각 4좌가 있는데 크기와 모습이 대체로 건원릉과 유사하며 문인석, 무인석 모두 살짝 미소를 짓고 있다. 헌릉의 석물은 망주석만 빼고 모두 2쌍씩인데 고려 시대 현릉・정릉 제도를 기본으로 한 것이다.

정자각 우측의 비각 안에는 신도비 2기가 있다. 좌측 비석이 임진왜란 때 손상되자 숙종 때 우측 비석을 새로 세웠다. 정자각 북서측 소전대는 제례의 마지막 절차로 지방을 불사르던 시설인데 건원릉・헌릉과 더불어 근래 정릉 신덕왕후 능에서도 발견되었다.

태종의 능이 다른 왕릉에 비해 규모가 크고 석물이 많은 이유는 세종의 효심 때문이다. 세종은 다른 왕자들을 물리치고 자신에게 선위한 태종에 대한 효심으로 태종의 무덤에 각별한 정성을 보였다. 세종이 이같이 태종에게 헌신한 까닭은 자신이 왕이 되리라고는 생각하지 못했기 때문이다.

태종은 왕자의 난을 일으켜 동복형제까지 죽이면서 왕이 되었지만 후사를 걱정하지 않을 수 없었다. 자신의 시대를 순조롭게 마무리해야 하기 때문이었다. 따라서 자신과 같이 형제를 죽이는 전철을 밟지 않고 왕권을 지속하기 위한 방법을 찾아야 했다. 태종이 선택한 방법은 단순했다. 장자에게 왕위를 물려주는 것으로 이에 따르면 충녕이 왕이 될 가능성은 전혀 없었다.

문제는 세자 양녕이었다. 양녕은 아버지에게 일부러 밉보이려는 듯 삐뚤어진 행실이 날이 갈수록 심해졌다. 10년이 넘도록 후계자 수업에 공을 들였지만 조정 일이나 글공부에는 아예 뜻을 두지 않았다. 천하의 태종이 한 시대를 풍미했지만 아들 농사만은 생각대로 되지 않았다. 그래도 태종은 기대를 거두지 않고 때로는 엄하게 꾸짖고, 때로는 눈물로 호소하면서 세자를 어르고 달랬다. 항상 곁에 두려고 매사냥을 갈 때는 물론 신하들이 마련한 연회에도 동행했지만 양녕의 기행은 끊이지 않았다.

반면에 한쪽 다리가 다소 짧은 충녕은 양녕과는 달랐다. 충녕은 태종이 양녕에게 바라는 모습 그대로였다. 마침내 태종은 특단의 조치로 양녕을 세자에서 폐하고 충녕을 세자로 삼았다. 태종 재위 마지막 해의 일이다. 실록에 따르면 태종이 세자를 폐할 때 통곡하며 다음

＊ 하교(下敎)
사람이 아랫사람에게 가르침을 베풂.

과 같이 하교*했다고 한다.

"너로 하여금 새 사람이 되도록 바랐는데, 어찌 뉘우치지 않아 상황을 이 지경으로 만들었느냐. 나와 너는 부자지간이지만 군신의 도리 또한 있다. 이제 충녕이 너의 자리를 대신하게 했으니 반드시 너를 대접하는 마음이 두터울 것이다. 부디 나의 부득이한 정을 알아 다오. 이제 광주에서 네가 사랑하던 자를 모두 거느리고 살라."

세자를 폐하는 것은 태종에게 어려운 결정이었겠지만 학자들은 그의 선택이 최선이었다고 말한다. 세종이 조선에 영광을 한껏 가져다준 왕이기 때문이다. 한국사에서 대왕이라는 칭호를 받는 사람은 단 두 명, 세종대왕과 광개토대왕뿐이다.

태종의 은덕으로 예상치 못한 왕이 된 세종은 자신이 죽으면 부모 곁에 묻어 달라고 유언으로 남겨놓았다. 그에 따라 묘역을 헌릉 옆에 모셨는데 왕가에서 단종의 사사, 사육신 사건 등이 일어나자 결국 18년 후 여주 영릉으로 옮겼다.

얼마 전 헌인릉과 세종이 처음 묻힌 영릉이 있던 서울 강남구 대모산 기슭에서 조선 초기 왕릉의 원찰, 혹은 능침으로 추정되는 건물 터가 발견되었다. 수서동 540번지 일원 5,200제곱미터를 발굴 조사한 결과, 능선 기슭에서 남북 방향을 따라 길이 68미터에 달하는 대형 석축이 드러난 것이다. 석축의 단 위에서는 현재까지 건물 터 6개 동과 건물 터 중앙을 차지한 박석과 벽돌을 깐 마당, 아궁이와 배수로 시설 등이 밀집한 상태로 발견되었다. 인근에서 기와를 생산, 공급하던

헌릉은 태조의 건원릉 형식을 따랐고, 각 무덤은 12간의 난간석으로 연결된다.

가마터 4기도 함께 발견되었으며, 기와 폐기장 3곳과 묘역으로 추정되는 시설도 확인되었다.

학자들은 청자나 백자 등의 유물을 볼 때 조선 전기 중에서도 상당히 빠른 시기에 속하며, 격 또한 상당히 높아 태종의 헌릉 또는 이곳에서 여주로 옮겨간 세종의 영릉과 관련된 시설로 추정했다. 이 중 석축과 건물 터는 현장 보존이 확정되어 앞으로 보다 많은 자료가 제공될 것으로 보인다.[13] ❖

인릉
仁陵

순조와 순원왕후

인릉은 제23대 순조(1790~1834)와 순원왕후(1789~1857) 김 씨의 합장묘로 태종의 묘와 조성 시기가 400여 년이나 차이 난다. 순조는 조선 왕으로서는 유달리 행복한 상황에서 태어났다. 『정조실록』에 다음과 같은 글이 있다.

"신시申時에 창경궁 집복헌에서 원자가 태어났으니, 수빈 박 씨가 낳았다. 이날 새벽에 금림禁林에는 붉은 광채가 있어 땅에 내리비쳤고 해가 한낮이 되자 무지개가 태묘太廟의 우물 속에서 일어나 오색 광채를 이루었다. 백성들은 앞을 다투어 구경하면서 이는 특이한 상서라 했고 모두들 뛰면서 기

■
인릉은 합장릉이므로 봉분이 하나이며 봉분 앞의 석상도 하나만 설치했다.

뻐했다."

한마디로 순조는 더없는 복을 받고 태어난 것이다. 그에 알맞게 정조는 아들을 아끼고 귀하게 여겼다. 아버지 사도세자의 비극을 기억하는 정조이므로 아들 사랑은 더욱 각별했다. 문제는 정조가 천수를 누리지 못하고 갑자기 사망했다는 점이었다. 후사를 잇기에는 많은 시간이 필요했지만 순조는 여유 부릴 시간도 없이 왕좌에 올라야 했다. 그때 나이 11세였다.

순조가 왕위에 올랐을 때 왕실은 그야말로 '여인 천하'였다. 증조할머니 격인 영조의 계비 정순왕후와 할머니인 사도세자의 부인 혜경궁 홍 씨, 친어머니 수빈 박 씨와 어머니 격인 정조의 왕비 효의왕후, 장차 맞이할 왕비까지 4대에 걸친 다섯 여인이 순조를 에워싼 것이다. 특히 정순왕후는 나이 어린 순조를 대신해 수렴청정하면서 무너져 가는 조선 왕조의 사회 질서를 지탱한다는 명목으로 사교금압*을 내세운 신유사옥을 일으켜, 천주교도와 남인, 시파의 주요 인물인 이가환, 이승훈, 정약종 등을 처형했다. 또한 정약전, 채제공 등의 관직을 빼앗고 귀양 보내 남인과 시파는 대거 몰락했다. 수원화성을 설계하고 완성한 다산 정약용도 당진으로 가야 했다.[14]

*** 사교금압(邪敎禁壓)**
건전하지 못하고 요사스러운 종교를 억눌러서 못 믿게 함.

**** 전횡(專橫)**
권세를 혼자 쥐고 제 마음대로 함.

아버지 정조가 왕이나 학자로서 모자람이 없는 군주였으므로 아들 순조가 이에 따르지 못했다는 평가도 있지만, 순조는 친정부터 실무 관원들과 직접 만났고 암행어사를 파견해 백성들이 원하는 바에 귀를 기울였다. 왕권 강화를 위한 노력도 잊지 않았다. 그러나 현실은 순조의 뜻대로 되지 않았다. 안동 김씨가 조정의 요직을 차지하고 전횡**과 뇌물을 받는 행위를 일삼아 인사 제도의 기본인 과거가 문란해지는 등 정치 기강이 무너졌다.

더불어 왕으로서 남다른 박복이 그를 둘러쌌다. 궁궐에 화재가 여러 번 나고, 서부 지방에 전염병이 크게 번져 무려 10만여 명이 목숨을 잃었다. 또한 재위 34년 중 19년에 걸쳐 수재가 일어나는 등 크고 작은 천재지변이 잇달아 발생해 민생은 도탄에 빠지고, 각종 비기와 참설이 유행했다.

이때 평안도 용강의 홍경래가 서북인의 차별 대우를 빌미로 농민들과 더불어 부농과 사상私商을 규합해 반란을 일으켜 평안도 일대를 점령한 뒤 관군과 대결했다. 홍경래의 출신 성분에 대해 아직 정설은 없다. 일부에서는 몰락한 양반 출신이라고 하고, 일부는 평민 출신이라고 하지만 글에 대해서 조예가 있었고, 아이들도 가르쳤다는 이야기를 볼 때 최소한 평민 이상의 신분이었던 것으로 보인다.

홍경래는 평안도를 근거지로 삼아 봉기를 노리던 중 1811년 전국적으로 대흉년이 들고 특히 평안도의 피해가 극심하자 격문을 공포, 봉기의 명분을 대외적으로 천명했다. 그가 작성한 격문의 일부는 아래와 같다.

"조정에서는 서토(평안도)를 버림이 더러운 땅과 다름이 없다. 심지어 권세 가문의 노비들도 서토의 인사를 보면 반드시 평민 놈이라 일컫는다. 서토에 있는 자 어찌 억울하고 원통하지 않겠는가. 막상 급한 일을 당해서는 반드시 서토의 힘에 의지하고 또한 과거를 볼 때는 반드시 서토의 문장을 빌렸으니 400년 이래 서쪽 사람들이 조정을 저버린 일이 있는가."

초반 홍경래군의 기세는 대단해 정주, 신천, 태천, 철산, 용천, 박천 등지를 점령했다. 하지만 홍경래는 정주성에서 전사하고, 대부분의 지도부는 검거되고, 약 2,938명의 봉기군이 체포되면서 반란은 진압되었다.

홍경래는 정주성에서 죽었지만, 핍박받던 농민들은 "정주성에서 죽은 홍경래는 가짜 홍경래다. 진짜 홍경래는 살아 있다"라는 소문을 퍼뜨렸다. 변혁을 바라는 조선인들에게 홍경래의 실제 생사 여부는 중요하지 않았다. 그들은 홍경래가 죽지 않았다는 믿음으로 자신들의 변혁 의지를 키워 갔다. 이는 홍경래의 난이 단순한 농민 반란이 아니

라 정치적 반란이었음을 뜻한다.[15]

국내에서 우환이 계속되었지만 순조는 백성을 살피려는 마음을 잊지 않았다. 어린 나이에 즉위해 정권의 험한 물살에 휩쓸렸지만 순조는 나름대로 최선을 다했다. 순조 26년(1826) 봄 굶주리는 백성들을 본 순조는 한탄한다.

"집집마다 들어가보면 텅 비어 있고 마을마다 나가보면 밥 짓는 연기가 끊겼다. 백성의 부모가 되어서 백성들로 하여금 충분히 먹고 배를 두드리는 즐거움을 누리게 하지는 못할지언정 흉년 들어 굶주려 죽는 이들조차 구제하지 못하니, 내가 무슨 마음으로 쌀밥과 비단옷을 편안하고 아름답게 느끼겠는가?"

순조는 굶주린 백성들의 처참한 상황을 알고 왕실 곳간을 열어 백성들을 구제하는 데 앞장섰다. 홍경래의 난을 진정시킨 뒤에도 가장 먼저 살핀 것 역시 민생이었다. 그러나 그가 민생에 신경을 기울였다고 문제가 해결되는 것은 아니었다. 그의 시대부터 안동 권씨가 권력을 잡아 헌종, 철종 대에 이르는 60여 년의 세도 정치가 시작되어 조선 왕조가 몰락의 길을 걷게 되었다고 지적하는 학자들도 있다.

순원왕후의 왕실 생활은 순조롭게 시작되었다. 가례를 올린 지 7년 만인 20세 때 효명세자를 낳았고, 그 뒤에도 세 명의 공주를 계속 순산했다. 1802년 왕비로 책봉되었고 이후 안동 김씨 세도 정치의 중심에 서서 헌종, 철종까지 두 번 수렴청정하는 특별한 경력을 남겼다.

조선 시대의 수렴청정은 모두 7차례 시행되었고, 19세기 이후에 집중적으로 나타났다. 성종 때 세조 비 정희왕후(7년), 명종 때 중종 비 문정왕후(8년), 선조 때 명종 비 인순왕후(8개월), 순조 때 영조 비 정순왕후(4년), 헌종·철종 때 순조 비 순원왕후(각 7년, 3년), 고종 때 익종 비 신정왕후(4년) 등이다. 순원왕후는 헌종이 사망하자 강화도령 철종으로 하여금 왕통을 잇게 하고 자신의 친정인 김문근의 딸을 철종의 왕비로 삼아 안동 김씨가 세력을 확장하는 데 기여했다.

조선 왕조의 실세는 안동 김씨로 넘어갔지만 순정왕후가 수렴청정에서 가장 중점을 두었던 현안도 민생이었다. 순정왕후는 자연재해

인릉의 문·무인석은 섬세하고 아름다운 표현으로 조선 후기 석물 조각의 대표작으로 꼽힌다.

등으로 고통 받는 백성은 조세를 탕감해주고, 흉년을 당한 지역은 다른 지역의 곡식으로 도왔으며, 부족한 재정은 왕실 재정으로 해결했다. 하지만 문제의 근원은 그녀 역시 일원이었던 세도 정치에 있었으므로 대부분의 시책은 부분적인 효과로 그칠 수밖에 없었다.[16]

순조의 능은 원래 파주에 있는 인조의 장릉 좌측에 조성되었지만 풍수가 좋지 않다는 이유로 철종 7년(1856) 현 위치로 이장했으며, 다음 해에 순원왕후도 순조와 함께 합장되었다. 합장릉이므로 봉분이 하나이며 봉분 앞의 석상도 하나만 설치했다. 병풍석 없이 12간의 난간석을 둘렀으며, 석양과 석마 각 2쌍, 망주석 1쌍을 3면의 곡장으로 에워쌌다. 한 단 아래에 문인석과 석마 1쌍, 장명등 1좌를 설치하고, 그 아래에 무인석과 석마 각 1쌍을 배치했다. 장명등은 세종의 영릉

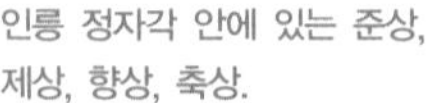

인릉 정자각 안에 있는 준상, 제상, 향상, 축상.

제도를 따르고 있다.

4기의 문인석과 무인석은 생김새가 각각이지만 생기 있는 표정과 이목구비 등이 사실적으로 새겨져 섬세하고 아름답다. 석공이 여러 사람이어서 다른 형태로 조각한 것으로 추정된다. 18세기 후반의 사실주의적 양식이 도입되었으며 조선 후기 석물 조각의 대표작으로 꼽힌다.

인릉의 비각에는 2개의 비석이 있는데 하나는 1857년 천장 후 철종이 자신을 왕으로 발탁해준 순원왕후에게 고마움을 나타내기 위해 직접 글을 써서 세운 것이고, 하나는 고종이 순조를 순조숙황제로 추존하면서 1900년에 세운 것이다. 『산릉도감의궤』와 『조선왕조실록』에 따르면 석물 일부는 세종과 소헌왕후의 영릉 옆에 조영되었던 희릉 초장지의 석물을 사용한 것으로 전해진다.

헌인릉으로 들어가는 목전에 있는 재실은 당초에는 능역 안에 있었다. 그러나 공간 부분이 6 · 25전쟁 이후 농지 등으로 분리되었으며 현재는 관리 사무소로 사용되고 있다.[17] ◈

조선 왕조 묘호의 비밀

※ 조선 시대 왕의 순서 태, 정, 태, 세, 문, 단, 세………를 초등학교에서 외어보지 않은 사람은 없을 것이다. 끝에는 '조祖'나 '종宗'이 따라온다. 유교 이념이 지배한 시대였거나 유교를 기조로 해서 창건된 국가일 경우 어김없이 따라오는 묘호다.

조선 왕조에서 '조'가 붙은 왕은 태조, 세조를 비롯해 7명이고 '종'이 붙은 왕은 18명이다. 연산군과 광해군은 묘호 자체가 없이 '군'으로 불린다.

묘호 때문에 『조선왕조실록』이 편파적이며 정도에서 벗어났다고 지적하는 학자들이 있다. 왕을 지칭하는 칭호는 시호와 묘호로 구분되는데 이는 왕의 사후에 부여되는 것이며, 장례를 지내면 장지에는 능호가 붙는다. 고구려 광개토왕의 '광개토', 백제 무령왕의 '무령', 신라 문무왕의 '문무'는 사후에 추증된 시호이며 세종을 장헌대왕이라

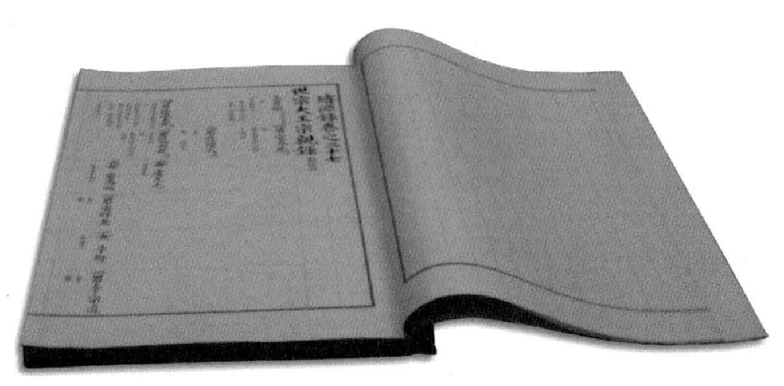

『조선왕조실록』은 정말 편파적이며 정도에서 벗어난 기록일까.

고 부를 때의 '장헌'도 시호다.

나라를 창건한 사람은 '조'이고 계승자는 '종'이다. 창건자 '조'가 '종'으로 이어지다가 다시 '조'라는 묘호가 등장하면 또 다른 개국과 창건이 있었음을 뜻한다. 시조가 아닌데도 '조'를 갖고 있는 왕은 국도 자체를 옮기고 왕조를 재창건해 시조가 된 사람을 의미하므로, 한 왕조에서 '조'가 둘인 경우는 극히 드물다.

당의 경우 고조 이후 19대 281년 동안 계속 '종'으로 이어졌고 후대에 '조'를 붙인 왕은 없다. 송에서도 태조 조광윤 이후 모두 '종'이라는 묘호를 사용했다. 고려는 태조 왕건이 개국한 후(918) 원종(1274)까지 '종'으로 이어지다가 고려가 원의 사위국이 된 충렬왕부터는 격이 낮은 제후로 강등되어 묘호 없이 시호만 썼다.

그러나 원, 명, 청의 경우 '조'라는 묘호가 두 사람 이상이다. 원의 경우 태조 칭기즈 칸이 몽골을 세웠으나 그의 손자 쿠빌라이가 원이라는 나라를 다시 창건해 개국자로 등장하면서 '세조'라는 묘호가 붙었다. 명의 경우 태조 주원장이 '홍무'라는 연호를 쓰면서 지금의 난징에 국도를 정하고 명을 창건했으나 제3대 영락대제가 수도를 지금의 베이징으로 옮기고 나라를 재창건해 '성조'라는 묘호를 받았다.

이어 누르하치가 싱징에 도읍을 정하고 후금을 세워 태조가 되었으며 그 후 제3대 순치제가 수도를 쯔진청으로 옮기고 나라를 재창건해 세조라는 묘호를 받았다. 제4대 강희제도 성조가 되었는데 대만, 윈난, 쓰촨, 미얀마, 티베트 등을 평정해 청조의 대륙 통일을 실질적으로 완성했다.

그런데 조선은 무려 7명이 '조'라는 묘호를 갖고 있다. 1대 태조(1392~1398), 7대 세조(1455~1468), 14대 선조(1567~1608), 16대 인조(1624~1649), 21대 영조(1724~1776), 22대 정조(1776~1800), 23대 순조(1800~1834) 등이다.

태조 이성계는 고려 왕조를 상대로 쿠데타에 성공해 왕조를 창건했으므로 '조'라는 묘호가 설득력 있지만 나머지 6명의 왕에게는 설득력이 없다는 지적이 예로부터 있었다. '대륙조선사연구회'에서 지적하는 문제점을 토대로 정리해보면 다음과 같다.

조선을 세운 이성계를 제외하고 '조'라는 묘호를 받은 6명의 왕은 도읍을 옮겼거나, 국토를 확장해 새로운 나라를 세웠거나, 재창건을 이룬 왕이 아니다. 엄밀한 의미에서 이들이 '조'라는 묘호를 받은 이유는 전혀 다른 기준에 의해서였다. 유교적 명분을 제일로 삼아 장렬왕후가 상복을 얼마 동안 입느냐는 것으로 예송 논쟁을 벌였던 조선 왕조가 '조'라는 묘호 부여에는 관대했다는 것 자체가 편파적으로 묘호를 추증했다는 대표적인 증거다.

문제는 '조'를 묘호로 갖고 있는 왕들의 행적이 자랑스럽지 못하다는 데 있다. 세조는 왕위를 찬탈한 후 조카인 단종을 죽이는 등 무단정치를 실행했으며, 선조는 임진왜란이 일어나자 의주로 도망간 후 신하들의 배반이 두려워 많은 사람을 죽였다. 인조는 쿠데타로 권력을 잡은 후 정묘호란과 병자호란 때 청 태종에게 항복 의식을 행해 조선을 웃음거리로 만든 장본인이다. 영조는 당파에 휘말려 세자인 사도세자를 죽였으며, 정조는 할아버지의 탕평책을 유지해 문치 위주의 개혁 정치를 했으나 그 여파로 세도 정치를 초래했다.

가장 사람들을 혼란스럽게 만드는 것은 순조다. 순조에 대해 이론이 많은 것은 당쟁이 계속되는 가운데 수많은 봉기와 반란이 일어났지만 '조'라는 묘호를 받았기 때문이다.[18] 원래 순조의 묘호는 순종이었다. 그런데 철종 8년(1857) 8월, 이학수가 상소해 순종의 묘호는 마땅히 순조로 해야 한다고 청했다. 덕보다 공이 앞선다는 것이다. 이에 철종은 "성덕과 지선에 대해 경의 말이 나왔으니 미처 하지 못한 슬픔이 더욱 간절하다"라며 '종'을 '조'로 고쳤다.

반면 연산과 광해는 조정 내부의 권력 투쟁을 진압하는 데 힘을 기울이고 외세에서 벗어나려 노력했지만 수구 세력과의 권력 다툼에서 패배해 묘호조차 받지 못하고 '군'으로 강등 당했다. 반정을 일으키게 만든 당사자인 데다가 폭정과 패륜으로 종묘사직의 명분과 절의를 잃었기 때문에 폐출되었다는 설명이지만, 실제로는 '조'를 받은 왕보다 더욱 조선 왕조를 위해 힘썼다는 평가가 적지 않다.

가장 신랄한 비난을 받은 왕은 일제 강점기에 사망한 마지막 왕 순종이다. 유교 이념을 정치 기조로 하는 왕실을 망하게 했거나 강압에 의해 종묘사직을 빼앗긴 왕은 묘호를 받지 못하거나 받아도 쓰지 못한다. 설사 쓸 수 있다 하더라도 망국 군주를 뜻하는 '애통하다'의 애哀, '강제로'라는 뜻의 폐廢, '쫓겨나다'의 출出, '끝이다'의 말末을 붙여 묘호를 짓는다. 그런데 순종은 나라가 사라진 지 16년 후에 사망했는 데도 순종이라는 묘호를 받았다. 조선 왕실이 아닌 일본 정부가 정해준 묘호를 버젓이 쓰는 것은 묘호 부여에 문제가 있음을 단적으로 보여준다는 지적이다.

더욱 놀라운 것은 순조의 정식 시호가 '순조연덕현도경인순희체성응명흠광석경계천배극융원돈휴의행소륜희화준렬대중지정홍훈철모건시태형창운홍기고명박후강건수정계통수력건공유범문안무정영경성효숙황제純祖淵德顯道景仁純禧體聖凝命欽光錫慶繼天配極隆元敦休懿行昭倫熙化峻烈大中至

실제로는 '조'를 받은 왕보다 조선 왕조를 위해 힘쓴 왕이 많다는 평가가 적지 않다.

正洪勳哲謨乾始泰亨昌運弘基高明博厚剛健粹精啓統垂曆建功裕範文安武靖英敬成孝肅皇帝'라는 점이다. 고종이 대한제국의 황제가 된 후 추존한 것으로 황제의 격에 맞게 만들었을지는 모르지만 그래도 너무 길다. 순조의 시호가 몇 자인지 세어보기 바란다. ◈

선정릉

宣靖陵

선정릉을 외국인과 함께 방문하면 대부분 놀라곤 하는데 나라에서 땅값이 가장 비싼 데다 복잡한 도심 한복판이라고 알려진 강남구 삼성동에 무려 24만 588제곱미터에 달하는 거대한 숲이 있기 때문이다. 선정릉은 봄가을의 소풍객, 산책길에 오른 삼성동 일대의 회사원, 답사객 등에게 편안한 안식처를 제공해준다. 더불어 한국인의 역사도 알려주는 고마운 장소이지만 선정릉의 내력을 아는 사람은 거의 없다. 특히 지하철역에서 5분 정도만 걸어가면 조선의 제9대 왕인 성종과 계비 정현왕후가 모셔져 있다는 것은 더더욱 모른다. 성종의 아들 중종의 묘도 함께 있으므로 일반적으로 선정릉이라고 하는데, 선릉역이 잘 알려져 있어 선릉으로 통칭한다.

도심 한복판에
자리 잡은 선정릉.

선릉

宣陵

성종과 정현왕후

선릉은 제9대 성종(1457~1494)과 계비 정현왕후(1462~1530) 윤 씨의 능으로 동원이강릉이다. 각기 다른 능침을 갖고 있지만 홍살문, 정자각은 하나다. 앞에서 보면 좌측이 성종의 능, 우측이 정현왕후의 능이다.

성종은 세조의 손자로, 세조의 아들인 의경세자의 둘째 아들로 태어났는데, 두 달 만에 의경세자가 20세로 요절하자 의경세자의 동생인 예종이 즉위하고 성종은 자을산군으로 봉해졌다. 그런데 예종도 즉위한 지 14개월 만에 사망했다. 예종의 원자인 제안대군은 9세이고 성종의 형인 월산대군은 병석이라 그가 13세 어린 나이에 왕위에 오

선릉의 문인석과 무인석은 조선 왕릉 석물 가운데 가장 웅장하고 거대하다.

를 수밖에 없었다. 태조의 비범함을 닮았다고 알려진 성종은 7년간 정희왕후의 수렴청정을 받다가 친정을 시작했다.

성종처럼 운이 좋은 왕은 별로 없다. 우선 어느 모로 보나 왕에 오를 수 있는 위치가 아니었지만 한명회의 사위가 된 후 조선의 왕까지 될 수 있었다. 또한 국제 정세가 안정되고 국내적으로 태평이 구가되던 때에 왕위에 있었다. 임진왜란을 겪은 선조나 병자호란을 당한 인조와는 극명하게 대비된다. 성종은 국리민복이나 부국강병과 관련해서 세종이나 세조에 비해 내세울 만한 것이 없는데, 스스로 무언가를 하지 않아도 될 만큼 국가가 튼튼한 상태였기 때문이다.

그럼에도 학자들이 성종을 조선 왕조의 대표적 왕으로 꼽는 이유는 25년 동안 왕위에 있으면서 많은 업적을 남겼기 때문이다. 성종은 홍문관을 설치하고 『경국대전』, 『동국통감』, 『대전속록』, 『악학궤범』 등 각종 서적을 간행했으며, 세조 때의 공신 중심인 훈구 세력을 견제하기 위해 김종직 등 신진 사림 세력을 등용했다. 그의 조치는 성과를 거두어 왕권을 안정시키는 동시에 조선 중기 이후 사림 정치의 기반을 조성할 수 있었다. 그러므로 학자들은 성종이 조선 왕조의 정치, 경제, 사회적 기반과 체제를 완성해 조선 초기 문화의 꽃을 피웠다고 평가한다.[19]

성종이 학문에 열중한 이유는 왕위에 오르기 전 왕세자 교육을 받지 못하고 졸지에 왕위에 올랐기 때문이다. 그는 왕이 된 후에야 비로소 제왕학 교육을 받았다. 늦었던 만큼 성종은 열심히 공부했다. 13세에 왕위에 올라 20세에 친정을 하기까지 매일 두세 차례의 경연*에 빠지지 않았다.

＊ 경연(經筵)
고려 · 조선 시대에 임금이 학문이나 기술을 강론 · 연마하고 더불어 신하들과 국정을 협의하던 일. 또는 그런 자리.

7년여 동안 성종의 월 평균 경연 일수는 25일이 넘었고 아침과 낮은 물론 저녁과 밤에 경연을 실시하기도 했다. 성종의 이 같은 강행군에 신하들과 할머니 정희왕후도 걱정할 정도였다. 『경국대전』의 반포, 집현전의 후신인 홍문관 설치, 사림파의 등용 등은 성종의 노력이 없었으면 가능하지 않은 일이었다.[20]

학문을 좋아하고 풍류도 즐겼지만 성종의 개인사는 매우 굴곡져 있다. 그는 집권기 내내 훈구파들의 득세를 제압하지 못했고, 조선 왕실 역사상 처음으로 왕비를 내쫓아 아들 연산군에 의해 피의 보복이 이루어지는 단서를 고스란히 제공했다.

성종은 왕비인 공혜왕후가 후사 없이 사망하자 파주 순릉에 안장하고 원자(연산군)를 낳은 숙의 윤 씨를 계비로 삼았다. 윤 씨는 질투가 심해 왕비의 체통에 어긋난 행동을 많이 했다는 이유로 성종 10년(1479) 폐출되었다가 사약을 받는다. 윤 씨가 사사된 이유는 자신의 잘못 때문이기도 하지만 성종의 총애를 받던 엄 숙의, 정 숙의, 그리고 성종의 어머니인 인수대비가 합심해 그녀를 배척한 것도 큰 이유다. 어쨌든 이 일은 조선 왕조에 가장 어두운 시기를 초래하는 '갑자사화'의 동인이 된다.

성종의 봉분에는 십이지 신상이 새겨진 병풍석과 난간석이 있다. 특이한 점은 세조의 "석실이 유해무익하니 원·능은 석실과 병풍석을 세우지 마라"라는 유지에 따라 석실은 만들지 않았지만 병풍석을 세웠다는 점이다. 병풍석의 면석에는 연꽃무늬, 인석에는 해바라기와 모란 무늬가 조각되어 있으며 12면에 십이지 신상을 조각해 방위를 표시했다. 원래 십이지 신상은 동물이 뚜렷하게 구분되어야 하는데 이곳에 조각된 십이지 신상은 비슷비슷하게 생겨 일반인의 눈으로는 구분하기 어렵다.

장명등 양식은 태종의 헌릉을 본떴으며, 문인석과 무인석은 극히 사실적이며 조선 왕릉 석물 가운데 가장 웅장하고 거대하지만 입체감이 없다는 지적을 받기도 한다. 특히 왕비 능침 문·무인석의 조각이 아름답다. 반면에 난간석 석주의 주두는 초기 난간의 부드러운 멋을 담아 장대하면서도 조화가 잘 이루어졌다는 평가다.

정현왕후는 영원부원군 윤호의 딸로 성종 4년(1473) 궁중에 숙의

■
성종은 조선 초기 문화의 꽃을 피운 왕으로 평가된다.

로 들어왔다가 윤 씨가 폐위되자 왕비가 되었다. 능은 병풍석 없이 난간만 있고 상설물은 왕릉과 비슷하다. 성종의 문인석과 무인석이 굵고 강직하다면, 정현왕후의 문인석과 무인석은 섬세하고 아름답다는 평가다.

선릉은 유난히 많은 변고를 겪는데 첫 수난은 선조 25년(1592) 임진왜란 때 일어났다. 왜군이 선정릉을 파헤치고 재궁을 불태운 것이다. 또한 인조 3년(1625)에는 정자각에 불이 나 수리했고, 다음 해에도 두 번이나 능 위에 화재가 발생하는 등 재난이 끊이지 않았다. ❖

정릉
靖陵

중종

제11대 중종(1488~1544)의 능인 정릉은 비공개 지역인 데다 선릉과는 달리 사람들의 방문이 많지 않은 곳에 있다. 그러나 능역의 경계를 벗어나면 강남 중심부답게 주위가 매우 번화해 묘한 대비를 이룬다.

중종은 그야말로 격변기의 왕이다. 그는 성종 19년(1488) 연산군의 이복동생으로 태어나 진성대군에 봉해졌다. 하지만 1506년 박원종 등이 중종반정을 일으켜 연산군을 폐위하고 13세인 그를 왕으로 추대했다. 반정을 주도한 사람은 성희안으로, 평소 연산군의 방탕과 폭정에 불만을 품고 있다가 풍자적이고 훈계적인 시를 지어 올렸는데 이것이 연산군의 미움을 샀다. 연산군은 당시 이조참판 겸 부총관이

■
중종의 능은 장경왕후 윤 씨가 있는 서삼릉의 희릉과 동원이강을 이룬다.

었던 성희안을 종9품 무관인 부사용에 임명했다. 현대로 치면 장군에서 일등병 정도로 강등당한 것이다.

그 후 성희안은 박원종을 만나 반정을 모의한다. 1506년 9월 1일 훈련원에 무사들을 결집한 그들은 창덕궁 어귀의 하마비동에서 영의정 유순, 우의정 김수동 등을 만나 성종의 계비이며 진성대군의 어머니인 대비 윤 씨에게 거사 계획을 알렸다. 부정적인 반응을 보이던 대비는 신료들의 요청이 계속되자 연산군 폐위와 진성대군의 추대를 허락하는 교지를 내렸다.

대비의 교지를 받은 반정 세력은 권신, 임사홍, 신수근 등 연산군의 측근을 죽인 다음 궁궐을 에워싸고 옥에 갇혀 있던 자들을 풀어 종군하게 했다. 다음 날 박원종 등은 군사를 몰아 경복궁에 들어가 연산군에게 옥새를 내놓을 것을 요구한다. 사태의 심각함을 안 연산군은 옥새를 내줬고, 반정군의 호위를 받으며 경복궁에 도착한 진성대군은 조선 제11대 왕 중종으로 등극한다.

중종은 연산군 때의 폐정을 잘 알고 있으므로 새로운 왕도 정치의 이상을 실현하려고 노력했다. 그러나 정국은 그의 의도대로 돌아가지 않았다. 중종은 철인 군주 정치를 표방해 훈구파를 견제하고 사림파를 등용했지만, 과격한 개혁 정치는 반발을 불러일으켰다. 또한 당파 논쟁이 끊이지 않아 기묘사화(1519)가 일어났고, 삼포왜란과 더불어 북방 국경 지대의 야인들이 번번이 국경을 침략해 바람 잘 날이 없었다.

반정이 생각보다 수월하게 성공하자 대규모의 포상이 내려졌다. 반정 직후 104명의 정국공신이 책봉되었고, 반정의 핵심인 박원종, 성희안, 유순정 등은 중종 초반의 국정을 주도했다. 중종 4년(1509)에는 이들이 삼정승을 장악하면서 정점에 도달했다.

가장 심각한 문제는 정국공신의 과도한 책봉이었다. 100명이 넘는 인원에게 상을 주다보니 별다른 공로도 없는 사람이나 연산군에게 협력했던 사람도 다수 포함되었는데, 사헌부, 사간원, 홍문관 등 삼사가 이를 용납하지 않았다. 그중 주인공이라고 볼 수 있는 인물이 조광조다. 당시 반정 중신으로서 조광조의 탄핵을 받지 않은 사람이 없을 정도였다.

한국사에서 가장 인상적인 인물 중 하나인 조광조는 개국 공신 조온의 5대손이다. 그는 중종 10년(1515) 34세의 다소 늦은 나이로 중앙 조정에 등장했지만, 유례없이 빠른 승진을 거듭하면서 조선 왕조에 누적된 여러 현안을 개혁하고자 했다. 하지만 겨우 4년 만에 '기묘사화'로 일거에 숙청되는 비운의 인물이기도 하다.

조광조를 비롯한 삼사 인물은 대부분 30대 신진 관원으로, 현실 세계의 복잡한 변수를 융통성 있게 처신하기보다 원칙과 이상에 입각해 엄정하게 비판하는 데 앞장섰다. 그들이 강력한 개혁을 추진할 수 있었던 원동력은 중종의 확고한 신임이었다. 특히 중종은 조광조를 철저히 신봉해 등용한 지 2년 반 만에 당상관*으로 올리는 등 파격적으로 승진시켰다. 그러나 이들의 관계는 급격히 무너졌는데 조광조가 강조한 현량과의 부작용 때문이었다.

현량과의 기본 취지는 나쁜 것이 아니다. 현량과는 사장**에만 치중하는 과거 제도의 폐단을 극복하기 위해 학문과 덕행이 뛰어난 인재를 천거한 뒤 간단한 시험으로 관리를 뽑는 제도였다. 중종 14년(1519) 시행되어 김식 등 28명이 선발되었는데, 이들 모두 조광조와 연관된 기묘사림 일원이었다. 이런 사실은 공정성을 기치로 삼은 개혁 세력도 결국은 당파적이라는 비난을 잠재울 수 없었다.

그러나 사화가 일어난 직접적인 원인은 조광조 등이 개혁의 일환으로 내건 삭훈***이었다. 조광조, 이성동 등은 중종반정 공신 가운데 자격이 없는 사람이 많으므로 왕권 강화를 위해 기존 세력을 무너뜨릴 수 있는 묘안으로 삭훈을 밀어붙였다. 문제는 이 안이 워낙 급진적이라 대신들은 물론 중종조차 강력히 반대했다는 점이다. 하지만 조광조는 귀양을 가거나 죽더라도 달게 받아들이겠으니 조속히 윤허해 달라고 주청했다.

결국 기묘사림은 중종의 윤허를 얻어냈고 정국공신 중 76명(72편

* 당상관(堂上官)
당상(정삼품 상 이상)의 품계에 있는 벼슬아치.

** 사장(詞章)
시가와 문장을 아울러 이르는 말.

*** 삭훈(削勳)
공신 자격을 박탈해 삭제하는 것.

센트)의 공신호*가 삭제되고 토지와 노비마저 환수당했다. 기묘사림은 이 조처로 결정적인 승기를 잡은 듯했다. 그런데 고작 나흘 뒤 전격적으로 사화가 일어났다. 기묘사림의 결정적 승리가 아니라 결정적 패배가 된 것이다.

* 공신호(功臣號)
고려 · 조선 시대 공신들에게 주어진 명칭.

이와 같은 반전이 일어난 까닭은 조광조 등 신진 세력이 중종의 신뢰는 얻었지만 정국공신을 중심으로 한 대신들의 마음을 읽지 못했기 때문이다. 소위 기득권 세력들은 현량과로 기묘사림이 대거 진출해 입지가 불안한 상태에서, 설상가상으로 이어진 삭훈으로 현실적 기반이 무너지자 자구책을 강구했다. 신하들의 자구책이란 중종으로서는 악몽과 다름없었다. 자신이 왕이 된 과정과 유사한 반정이 일어날 수 있기 때문이다. 중종의 급선무는 이런 사태를 미연에 방지하는 것이었다. 중종으로서는 개혁도 중요하지만 왕위를 보존하는 것이 더 중요하므로 이들과 타협안을 만들지 않을 수 없었다.

주요 대신들이 정국이 요동치는 원인을 근원적으로 제거해 국정을 안정시켜야 한다고 역설하자 중종은 지체 없이 사화를 재가했다. 중종의 재가가 떨어지자마자 조광조를 비롯한 기묘사림의 주요 인물은 전격적으로 하옥되었다. 그들의 죄목은 당파를 만들어 자신들을 따르는 사람은 천거하고 그렇지 않은 부류는 배척했으며, 서로 연합해 권력을 장악함으로써 국정을 어지럽혔다는 것이었다. 결국 조광조는 한 달 후 사사되고, 사림 세력들은 유배되고, 조광조에 동정적이던 정광필과 김전 등은 좌천되었다. 반면에 삭훈당한 정국공신은 원래대로 회복되면서 사화는 일단락되었다.

중종의 능은 제1계비 장경왕후 윤 씨가 있는 서삼릉의 희릉과 동

■

정릉은 사람들의 방문이 많지 않지만 능역의 경계를 벗어나면 주위가 번화해 묘한 대비를 이룬다.

원이강을 이루며, 정자각은 왕과 왕비의 능 사이로 옮겨 설치했다. 그런데 한 달 뒤 조정에서는 왕비 문패 아래 왕이 있을 수 없다며 능호를 편안하다는 뜻의 정릉으로 바꾼다. 문정왕후가 정권을 휘두르면서 당시 불교의 총본산인 봉은사 주지 보우와 의논한 뒤, 서삼릉의 능침이 풍수상 불길하다며 현 위치로 천장해 장경왕후와 중종을 갈라놓았기 때문이다. 학자들은 문정왕후 자신이 중종과 함께 묻히기 원했고, 보우는 옮겨진 능이 봉은사 인근인 만큼 자기 세력을 굳히는 데 도움이 되었기 때문에 두 사람이 긴밀하게 협조해 다소 무리하게 천장했다고 생각한다.

문정왕후는 이 작업을 위해 성리학자들인 관료들의 반대에도 아랑곳하지 않고 도첩제*를 실시해 선교 양종에서 불과 2년 동안 4,000여 명의 승려를 뽑았으며, 전국에 300여 개의 사찰을 공인했다. 전국의 유학자들이 문정왕후의 때 아닌 불교 부흥책에 아연실색하며 반대 상소를 빗발치듯 올렸지만 문정왕후는 꿈쩍도 하지 않았다.

* 도첩제(度牒制)
고려 · 조선 시대에 백성이 출가하는 것을 억제하기 위해 승려가 되려는 자에게 일정한 대가를 받고 허가장을 내주던 제도. 조선 성종 때에 폐지하고 백성이 출가하는 것을 금했다.

사실 이런 상황에 빌미를 준 사람은 유생들이었다. 당시 기본 이념은 유교였지만 왕실의 많은 사람이 불교에 의지했다. 그런데 유교에 집착한 유생들이 덕종의 원찰인 정인사와 태종의 원찰인 회암사에 난입해 소란을 피우고 기물을 파손했다. 그러자 문정왕후는 유생들의 사찰 출입을 금지하고 이어 불교의 부활을 명했다.[21]

문정왕후에 의해 승려들의 과거 시험인 승과 제도와 선교 양종이 부활되자 승려의 자질이 향상되었고, 그 결과 임진왜란 때 크게 활약한 사명대사 유정과 서산대사 휴정이 발탁되기도 했다. 무엇보다 놀라운 사실은 문정왕후가 보우를 병조판서에 임명했다는 것이다. 그러자 유생들도 가만히 있지 않았다. 유생들은 선교 양종과 도첩제, 승과제를 폐지하고 보우의 처벌을 요구하는 상소를 계속 올렸는데, 그 수가 문정왕후가 불교 중흥책을 발표한 지 6개월 사이에 무려 423건이나 되었다고 한다. 결국 보우는 문정왕후가 사망하자 제주도에 귀양 보내졌다가 처형당했다.[22]

승과란 국가에서 고급 승려들을 배출하기 위해 자격시험을 치른 것을 뜻한다. 3년에 한 번씩 문·무과와 더불어 치렀던 승과는 선종의 경우 『전등록』, 교종의 경우 『화엄경』으로 출제 범위를 제한했다. 지금 직제로 따져 판사급인 종정*, 총무원장격인 장무掌務 1인, 교무부장격인 전법傳法 3명, 존경받는 학승인 증의證義 10명이 시험을 관장했고, 조정에서는 내시별감을 감독관으로 보냈다. 그러나 어느 시험에나 부정행위는 있고 승과도 마찬가지였다. 중종 때 성현이 지은 『용재총화』에 다음과 같은 글이 있다.

* 종정(宗正)
1. 종파의 제일 높은 어른.
2. 우리나라 불교의 최고 통할자로, 총본산의 우두머리.

> "뇌물을 판사와 증의에게 바치면 급제하고, 뇌물을 바치지 않으면 비록 능력이 있고 이름이 있는 자라도 합격을 못하니 사사로움을 따르는 것이 속세와 다름이 없다."

한 번에 양종에서 30명씩 뽑는데, 뽑힌 사람은 대선大選이라 했고 여느 대과에 합격한 사람만큼 영예와 선망을 얻었다. 대선에서 중덕中德, 중덕에서 선사禪師, 선사에서 대선사로 오르고 종정인 판사에 뽑히면 도대선사都大禪師라 불렀다. 큰 사찰의 주지는 중덕에서 선임하는데 종문에서 추천하면 이조판서가 임명했다.

고려 때부터 있었던 승과는 배불 정책을 폈던 조선 왕조 초까지 계속되었으나 연산군이 사찰을 유흥장으로 만들면서 중단되었다가 중종 2년(1507)에 폐과했다. 그러다 문정왕후가 승과를 부활해 서산대사 같은 고승을 배출했지만 문정왕후가 사망하자 다시 폐과되었다.[23]

문정왕후는 매사에 남다른 영향력을 발휘했지만 그런 그녀조차 감당할 수 없는 것은 천재지변이라는 변수였다. 왕릉의 지대가 낮으면 장마철에 재실까지 물이 들어온다. 『선조실록』에 의하면 "물이 불어났을 때는 재실 아래까지 잠기고 홍살문 근처는 배를 띄울 정도이므로 보기에 민망하다"라고 적혀 있을 정도다. 홍수에 왕릉이 침수되자 번번이 이를 보수하기 위해 지대를 높여야 했다. 하지만 보수 작업은 간단한 일이 아니기에 문정왕후가 사망하자 중종과 합장되지 못하고 태릉에 단릉으로 남게 된 것이다.

중종에게는 3명의 왕후와 7명의 후궁이 있었으나 사후에는 어느 왕비와도 함께 있지 못했다. 중종의 원비였던 단경왕후는 양주 온릉에 안장되었다. 그러므로 중종은 아버지 성종과 어머니 정현왕후 능인 선릉 옆에 홀로 묻혀 부득이하게 단릉이 되었다. 조선 왕릉 중 왕만 단독으로 있는 무덤은 단종의 장릉을 제외하면 태조의 건원릉과 중종의 정릉뿐이다.

정릉도 선릉과 마찬가지로 남다른 곤욕을 치른 것으로 유명하다. 재실과 홍살문이 침수되는 피해를 자주 입은 것은 물론, 임진왜란 때는 선릉과 함께 왜군에 의해 능이 파헤쳐지고 재궁이 불태워지는 수난을 겪기도 했다.

왕의 시신이 불에 타버렸다는 비보를 들은 선조는 통곡하며 사실을 확인하게 했다. 선릉에서는 불에 타 시신이 사라진 채 타다 만 뼈 잿더미들이 나왔고, 정릉에서는 염할 때 입혔던 옷이 벗겨진 시신이 가로놓여 있었다. 문제는 이 시신이 중종인지 확실하지 않다는 점이었다. 이를 가려내기 위해 선조는 영의정 최홍원, 좌의정 윤두수, 부원군 정철 등 원로대신부터 중종의 얼굴을 보았던 궁녀들까지 동원했지만 중종이 사망한 지 오래되어 외모를 기억하는 사람들이 몇 명 없었다. 그나마 남아 있는 사람들도 고령이라 확인이 쉽지 않았다. 그러자 조정에서는 일찍이 왕의 체격을 잘 알고 있는 궁녀 등을 시켜 왕의 모습을 글로 적게 한 다음 시신과 대조했다.

이 보고서에 따르면 왕은 중키로 이마에 녹두보다 작고 검은 사마귀가 있었으며 보통 체구에 얼굴은 길고 콧마루는 높았다. 하지만 중종의 능침에서 나온 시신은 살이 썩어서 떨어졌고, 검은 사마귀는 알아볼 수 없고, 얼굴은 네모형이었다. 또한 배 위에 대여섯 군데의 칼 맞은 흔적이 있었다. 여러 정황으로 볼 때 중종의 시신과는 다르다는 보고였다. 왜군이 왕릉을 욕보이기 위해 가져다둔 시신이 아닌가 하는 의문이 제기되기도 했지만 결국 선조는 뼈와 타다 남은 재를 다시 『국조오례의』에 맞춰 염을 해 안장했다. 조선 왕릉 중에서 선릉과 정릉만 시신이 없는 무덤이 된 것이다.[24]

모든 상설은 『국조오례의』에 준했으며 선릉 제도를 답습해 병풍석에 구름무늬와 십이지 신상을 조각했다. 바깥쪽으로 12칸의 난간석과 곡장이 설치되었으며 석호와 석양 각 2쌍, 석상, 망주석 1쌍, 문인석과 석마 각 1쌍, 장명등, 무인석과 석마 각 1쌍이 있다. 문인석과 무인석은 장대하고 선각이 뚜렷하며 머리가 몸에 비해 큰 편이다. 무인석은 큰 방울눈에 코 부분이 떨어져나갔다. 석상의 코를 먹으면 아들을 낳는다는 속설이 있어 사람들이 떼어갔다고 한다.

정릉을 나와 정문으로 나가기 직전 우측에 재실이 있고 수령이 500년 된 커다란 은행나무가 있다. 재실은 다소 작은 정면 4칸인데, 좌측 2칸은 한 칸씩 마루로 된 준비 공간이며 우측 2칸은 온돌방인데 한 개의 아궁이로 두 방을 덥힌다.

선정릉의 원찰은 보우가 주지로 있었던 봉은사다. 조선 왕실에서는 국가 통치 철학으로 불교를 배척하고 유교를 택했으나, 정작 능원을 조영할 때는 선왕의 안식과 왕권의 영원을 위해 원찰을 지었다. 원찰은 조선 초기에는 능원마다 한 곳 이상씩 두었으며 태조의 건원릉 개경사, 신덕왕후의 정릉 흥천사, 세종과 소헌왕후의 영릉 신륵사, 세조와 정희왕후의 광릉 봉선사가 대표적이다.

정릉 무인석. 코를 먹으면 아들을 낳는다는 속실 때문에 사람들이 떼어갔다고 한다.

봉은사는 신라 원성왕 10년(794) 연회국사가 창건해 견성사라고 했는데 연산군 4년(1498)에 중창*해 봉은사라 개칭했다. 선종 수사찰 봉은사는 승과에서 스님을 선발하는 고시를 실시해 서산대사, 사명대사 등 한국 불교의 선맥을 이은 인물들을 배출했다. 조선 후기에는 영

* 중창(重創)
낡은 건물을 헐거나 고쳐서 다시 지음.

봉은사 진여문. 진여는 사물의 있는 그대로의 모습, 평등하고 차별이 없는 절대 진리를 이른다.

기스님이 판전을 세우고 『화엄경』 81권을 판각했으며, 추사 김정희가 머물며 말년의 추사체를 완성하기도 했다.

사찰 입구에는 일반적으로 일주문이 있는데 봉은사에는 진여문眞如門이 있다. 진여는 사물의 있는 그대로의 모습, 평등하고 차별이 없는 절대 진리를 이른다. 봉은사의 문화재로는 봉은사 향로(보물 제321호), 사천왕(서울시 유형 문화재 제160호), 선불당(서울시 유형 문화재 제164호), 대웅전, 지장전, 봉은사에서 가장 오래된 건물인 판전과 판전 편액(서울시 유형 문화재 제83호), 미륵대불, 종루, 해수관음상 등이 있다. 판전 편액은 추사 김정희의 마지막 글씨로 유명하며 경내에는 김정희의 기적비紀績碑가 있다. ❖

조선 왕릉, 도굴과의 전쟁

※ 선정릉이 임진왜란 때 파헤쳐진 것을 생각하면 다른 왕릉들은 도굴되지 않았을까 하는 궁금증이 일어난다. 어느 나라든 왕릉은 완성 직후부터 도굴과의 전쟁을 치른다. 철저한 계획 아래 만든 중국의 황제 능도 거의 도굴당했으며, 우리나라의 고려 왕릉 역시 일제 강점기 때 대부분 도굴당했다. 시신과 함께 넣은 부장품을 노리는 도굴꾼 앞에 속수무책이었던 것이다.

반면 유네스코 세계 문화유산으로 지정된 조선 왕릉 40기는 선릉과 정릉만 제외하고 한 번도 도굴되지 않았다. 이와 같이 조선 왕릉이 도굴을 면할 수 있었던 이유는 조선 왕릉의 건축 기술에 있다.

조선 왕릉에서 시신을 모신 석실은 지하 3미터 깊이에 위치한다. 시신은 지하 1.5미터에 묻어야 하지만 도굴 방지를 위해 다소 변형한 것이다. 석실의 벽과 천장은 두께가 76센티미터나 되는 화강암을 통

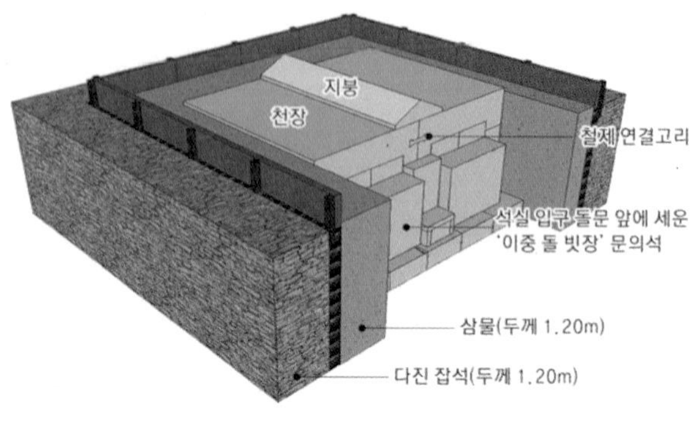

조선 왕릉 석실 구조도.

째로 사용했다. 조선 시대 이전의 잡석을 쌓아올리거나 판 모양의 석재를 겹쳐 쌓은 대부분의 왕릉과 비교하면 훨씬 단단한 구조다.

석재의 끝은 비스듬히 파서 이음매 부위를 서로 끼워 맞췄다. 목조 건축에서 못을 쓰지 않고 목재를 서로 끼워 넣는 방식을 차용한 것이다. 거기다가 工(공)자 형태의 철제 고리로 두 석재를 고정해 석실 전체를 하나로 엮었다. 입구에는 61센티미터 두께의 돌을 두 겹으로 세워 외부의 접근을 막았다.

석실 주변에는 시멘트와 비슷한 삼물을 1.2미터 두께로 둘러쌌다. 삼물은 석회에 가는 모래와 황토를 섞은 뒤 느릅나무 삶은 물에 이겨 만든 것이다. 삼물은 시간이 지나면서 단단하게 굳을 뿐 아니라, 느릅나무 껍질에 있는 코르크층이 물과 공기를 차단하는 역할도 한다.

세조의 광릉 때부터 일정 기간 삼물을 이용한 회곽으로 석실을 만들었는데 이 경우 상당한 이점이 있다. 석실을 만들 때보다 필요한 인력은 절반에 불과하지만 단단하기는 석실 못지않기 때문이다. 이뿐이 아니다. 삼물 바깥에는 숯가루를 15센티미터 두께로 감싸 나무뿌리가 들어오는 것을 막았다.

마지막으로 주변을 1.2미터 두께의 잡석으로 다지고 봉분을 쌓아 올려 왕릉을 완성했다. 견고한 도굴 방지책도 도입했다. 세종의 영릉은 석실 부재들의 이음매를 대형 철제 고리로 고정했고, 입구에는 이중 돌 빗장을 채웠다. 또한 석실 사방은 석회 모래자갈 반죽을 두껍게 채웠다.

그러나 조선 왕릉이 도굴되지 않은 또 다른 비밀은 부장품에 있다. 중국이나 고려 시대와 달리 왕릉 안에 들어가는 부장품은 모조품이고, 엽전도 종이를 이용한 모조 지폐를 사용했다. 더구나 부장품의 종류와 내용을 『산릉도감의궤』에 상세히 남겨 도굴꾼의 표적에서 제외될 수 있었다.[25] ◈

정릉

貞陵

정릉

貞陵

신덕왕후

서울시 성북구 정릉동에 있는 정릉은 태조의 계비 신덕왕후 강씨(?~1396)의 능으로 29만 9,573제곱미터다. 태조 이성계는 고려 시대 풍습에 따라 향처(고향의 부인), 경처(개경의 부인)를 두었는데 강 씨는 경처로 황해도 곡산부 상산부원군 강윤성의 딸이다.

이성계는 원 동녕부를 원정해 공을 세우고 남해 일대 왜구를 수차례 토벌하면서 고려 중앙인 개성에 진출했다. 하지만 지방 토호라는 출신 때문에 한계를 느꼈고 개성의 권문세족 출신인 강 씨와 정략적으로 혼인한 것이었다.

태조와 신덕왕후가 처음 만나 사랑을 싹틔우게 된 일화는 유명하

정릉은 조선 최초의 왕릉이었지만 태종이 즉위하면서 위상이 바뀌었다.

다. 이성계가 조선을 건국하기 전 어느 날, 말을 달리며 사냥하다가 목이 타 우물을 찾았다. 마침 우물가에 있던 처자에게 물을 청했는데, 그녀는 바가지에 물을 뜨더니 버들잎 한 움큼을 띄워 이성계에게 건네주었다. 이성계가 버들잎을 보고 화를 내자 처녀는 "갈증이 심해 급히 물을 마시다 체하지나 않을까 염려되어 그리했습니다"라고 대답했다고 한다.

이 대답을 들은 이성계는 갸륵한 마음 씀씀이에 반해 그녀를 부인으로 맞아들였다. 그녀는 1392년 조선이 개국되자마자 현비로 책봉되었고 이성계와의 사이에서 방번, 방석 두 왕자와 경순공주를 낳았다. 본래 태조의 원비는 신의왕후였으나 태조 즉위 전인 고려 공양왕 3년(1391)에 사망했기 때문에 조선 왕조의 최초 왕비는 신덕왕후다.

남다른 사랑을 주던 신덕왕후가 갑자기 사망하자 태조는 도성 안에 왕릉 터를 정하는 것은 물론 강 씨 봉분 우측에 자신의 봉분인 수릉을 정하고 능호를 정릉으로 정했다. 오늘날은 정릉이 있던 곳이라 정동이라 부른다.

그동안 신덕왕후의 정릉은 막연하게 서울 한복판인 지금의 영국대사관 자리나 경향신문 문화체육관 근처로 추정해왔다. 그런데 신덕왕후의 능 석물로 보이는 문인석이 서울 중구 정동 소재 주한 미국대사관 영내에서 발견되면서 정릉의 최초 위치를 그곳으로 보기도 한다.

추후의 일이지만 태종은 정릉의 초장지(철거지)에 있던 정자각을 옮겨 태평관 누각을 짓고 봉분의 흔적도 없앴다. 일반적으로 왕실 초장지는 천장 후에도 사가에서 사용하지 못하게 봉분을 남겨두지만 태종은 이를 무시했다. 다만 문·무인석은 그대로 묻어두라고 명했다는 기록으로 보아 조선 최초의 문·무인석은 이 지역 주변에 묻혀 있을 가능성이 있다.

신덕왕후는 조선 최초의 왕비였고, 정릉은 조선 최초의 왕릉이므로 태조가 공을 들여 조성했지만 제3대 태종이 즉위하면서부터 정릉의 위상은 바뀐다. 태종은 정릉이 도성 안에 있고 능역이 광대하다는 점을 문제 삼아 능을 현재의 정릉 자리로 옮기고 능역 100걸음 근처까지 주택지를 허락해 세도가들이 정릉 숲의 나무를 베어 집을 짓게 했다. 또한 왕비의 제례를 폐하고, 봄·가을 중월제中月祭로 격하했다.

태종의 신덕왕후에 대한 폄하는 이뿐이 아니다. 1410년 8월 홍수로 흙으로 만든 광통교가 무너지자 정릉의 석물로 돌다리를 만들도록 허락했다. 청계천이 복원될 때 광통교도 모습을 드러내 조선 최초의 병풍석과 방울 · 방패 조각을 확인할 수 있다. 600여 년이 넘었음에도 보존 상태가 매우 좋으므로 청계천을 지날 때 꼭 한 번 들러보기 바란다.[26]

신덕왕후의 능을 이방원이 푸대접한 이유는 그녀와의 알력 때문이다. 고려 말 권문세가였던 신덕왕후 강 씨의 가문은 이성계에게 정치 무대의 중앙으로 향하는 길을 열어주었고, 신덕왕후는 슬기롭고 사리가 밝은 여인이었다. 태조에게 신덕왕후는 충실한 내조자를 넘어 정치적 동지였던 셈이다.

문제는 강 씨가 실질적인 개국 공신인 데다 여세를 몰아 자신의 아들인 방석을 왕세자로 책봉해 태조의 뒤를 잇도록 만들었다는 점이다. 그녀의 이런 조치는 나름대로 자신이 있었기 때문이다. 정도전, 남은 등이 그녀의 편이었고 무엇보다도 태조 역시 자신의 뜻을 따랐다. 그러나 그녀는 아들의 왕위 계승을 마무리하지 못하고 갑작스럽게 세상을 떠났다.

졸지에 계모의 아들인 방석에게 세자 자리를 빼앗긴 이방원은 제1차 왕자의 난 때 신덕왕후의 아들인 방번과 방석을 죽이고, 동복형인 방간이 자신을 치려고 하자 제2차 왕자의 난을 일으켜 결국 왕위에 오른다. 그리고 곧바로 신덕왕후를 깎아내리는 작업에 착수했다. 종묘에 신위를 모실 때 태조와 자신의 친어머니 신의왕후를 함께 모시고, 신덕왕후를 후궁의 지위로 격하해 신위를 모시지 않았다. 또한 기제는 서모나 형수의 기신제의 예에 따라 3품관으로 대행하게 했다.

■ 정릉은 홍살문에서 정자각까지의 참도가 직선이 아니라 ㄱ자로 꺾여 있다.

이런 대우는 태종 이후에도 지속되었는데 200여 년 뒤인 선조 14년(1581) 삼사에서 신덕왕후의 시호와 존호를 복귀하고 정릉을 회복해야 한다고 주장했다. 중신들은 태조 능에 있는 건원릉 비에 신의 · 신덕왕후가 열거되어 있고, 강 씨가 차비로 서술된 점, 태조가 강비를 시책에 칭송한 것을 감안하면 후대인들이 부묘를 폐하고 능을 옮긴 것은 천리에 어긋난다고 보았다.

그 뒤 현종 10년(1669) 송시열 등이 정통 명분주의에 입각한 유교 이념을 강조하면서 복위를 주장하자, 마침내 그녀의 신주가 종묘에 봉안된다. 신주를 종묘에 안치하던 날 정릉 일대에 소낙비가 쏟아졌는데, 이 비를 백성들은 '세원지우洗寃之雨'라 불렀다. '신덕왕후의 원한을 씻어주는 비'라는 뜻이다.

정릉은 입구부터 다소 다르다. 입구의 금천교는 우리나라 자연형 석교의 대표적 조형물로, 주변에 다양한 나무들이 서식하고 있다. 정릉은 홍살문에서 정자각까지의 참도가 직선이 아니라 ㄱ자로 꺾여 있다.

봉분에는 난간석과 병풍석이 없으며 혼유석, 문인석, 석마, 각각 1쌍의 석양과 석호가 있다. 조선 초대 국모의 능이라 할 수 있는 정릉은 다른 왕비의 능에 비해 상설의 규모가 작고 초라하며 석물도 원형이 아니다. 고려 공민왕릉 양식을 충실히 따른 사각 장명등과 혼유석을 받치는 두 개의 고석만 옛 능에서 옮겨온 것인데 장명등은 상부의 주두가 사라졌다. 당초 능을 조성했을 때는 고려 공민왕처럼 화려한 병풍석과 난간석은 물론 무인석까지 있었던 것으로 추정된다.

2009년 약수터 근처에서 소전대가 발견되어 원래의 자리인 정자각 좌측으로 옮겼다. 소전대는 조선 초기의 능인 건원릉과 태종의 헌릉, 정릉에만 있었으며 축문을 태우던 곳인데, 정조 때 작성한 『춘관통고』*에 위치를 기록해놓아 쉽게 제자리를 찾을 수 있었다.

정릉에서 북악터널 쪽으로 가는 도로 좌측에 신덕왕후의 명복을 비는 원찰 홍천사興天寺가 있다. 원찰이란 창건주가 자신의 소원을 빌거나 사자의 명복을 빌기 위해 세우는 사찰을 말한다. 이성계는 강 씨 사망 후 직접 정릉 옆에 작은 암자를 짓고 행차를 조석으로 바쳤으며, 정릉의 아침 재 올리는 종소리를 듣고서야 수라를 들었다고 한다.

홍천사는 연산군 때 불타 폐허로 방치되다 정조에 의해 현재 자리에 새로 지어졌다. 정면 3칸, 측면 3칸의 다포계 팔작지붕인 극락보전을 비롯해 명부전, 용화전, 칠성각, 독성각, 만세루, 승방, 대방, 일주

* 춘관통고(春官通考)
1788년 유의양이 왕명을 받아 『춘관지』, 『국조오례통편』 등을 바탕으로 예조(禮曹)가 관장하는 모든 예제와 예무를 길(吉), 가(嘉), 빈(賓), 군(軍), 흉(凶)의 오례로 나누어 총 정리, 편찬한 책.

신덕왕후의 명복을 비는 원찰 흥천사. 정릉에서 북악터널 쪽으로 가는 도로 좌측에 자리하고 있다.

문, 종각이 있다. 이성계가 아침마다 종소리를 들었던 흥천사 대종(보물 제1460호)은 동대문(흥인문)을 거쳐 광화문 종루로 옮겼다가, 일제 강점기에 창경궁으로 옮겼으며 현재는 덕수궁 자격루 옆에 있다. 사찰 내에는 대한 제국의 마지막 황태자인 영친왕이 5세 때 쓴 글씨가 남아 있고, 조선의 마지막 왕비인 순정효황후가 6·25전쟁 때 피난 생활을 하기도 했다. ❖

제 4 구역

영녕릉

•

장릉

•

융건릉

영녕릉

英寧陵

영녕릉, 장릉, 융건릉을 4구역으로 분리한 이유는 영녕릉과 융건릉은 서울 외곽에 있으며, 단종의 장릉은 서울을 떠나 영월에 있기 때문이다.

영녕릉은 조선의 제4대 왕인 세종과 소헌왕후 심 씨의 무덤인 영릉英陵과 제17대 효종과 인선왕후 장 씨의 무덤인 영릉寧陵이 좌우로 자리한 곳이다. 우연히도 두 능의 한글 이름이 같아 세종대왕의 능으로만 알려져 있고 효종의 능은 가려지곤 한다.

세종대왕은 부연할 필요가 없는 조선 최고의 왕이다. 한글의 창제와 학문의 발전, 과학의 발달과 국방력 강화 등 찬란한 세종대왕의 업적은 조선 건국 이래 태종까지 이어지던 국가 체제가 완성 단계에 이르렀음을 의미한다. 이런 자신감은 능에도 반영되어 영릉은 왕실 능제의 전형을 가장 잘 보여주고 있다. 영녕릉에서는 해마다 한글날을 전후해 큰 잔치를 열어 세종의 뜻을 기리고 지역민의 단결을 꾀한다.

매표소 입구를 지나면 우측으로 세종대왕의 동상이 있고 좌측에는 세종의 업적을 기념하는 세종전이 있다. 기념관 앞뜰에는 왕실의 과학 기구들이 복원되어 있다. 천문도인 〈천상열차분야지도〉, 세계 유일의 오목 해시계인 앙부일구, 세계 최초의 강우량 측정기인 측우기와 수표 등은 당시 과학 기술의 발전을 확인할 수 있는 자료다.

영릉에 있는 세종대왕 동상.

英陵

세종과 소헌왕후

영릉은 조선 왕릉 중에서도 천하의 명당자리라고 한다. 영릉 덕분에 조선 왕조의 국운이 100년은 더 연장되었다는 말이 공공연히 나돌 정도다. 이런 명성을 갖고 있는 영릉은 제4대 세종(1397~1450)과 소헌왕후(1395~1446) 심 씨의 합장릉이다. 세종은 태종의 셋째 아들로 1408년 충녕군에 봉해졌다.

원래 태종의 뒤를 이을 왕세자는 맏아들 양녕대군이었는데 그는 자유분방한 성품의 소유자라 왕세자로서 지녀야 할 예의범절과 딱딱한 궁중 생활에 잘 적응하지 못했다. 이러한 그의 품행은 태종의 눈에도 벗어나 결국 1418년 충녕이 왕세자로 책봉되었다. 그런데 세종이 태종에게 낙점받은 이유 중 매우 흥미로운 기록이 『태종실록』에 보인다. 세종이 술을 적당히 마실 줄 알았다는 것이다.

"중국의 사신을 대해 주인으로서 한 모금도 능히 마실 수 없다면 어찌 손님을 권해서 그 마음을 즐겁게 할 수 있겠느냐? 충녕은 비록 술을 잘 마시지 못하나 적당히 마시고 그친다. 또 그 아들 가운데 장대한 놈이 있다. 효령대군은 한 모금도 마시지 못하니, 이것도 또한 불가하다. 충녕대군이 대위(매우 높은 관작)를 맡을 만하니, 나는 충녕으로서 세자를 정하겠다."

■ 세종대왕은 안으로는 훈민정음을 창제했으며, 밖으로는 6진을 개척해 국토를 확장하는 등 조선 왕조의 기틀을 튼튼히 했다.

보통 왕은 왕위를 물려받을 때 선왕이 죽은 뒤 닷새째 되는 날 입관을 마치고 다음 날 즉위한다. 하지만 세종은 선왕이 살아 있을 때 왕위를 물려받았다. 태종 18년(1418), 태종은 경복궁 보평전에서 대성통곡하며 만류하는 신하들의 간청을 뿌리치며 세종에게 옥새를 주고 왕의 자리에 앉힌다. 세종이 울면서 사양하자 태종은 결연히 말했다.

"어찌 나에게 효도할 생각은 하지 않고 이같이 어지럽게 구느냐. 내가 만일 신료들의 청을 들어 왕의 자리에 앉으려 한다면 나는 장차 마음대로 죽지도 못할 것이다. 이미 나는 다시 복위 않기로 북두칠성에 맹세했으니 더 이상 말하지 마라."

■
현재의 영릉은 풍수지리상 최고의 길지 중 하나라고 불린다.

사흘 뒤 세종은 22세에 경복궁 근정전에서 조선조 제4대 왕에 즉위한다.

원래 영릉은 1446년 소헌왕후 사망 후 헌릉 서쪽 대모산(현 서초구 내곡동)에 동릉이실로 조영된 능이다. 우측 석실은 왕의 수릉으로 삼았다가 1450년 세종이 사망하자 합장해 조선 최초의 합장릉이 되었고 조선 전기 능제의 기본을 이루었다.

그런데 세종의 능은 조성될 때부터 풍수지리상 불길하다는 주장 때문에 논란이 잦았다. 지관들이 강력하게 능 자리를 철회하자고 권했지만 세종은 "다른 곳에서 복지를 얻는다고 하지만 선영 곁에 묻히는 것만 하겠는가?"라며 고집을 꺾지 않았다.

일단 세종의 고집대로 능을 조성했지만 세조 때 다시 강력한 천장이 대두되었다. 그러나 서거정이 "천장함은 복을 얻기 위함인데 왕이

영릉은 이장하면서 병풍석과 석실 제도를 폐지하고, 회격으로 하는 조선 전기 능제의 기본을 이루었다.

면 되었지 다시 더 무엇을 바라겠습니까" 라며 반대해 옮기지 못했다.[1]

결국 예종 1년(1469)에 천장했는데 그곳이 풍수지리상 최고의 길지 중 하나라는 현재의 영릉이다. 이때는 세조의 유언으로 병풍석과 석실 제도를 폐지하고 회격*으로 합장했다. 한편 구 영릉에 있던 석물들은 모두 그 자리에 묻었는데, 1973년 석상, 장명등, 망주석, 문 · 무인석, 세종대왕 신도비 등이 발굴되어 세종대왕기념관 앞뜰로 옮겨졌다.

영릉은 이장하면서 예종 때 선포된 『국조오례의』에 따라 병풍석과 석실 제도를 폐지하고, 회격으로 하는 조선 전기 능제의 기본을 이루었다. 합장릉인 봉분 둘레에는 12면으로 꾸민 돌난간을 둘렀으며 난간석을 받치고 있는 동자석주에는 한자로 십이지를 새겨 방위를 표시했다. 병풍석 없이 2개의 혼유석과 장명등, 좌우에 망주석을 놓았는

*** 회격(灰隔)**
관을 구덩이 속에 내려놓고, 그 사이를 석회로 메워서 다지는 것.

데 혼유석의 고석은 선대의 5개에서 4개로 줄었다. 또한 2개의 격실 사이에 48센티미터의 창문(창혈)을 뚫어 왕과 왕비의 혼령이 통하게 해 합장릉의 의도를 더욱 명확하게 했다.

봉분 능침 주변의 석양과 석호는 서로 엇바꾸었고 좌우로 각각 2쌍씩 8마리를 밖을 향해 능을 수호하는 형상으로 배치했다. 봉분의 동, 서, 북 세 방향에는 곡장을 둘렀다. 봉분 앞 중계에는 문인석 1쌍, 하계에는 무인석 1쌍을 세우고 문 · 무인석 뒤에는 각각 석마를 배치했다.

세종은 한국의 장례 방식에도 획기적으로 기여했는데, 예조의 다음과 같은 건의에 따른 것이었다.

＊ 유거(柳車)
나라 또는 민간에서 장사 지낼 때 재궁이나 시체를 실어 끌게 하던 큰 수레.

"그동안 운구를 유거*로 한 것은 중국의 풍습으로, 우리나라는 산지가 많아 불편하니 어깨에 메는 상여가 좋다."

조선 시대에 사용하던 해시계 앙부일구.

이후 일반인의 상여도 수레가 아니라 사람들이 메고 운반하는 식으로 바뀌었다.[2] 상여는 매우 과학적인 원리에 의해 만들어진 것이다. 폭이 1미터도 안 되는 좁은 논두렁을 지나갈 때 양쪽에 있는 상여꾼들은 각각 발을 좁은 길의 벽에 붙이면서 한 발 한 발 전진하며 지나간다. 경사진 산비탈도 이런

자격루(왼쪽). 세종 16년 장영실, 김빈 등이 왕명을 받아 만든 물시계다. 천체의 운행과 위치를 관측하던 장치 혼천의(오른쪽).

형태로 나아갈 수 있다. 아무리 좁은 길도 지나갈 수 있는 것은 역삼각형 피라미드의 형태를 취해 힘을 분산시키면서 통과하기 때문이다. 이는 한국이 자랑하는 지게의 원리와 다름없다. ◈

연이 떨어지는 자리, 연주리

※ 세종대왕릉의 천장에는 매우 흥미로운 이야기가 전해진다. 세종의 사후 조선 왕조에 일대 피바람이 몰아친다. 문종이 즉위한 지 겨우 2년 만에 죽고, 아들인 단종은 숙부인 수양대군에게 왕위를 빼앗긴 후 영월 땅에 유배되어 죽는다. 왕자 여섯도 죽음을 당하는 등 왕가에서 골육상쟁이 끊이지 않았다. 곧바로 이런 환난은 세종의 묘를 잘못 썼기 때문이라는 의견이 대두되었다.

결국 예종 1년(1469) 세종의 묘를 파내보니 수의마저 썩지 않은 채로 물이 가득 차 있었다. 풍수지리에 의하면 세종의 묘는 매우 좋지 못한 자리로서 왕가의 화를 자초했다는 것이 공인된 셈이나 마찬가지였다.

예종은 개장할 묘소를 지금의 서울 땅에서 40킬로미터 이내에서 찾도록 했는데 이때 지관이 천거해 천장한 곳이 하늘의 신선이 하강

하는 천선강탄天仙降誕형, 또는 신선이 앉아 있는 선인단좌仙人單坐형이라고 불리는 현재의 영릉이다.

그 자리는 원래 광주 이씨 삼세손인 충희공 이인손의 묘택이 있던 곳이다. 이인손은 태종 때 문과에 급제해 우의정에 이르렀고, 그의 부친은 청백리로 유명한 이지직이고, 조부는 고려 말의 절의와 명문으로 명성을 떨쳤던 둔촌 이집이다. 현재 서울시 강동구 둔촌동은 둔촌 선생이 있었던 곳이라 해 붙은 이름이다.

둔촌은 충목왕 3년(1347) 문과에 급제한 뒤 정몽주, 이색 등 당대의 거유*들과 교유했다. 이후 합포종사를 지내고 신돈을 논박하다 미움을 받자, 늙은 아버지를 업고 영천으로 피신해 천곡 최윤도의 집에서 3년 동안 기거했다. 이때 최윤도는 두 명을 다락에 숨겨두고 부인과 여종 연아 등 가족들의 보호를 받도록 했다.

* 거유(巨儒/鉅儒)
1. 뭇사람의 존경을 받는 이름난 유학자.
2. 학식이 많은 선비.

일화에 따르면 연아는 다락에 두 명의 외부인이 있는 줄 모르고 주인이 갑자기 식욕이 좋아지는 것을 의아하게 생각했다. 평소에는 일 인분의 식사도 남길 정도였는데 어느 날부터 몇 인분의 식사를 거뜬히 해치웠기 때문이다. 결국 두 사람이 다락에 숨어 있다는 것을 안 연아는 주인의 뜻을 알고 자결해 비밀을 유지했다.

이인손은 세상을 떠나기 전, 자신이 일러주는 내용을 유언으로 쓰는 조건으로 묘택의 세부 사항을 알려주었다. 첫째는 묘택 앞을 흐르는 개울에 절대로 다리를 놓지 말 것이며, 둘째는 재실이나 사당 등 일체의 건물을 짓지 말라는 것이었다. 광주 이씨 문중은 이인손의 유언을 그대로 지켰다. 그러자 이인손의 친자 5형제와 종형제 3인을 합해 '팔극조정八極朝廷'이라는 말이 나올 정도로 정승, 판서가 가문에서 쏟아져나왔다. 그러나 후손이 볼 때 이인손의 묘택은 여간 불편한 것이 아니었다. 양반 체면에 다리도 없는 냇물을 신발 벗고 건너야 하는 것은 물론, 멀리서 온 자손이 잠잘 곳도 없이 모이자마자 헤어져야 하는 등 제사를 지낼 때마다 고역이었기 때문이다. 누가 봐도 남부러울 것 없는 집안에 심각한 문제가 생기자 문중 회의에서 유언에 반해 재실을 짓기로 결정했다.

한편 예종의 명으로 여주와 이천 쪽으로 세종의 천장 자리를 보러 나온 지관 안효례는 명당자리를 찾기 위해 돌아다니다가 갑자기 소나기를 만났다. 비를 피할 곳을 찾는데 산자락 아래 조그마한 건물이 보였다. 광주 이씨 문중에서 전해에 세운 재실이었다. 그는 그곳을 향해 달렸는데 예상치 못한 장애물이 나타났다. 갑자기 쏟아진 소낙비 때문에 냇물이 불어 선불리 건널 수 없었던 것이다. 낙담해 두리번거리던 그는 아래쪽에서 돌다리를 발견하고 냇물을 건너 재실에서 소낙비를 피했다.

소낙비가 그치자 주위를 돌아본 안효례는 깜짝 놀랐다. 그곳이 바로 자신이 찾아다니던 천하의 명당이었기 때문이다. 소낙비를 피하

연주리 풍경. 예종은 영릉을 위해 이인손의 묘 터를 내놓은 광주 이씨 가문에 많은 재물을 하사하고 조선의 어느 곳에라도 묘를 쓰라고 했다.

게 만들어준 고마운 묘택의 묘비를 보니 우의정을 지낸 이인손의 것이었다. 고민하던 그는 산도山圖를 그려 예종에게 이인손의 묘택이 이미 자리 잡고 있음을 고하면서 세종의 묘로 추천했다. 그 자리는 군왕의 묘택으로서는 적합하지만 정승의 묘택으로는 과분하다는 설명도 첨언했다.

물론 여기에도 전해지는 일화가 있다. 당시 광주 이씨 가문은 조정의 요직을 거의 독점하고 있었는데 그 이유가 이인손의 묘택 때문이라는 말이 나돌았다. 이것을 우려한 한 왕손이 조선은 전주 이씨 왕조가 아니라 광주 이씨 왕조라고 한탄하며 전주 이씨 왕조의 앞날이 어둡다고 개탄했다.

세종의 천장 자리로 이인손의 묘택을 선정한 진짜 이유는 광주 이씨의 기를 잘라내기 위해서였다는 설명이다. 당시에 여러 지관이 천장 장소로 여러 대상지를 추천했는데도 굳이 우의정을 지낸 공신의 묘를 선정한 이유가 여기 있다.

예종은 당시 평안도 관찰사로 있던 이인손의 큰아들 광릉부원군 이극배를 조정으로 불렀다. 아무리 왕이지만 사대부의 묘택을 함부로 어찌할 수는 없었다. 예종은 명당 터를 양도해 달라고 우회적으로 압력을 넣었고 결국 이극배는 할 수 없이 문중 회의를 열고 선친의 묘 터를 내놓았다.

그러자 예종은 광주 이씨 가문에 많은 재물을 하사하고 이극배를 의정부 우참찬(정2품)으로 승진시킨 후 조선의 어느 곳에라도 이인손의 묘를 쓰라고 했다. 이인손의 묘를 파서 유해를 들어내니 그 밑에 있는 비단에 다음과 같이 적힌 글이 있었다.

"단지대왕영폄지지短之大王永窆之地."

이는 단지대왕이 묻힐 자리라는 뜻으로 단지대왕(한쪽 다리가 짧다는 뜻)이란 세종대왕을 뜻한다. 이 사실은 제대로 알려져 있지 않지만 명확한 것으로 추정된다. 만약에 세종이 발을 절지 않았는데도 이를 호도*했다면 광주 이씨 전체가 큰 화를 입었을 것이 틀림없기 때문이다.

* 호도(糊塗)
(비유적으로) 명확하게 결말을 내지 않고 일시적으로 감추거나 흐지부지 덮어버림.

지관의 글은 계속되는데 이 자리의 주인이 나타나면 "이곳에서 연을 날려 하늘 높이 떠오르거든 연줄을 끊어라. 그리고 연이 떨어지는 곳에 나의 묘를 옮겨라"라고 적혀 있었다. 글대로 연을 날리자 연은 바람에 날려 서쪽으로 약 10리 밖에 떨어졌고 그곳에 이인손의 묘택을 삼았다. 이곳을 연이 떨어졌다 해 연당 혹은 연주리라고 부르며 현재의 능산면 신지리다.

세종대왕의 천장은 조상의 기운이 후손에게 직접적인 영향을 미친다는 동기감응 혹은 친자감응의 예로 잘 알려져 있다. 묘를 잘못 택했기 때문에 조선 초기에 수많은 환고가 있었지만 천장한 후에는 지덕 때문에 후손에게 큰 불행을 초래하지 않았다는 것이다. ◈

영릉

寧陵

효종과 인선왕후

세종대왕릉에서 약 500미터 지점에 제17대 효종(1619~1659)과 인선왕후(1618~1674) 장 씨의 쌍릉인 영릉이 있다.

효종은 1619년 인조의 둘째 아들로 봉림대군에 봉해졌고 12세에 한 살 위이며 신풍부원군 장유의 딸인 인선왕후 덕수 장 씨와 가례를 올려 1남 6녀를 두었다. 1636년 병자호란이 일어나자 강화도로 피신했으나 1637년 인조가 청 태종에게 삼전도에서 항복하자 볼모로 소현세자와 함께 선양으로 잡혀간다.

이후 그는 서쪽으로는 몽골, 남쪽으로는 산해관과 금주위, 동쪽으로는 철령위, 동북쪽으로는 여해부까지 따라다니며 몰락의 길을 걷

영릉은 좌우로 이웃한 다른 쌍릉과는 달리 앞뒤로 나란히 능이 있는 동원상하 형식이다.

는 명이 청에 의해 격파되는 장면을 목격한다. 청이 산해관을 공격할 때 소현세자의 동행을 강요하자 자신이 대신 가겠다고 고집했고, 서역을 공격할 때도 소현세자와 끝까지 동행해 그를 보호했다.

청에서 소현세자와 봉림대군을 대동한 이유는 이렇게 강한 청을 조선은 엄두도 내지 말라고 일종의 교육과 협박을 하기 위해서였다. 그는 청에 볼모로 잡힌 지 8년 만인 26세에 귀국하지만, 또 다시 청에 소환되어 이번에는 명의 수도 베이징이 불에 타는 장면을 참관해야 했다.[3]

그는 1645년 소현세자가 귀국한 뒤에도 그대로 청에 머물러 있다가 세자가 급서하자 곧바로 귀국해 김자점의 주도로 세자로 책봉된다. 그러나 그의 책봉에는 약점이 있는데 적장손인 소현세자의 아들이 있었기 때문이다. 효종은 자신을 왕세자로 명한 성명을 거두고 소현세자의 아들인 원손을 왕세손으로 할 것을 울면서 간청했다. 『인조실록』에 다음과 같은 기록이 있다.

"신은 가슴을 치도록 망극해 몸 둘 곳이 없어서 밤낮을 쉬지 않고 놀라 부르짖어 울다가, 이렇게 궁박한 정황을 하소연할 곳이 없었으므로, 부득이 만 번 죽음을 무릅쓰고 번거롭게 말씀을 드립니다. 선 세자(소현세자)가 오랫동안 동궁에 있다가 이제 막 서거했고, 원손의 칭호는 온 나라 사람이 우러러 아는 바입니다.……신에게 어찌 종묘사직의 명을 받들 수 있는 조금의 재덕이나 있겠습니까. 삼가 생각하건대, 하늘같이 인자하신 성상께서 신을 곡진히 긍휼하게 여기시어 속히 성명成命을 거두셔서, 이 불초한 몸으로 하여금 거듭 큰 죄에 빠져 귀신과 사람을 실망시키게 하지 말아주시기를 지극히 바랍니다."

인조는 맏형이 죽으면 그다음 아우가 계통을 잇는다며 더욱 효제孝悌의 도리를 닦아 형의 자식을 자기 자식처럼 보살피라고 하면서 세자 책봉을 그대로 밀어붙였다. 효종은 27세의 나이로 세자의 자리에 올랐고 1649년 인조가 사망하자 왕으로 즉위했다. 왕위에 오른 효종은 청이 기대한 '동방의 착한 왕'이 되기를 거부하고 반대로 청을 치는 북벌을 계획한다. 효종의 재위 10년간 기본 정책은 '숭명배청崇明排淸'과 '복수설치復讎雪恥(청에 당한 수치를 복수하고 설욕함)'였다.

효종은 북벌을 대의로 내세우면서 김상헌의 제자로 유배 중이던 조석윤을 동지중추부사로 등용하고 송시열을 이조참의로 등용하는 등 여러 개혁을 시도했다. 또 흐트러진 경제 질서를 확립하기 위해 김육 등의 건의로 대동법을 실시했고, 서양 역법인 시헌력을 반포해 개력을 단행했다. 또한 네덜란드에서 표류해온 하멜 일행을 훈련도감에 수용해 조총, 화포 등의 신무기를 개량하고, 이에 필요한 화약용 염초焰硝 생산에 주력했다.

문제는 효종의 바람과 달리 송시열은 북벌론을 실현에 옮길 인물이 아니었다는 점이다. 그는 효종의 결연한 북벌 정책에 동조하지 않고 격물치지*를 이야기하며 치국 이전에 수신이 먼저라고 다그쳤다. 군신 관계였던 명을 파멸시킨 청에 관념적인 복수심은 있어도 현실적으로 복수하는 것이 가능한 것은 아니라는 인식이었다.[4]

* 격물치지(格物致知)
실제 사물의 이치를 연구해 지식을 완전하게 함.

두 사람의 북벌론은 목표는 같았지만 목적이 달랐다. 효종은 송시열과의 정치적 제휴를 통해 사림 세력의 반발을 억제하고 왕권을 강화하려 했다. 반면 송시열은 북벌은 염두에도 없지만 효종의 지지를 앞세워 정치적 입지를 다지는 데 열성을 다했다. 즉 효종은 송시열을 전면에 내세워 불안한 정국과 민심을 추스르려 했고, 재야의 영수인 송시열은 자신의 기반인 서인들을 등용하는 데 앞장섰다. 결국 효종은 대신들의 비협조와 재정 빈약 등으로 북벌을 실행에 옮기지 못하고 즉위한 지 10년 만인 1659년 41세로 사망한다.[5]

효종의 무덤은 건원릉 서쪽 능선(현재 구리시에 위치한 영조 무덤인 원릉)으로 정해진 후 계획대로 안장되었다. 하지만 한창 추운 음력 10월 부실하게 조성되어 다음 해 장마 때 석물에 균열이 온다. 곧바로 고치긴 했으나 겨울이 지나갈 무렵 다시 무너져 이듬해 능을 다시 대대적

영릉은 정자각과 곡장 사이를 하나의 공간으로 해석해 왕과 왕비가 같은 방을 쓰고 있다는 의미를 더했다.

으로 고쳤다. 그래도 문제가 해결되지 않아 효종의 후임인 현종은 재위 15년 내내 거의 매년 아버지 무덤을 수리해야 했다. 결국 현종은 사망하기 1년 전인 1673년 영릉을 옮기기로 결정하고 현재의 여주 땅으로 이장한다. 천장 이유는 석물에 틈이 생겨 빗물이 들어갈 염려가 있다는 것이었다. 그러나 막상 영릉을 개봉하니 깨끗해 책임자들이 면직되기도 했다.

다음 해에 왕릉 앞에 인선왕후 능을 썼는데 좌우로 이웃한 다른 쌍릉과는 달리 앞뒤로 나란히 능이 있는 동원상하 형식이다. 이와 같은 형태는 조선 왕릉 가운데 경종의 의릉과 더불어 2개뿐이다. 그러므로 효종 능에서 아래를 내려다보면 멀리 왕비 능의 뒷모습과 그 너머 정자각의 뒷모습이 우측에 보인다. 이와 같은 것을 북상北上이라 해 부부의 묘나 조상의 묘를 배치할 경우 매우 좋은 묘택이라 했다. 반면 이 위치가 바뀌면 도장*이라 해 좋지 않게 여겼다. 역적이 나면 삼족을 멸한 후 조상의 묘를 이같이 옮겼다고 한다.

효종의 능에만 3면의 곡장을 두르고 왕비의 능에는 두르지 않았는데, 정자각과 곡장 사이를 하나의 공간으로 해석해 왕과 왕비가 같은 방을 쓰고 있다는 의미다. 두 능의 상설 제도는 동일하며 십이지 신상을 새긴 병풍석이 세조 이후 사라졌다가 한동안 다시 사용되었는데, 영릉에서 또다시 폐지되었다. 난간석을 받치고 있는 동자석주에는 글씨를 새겨 방위를 표시했다. 석물은 사회적 안정기에 조성한 것이어서 기교가 뛰어나고 아름답다. 특히 무인석의 모자 표현에서 중

* 도장(倒葬)
조상의 묘 윗자리에 자손의 묘를 씀.

■ 영릉 석물. 사회적 안정기에 조성해 기교가 뛰어나고 아름답다.

국의 영향을 받은 것을 알 수 있다. 석호의 눈망울은 크고 해학적이며 발톱과 꼬리가 생동감을 준다.

영릉 재실은 재방, 안향청, 제기고, 전사청, 행랑채, 우물 등으로 구성되어 있다. 현존하는 조선 왕릉 재실 중에서 원형을 가장 잘 간직하고 있으며, 건물의 공간 구성과 배치가 가장 뛰어난 건축물로 평가받고 있다. 또한 재실 공간 내에 300여 년 동안 자란 회양목(천연기념물 제459호)과 향나무, 500년 이상 된 느티나무가 어우러져 역사성을 한층 높여주고 있다.[6]

천연기념물로 지정된 회양목은 잎이 두껍고 타원형이며 꽃은 4~5월에 피고 열매는 6~7월에 갈색으로 익는 사철 푸른 나무다. 원래 작고 낮게 자라기 때문에 이곳처럼 크게 자란 경우는 쉽게 찾아볼 수 없다.

이곳에서 차로 약 20분 거리에 있는 신륵사가 영릉의 원찰이다. 여주시 동북쪽 봉미산 남쪽 기슭에 자리 잡은 신륵사는 신라 진평왕 때 원효대사가 창건했다고 알려지지만 이를 뒷받침할 유물이나 유적은 없다. 현재 남아 있는 조형물은 모두 고려 말에서 조선 초기의 것이다.[7] 나옹화상(1320~1376)이 입적하면서 명성을 얻었고, 그의 제자인 무학대사(1327~1405)가 신륵사를 조선 왕조의 중심으로 만들었다. 또한 목은 이색(1328~1396) 등 많은 시인과 묵객이 머무르면서 신륵사에 대한 글을 남길 정도로 유명세를 얻었다. 이색은 고려 우왕의 사부가 되었으나 조선 왕조가 들어서면서 유배되었다가 석방된 후 이성계의 부름을 거절하고 신륵사에서 사망했다.

신륵사가 남다른 것은 다른 사찰들이 산속에 자리 잡은 것과는

■
신륵사 다층전탑. 반원의 두 줄로 된 무늬와 당초문이 양각되어 있다.

달리 동서로 길게 누운 남한강 옆, 넓은 여주 들판이 보이는 곳에 위치하고 있다는 점이다. 처음 4대강 정비가 계획될 때는 수장될 것으로 예상되어 이전 대상이었지만 다행히 수몰 위험에서 벗어나 현장을 지키고 있다.

신륵사는 유달리 보물이 많아 7점이나 된다. 신륵사에서 가장 오래된 건물인 신륵사 조사당(보물 제180호로 지공, 나옹, 무학의 영정이 있다), 5미터 높이의 8층 석탑(보물 제225호) 등이다. 형식은 방형의 일반형 석탑에 기단부를 2층으로 구성하고 그 위에 여러 층을 거듭한 탑신부가 있다. 여기까지는 신라나 고려 시대의 일반적인 양식을 따르고 있지만 세부로 들어가면 전혀 다른 양식을 보인다. 즉 조선 초기 석조 공예의 성격도 함께 갖고 있다. 특히 상층 기단 면석에는 신라나 고려에서는 볼 수 없는 비룡문과 연화문 등이 화려하게 장식되어 있다. 석탑에 비룡을 조각하는 경우는 매우 드문 예로 학자들은 신륵사 설화 속에 용이 등장하기 때문으로 추정하기도 한다.

이 외에 두 줄로 된 반원 무늬와 당초문이 양각되어 있는 고려 시대의 다층전탑(보물 제226호), 조선 시대 부도의 전형으로 인식되는 신륵사보제존자(나옹스님)석종(보물 제228호), 목은 이색이 글을 쓴 보제존자석종비(보물 제229호), 이색이 공민왕과 돌아가신 부모의 명복을 빌고자 대장경을 인출하고 대장각을 지어 봉안한 사실을 적은 대장각기비(보물 제230호), 고려 말의 대표적인 팔각형 신륵사보제존자석종앞석등(보물 제231호) 등이 있으며 극락보전은 시도 유형 문화 제128호로 지정되었다.[8]

사찰 아래에는 나옹화상의 당호를 따른 강월헌이라는 육각정이 강가 바위 위에 있는데, 이곳에서 바라보는 여주 평야와 남한강은 그야말로 한 폭의 풍경화다. ❖

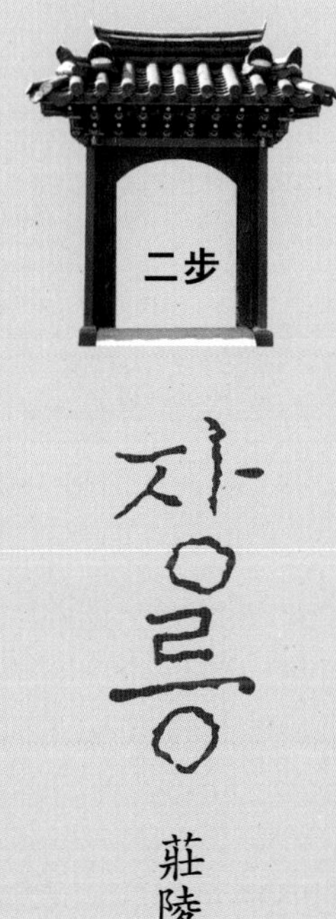

장릉

莊陵

장릉

莊陵

단종

장릉은 비운의 왕으로 알려진 제6대 단종(1441~1457)의 능이다. 조선 왕릉은 현재 북한에 있는 2기를 제외하고 대부분 도성인 서울을 중심으로 반경 4~40킬로미터에 조영되었다. 장릉은 유일하게 강원도 영월군에 있다. 이곳은 산으로 겹겹이 둘러싸인 오지로 면적은 약 353만 7,000제곱미터나 된다.

단종은 문종과 현덕왕후 권 씨의 아들로, 태어난 다음 날 어머니를 여의었다. 10세 때인 1450년 아버지인 문종의 즉위로 왕세자로 책봉되었는데, 문종이 왕이 된 지 2년 3개월 만에 사망하는 바람에 12세의 어린 나이에 왕위에 올라 모진 풍파를 겪으면서 한국사 전체에서

장릉은 세자 묘의 형식을 따르고 있고, 석물도 작고 간단하게 만들어진 후릉을 따랐다.

가장 비극적인 왕이 된다.

객관적 조건으로만 보면 왕위 계승자로서 단종의 조건은 완벽했다. 문종도 적장자였고, 단종도 적장자였기 때문이다. 그런 그가 가장 비참한 국왕이 되었다는 사실은 매우 역설적이다. 문제는 단종이 너무 어린 나이로 왕이 된 데다 수양대군(36세)과 안평대군(35세)을 중심으로 한 숙부들이 인생에서 가장 정력적인 시점에 와 있었다는 점이다. 더구나 그들은 뛰어난 능력과 커다란 야심을 갖고 있었다. 단종의 신하들은 대부분 세종 대의 인재들이었다. 삼정승은 세종의 고명*을 받은 황보인, 남지, 김종서였고, 그 아래의 실무진은 성삼문, 박팽년,

* 고명(誥命)
중국의 황제가 제후나 오품 이상의 벼슬아치에게 주던 임명장.

하위지, 신숙주 등 대부분 집현전 학사 출신이었다.

즉위한 지 1년 반 만에 계유정난이 일어나 단종은 숙부인 세조에게 양위하고 상왕이 되었다. 그러다 단종의 최후가 찾아온 이유는 경상도 순흥에 유배되었던 금성대군(세종의 여섯째 아들, 세조의 동생)이 순흥 부사 이보흠과 함께 단종의 복위를 모의하다가 발각되어 사사되었기 때문이다. 이 때문에 단종은 노산군에서 다시 서인으로 강등되었다. 그러면서 사건이 종결되는 듯했으나 세조의 신하들은 벌떼같이 일어나 단종 문제를 완전히 해결하지 못하면 차후에도 사육신, 금성대군과 같은 복위 사건이 계속 일어날 수 있다고 주장했다. 결국 금부도사 왕방연은 사약을 가지고 단종이 있는 영월 청령포로 갔다.

하지만 왕방연은 차마 말을 하지 못했고 교생* 복득이 단종의 뒤에서 활시위로 목을 졸라 죽였다. 그러나 실록에 따르면 왕방연이 영월에 도착하자 단종은 목을 매 자진自盡했다고 되어 있다. 사후 처리도 비참해 야사에 따르면 시신이 청령포 물속에 떠 있는 것을 평소부터 충성심이 강했던 영월호장 엄홍도가 몰래 수습해 장릉 자리에 안장했다고 한다. 그가 장사 지내려 할 때 주위 사람들은 후환이 두렵다며 말렸다. 하지만 그는 "옳은 일을 하다가 화를 당해도 나는 달게 받겠다"라며 단종의 시신을 홀로 밤에 거

*** 교생(校生)**

조선 시대에 향교에 다니던 생도. 원래 상민으로, 향교에서 오래 공부하면 유생의 대우를 받았으며, 우수한 자는 생원 초시와 생원 복시에 응할 자격을 얻었다.

장릉이 있는 청령포는 3면이 강으로 둘러싸여 있고 한 면은 높은 벼랑이 있어
어디로든 빠져나갈 수 없는 천연 감옥 같은 곳이다.

두었다고 전해진다. 엄홍도의 충절은 높이 인정되어 그의 자손에게 벼슬자리는 물론 추후에 공조참판이라는 벼슬도 내려졌다. 이런 예를 근거로 영월 사람들은 영월이 '충절의 고장'이라는 데 대단한 긍지를 갖고 있다. 또한 장릉은 향토 문화재가 거행되는 유일한 왕릉이다.

청령포는 영월읍 중심지에서 서남쪽으로 약 4킬로미터쯤 떨어진 곳에 위치해 있는데, 3면은 깊은 강물로 둘러싸여 있고 한쪽 면은 높은 벼랑이 있어 나룻배를 이용하지 않고서는 어디로든 빠져나갈 수 없는 천연 감옥 같은 곳이다. 청령포에는 단종이 유배되었던 당시에 세워 놓은 금표 비가 아직도 남아 있다. 비에는 '동서 300척, 남북 490척'이라는 글씨가 뚜렷하게 새겨져 있다. 천하를 호령하던 왕이지만 세조는 단종이 이 공간 안에서만 생활하도록 행동 범위를 제한한 것이다.

현재 청령포에는 단종이 서울을 바라보며 시름에 잠겼다는 80미터 높이의 낭떠러지 노산대, 망향탑 돌무더기 등 슬픈 사연이 깃든 유물들이 남아 있다. 또한 우리나라에서 자라는 소나무 가운데 가장 키가 큰 천연기념물 '관음송'이 있는데, 수령이 600년이나 되어 청령포에서 유일하게 단종의 유배를 지켜본 존재다. 또한 단종의 어가 주변에 조성된 소나무 숲이 270도 돌아 흐르는 서강과 어우러져 청령포는 자연 경관이 뛰어난 명승지로 이름이 높다.[9]

단종이 명예를 회복하는 데는 200년이 넘게 걸렸다. 숙종 7년(1681), 숙종은 그를 일단 노산대군으로 추봉한 뒤 숙종 24년(1698) 정식으로 복위했고, 묘호를 단종으로 종묘에 부묘했으며 능호를 장릉이라 했다.

장릉의 능침은 양지바른 곳에 있어 눈이 와도 쉽게 녹으며 따뜻하다. 특이한 것은 능침을 둘러싼 소나무가 모두 봉분을 향해 절을 하듯 묘하게 틀어졌다는 점이다. 풍수가들은 장릉 터를 갈룡음수형渴龍飮水形, 비룡승천형飛龍昇天形이라 한다.[10]

능역은 홍살문, 정자각, 단종비각, 재실 등을 갖추고 있어 여타 왕릉과 다름없다. 그러나 장릉은 능침 공간과 제향 공간이 일반 능과 다르게 배치되어 있다. 장유형의 능선 중간에 능침이 있으며 능침 서측 수십 미터 아래에 평지를 이용, L자형 참도 끝에 능침을 옆으로 하고 정자각을 배치해 놓았다. 일반적 직선형 제향 공간과 다른 형태다. 단종이 몰래 암매장되고 능침 앞이 좁아서 이렇게 된 것이다.

장릉의 상설은 정릉과 경릉의 예에 따라 난간석과 병풍석, 문인석은 있지만 무인석은 생략되었고 세자 묘의 형식을 따르고 있다. 능역이 조성된 숙종 대에는 왕 단종이 아니라 세자 노산군이었기 때문이다. 중종 때 첫 능지 확인 후 숙종 대에 이르러 혼유석과 장명등, 석호, 석양, 망주석 등 석물을 정비했는데 작고 간단하게 만들어진 후릉을 따랐다. 명릉 이래 만들어지는 사각 장명등은 장릉에서 첫선을 보인다. 이곳의 산신석은 다른 곳과 달리 위쪽에 예감, 아래쪽에 산신석이 있어 유일하게 왕과 산신의 위계를 볼 수 있다.[11] 특히 규모는 작지만 원형이 잘 보존되었다는 점에서 세종의 영릉과 더불어 으뜸으로 꼽힌다.

영조 대에 제향 공간을 만들며 정자각과 수복방 등을 설치했고, 정조 15년(1791) 왕명으로 장릉 밑에 제사를 지낼 때 제물을 차려놓는 배식단, 장판옥, 배견정, 충신각 등을 설치했다.

배견정, 장판옥에 대해서는 다음과 같은 내력이 따라다닌다. 단종이 청령포에서 사사되자 단종의 영혼은 불교의 환생 논리에 의해 두견새가 되었다고 전해진다. 그리고 단종의 유배 시 따라온 시녀들은 청령포 건너 동강 절벽에 있는 낙화암에서 몸을 던져 목숨을 끊었다. 이들 영혼은 단종의 유택이 있는 장릉의 능선 끝자락에 와서 단종의 영혼에 절을 하고 시중을 들었다.

정조 때 영월부사로 부임한 박기정(사육신 박팽년의 후손)은 이 이야기를 듣고 뜻을 기려 배견정拜鵑亭이라는 정자를 세워주고, 뒤편 바위에 '배견암'이라는 글자를 썼다. 또한 단종을 위해 목숨을 바친 충신 32명, 조사 186명, 환자군노 44명, 여인 6명 등 총 268명의 위패를 모셔 그들을 위로했는데 이 건물이 '장판옥'이다. 장판옥 맞은편 배식단에서는 매년 한식날을 전후해 영월에서 가장 큰 문화 행사를 지냈는데, 1967년부터 단종제로 이름이 바뀌었고 이들의 제사도 지낸다.

장릉 주변에는 단종의 복위를 모의하다 죽음을 당한 사육신과 대의에 따라 절개를 지킨 4명의 충신을 포함해 10충신의 위패를 모신 창절사가 있고, 영흥리 일대에는 단종이 사망하자 낙화암에서 몸을 던져 단종의 뒤를 따른 여섯 시녀의 영혼을 위로하기 위해 세운 민충사와 영모전 등이 있다.

장릉의 원찰 성격을 지닌 사찰이 보덕사다. 지덕사, 노릉사라고도 불리며 월정사의 말사다. 668년 의상대사가 창건해 지덕사라 명명된 천년 고찰이지만, 6·25전쟁 때 소실된 후 다시 조성되어 매우 작다. 1457년 단종이 노산군으로 강봉당해 유배되자 사찰 이름을 노릉사로 개칭했고, 후에 장릉의 원찰로 지정되면서 보덕사라는 현재 이

■ 단종의 복위를 모의하다 죽임을 당한 사육신 묘.

름으로 바뀌었다. 보덕사 입구에는 수령이 600년에 이르는 느티나무 한 그루와 수령이 450년 이상 되는 여러 느티나무가 우람하게 버티고 서 있으며, 극락보전이 지방 문화재 제23호로 지정되어 있다. 다포식 팔작지붕이며 현판은 김규진이 썼다. 이곳에는 다른 곳에서는 볼 수 없는 해우소*(지방 문화재 제132호)가 있는데, 1882년 건립된 것으로 현재도 사용하고 있다. 해우소가 문화재로 지정된 것은 매우 특별한 경우다.

정순왕후 송 씨는 송현수의 딸이며 단종보다 한 살 위로 1454년 가례를 올렸다. 1455년 단종이 상왕으로 물러나자 수강궁으로 옮겨 살았는데, 16세에 세상을 뜬 남편보다 64년을 더 살다가 중종 16년(1521) 세상을 떠났고, 현재 경기도 남양주의 사릉에 있다. 사릉은 그동안 비공개였는데 2013년 1월부터 공개하고 있다.[12] ◈

* 해우소(解憂所)
근심을 푸는 곳이라는 뜻으로, 절에서 '변소'를 달리 이르는 말.

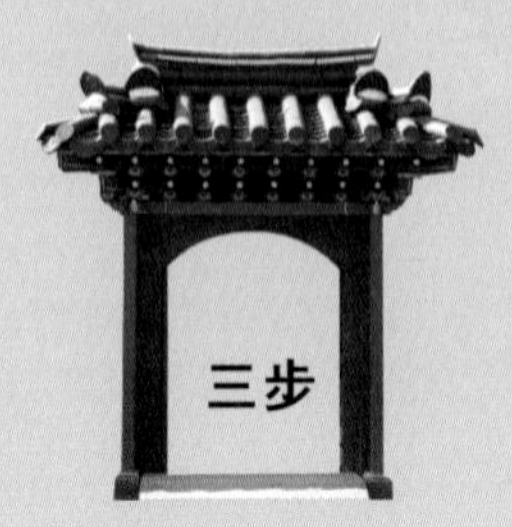

융건릉

隆健陵

조선 왕릉의 마지막 행선지는 사적 제206호인 융건릉이다. 제22대 정조의 아버지 장조(사도세자)와 현경왕후를 모신 융릉, 정조와 효의왕후를 모신 건릉을 합쳐 부르는 이름이다. 건릉은 10세 때 아버지의 죽음을 목격한 아들의 무덤이고, 융릉은 아버지에게 죽임을 당한 아들의 무덤이다.

사도세자가 죽임을 당하기까지의 정황은 다소 복잡하다. 경종은 후사가 없는 데다 신병이 많아 후계자가 혼미에 빠져 있었다. 이때 노론의 4인방으로 불리는 김창집, 이건명, 이이명, 조태채 등의 주장에 따라 영조가 세자로 책봉된다. 그러자 소론 측에서는 시기상조론을 들고 일어나 노론의 4대신을 4흉四兇으로 몰아 처형했다. 이것이 잘 알려진 신임사화다. 생명의 위협 속에서 겨우 헤어난 영조는 왕위에 올라 자신을 왕으로 만들었던 노론의 의리를 정당화하고 소론을 쫓아냈다. 이것이 신임의리다. 정치적 평정을 이루려고 탕평책을 쓰기도 했지만 영조는 노론의 편이 아닐 수 없었다.

문제는 당대의 정황을 예의 주시한 사도세자가 영조의 정치가 옳지만은 않다는 생각을 키워가고 있다는 것이었다. 그렇기에 사도세자는 노론 세력이 보기에 눈엣가시였다. 그런데 세자가 영조를 대신해 정무에 임하자 노론에 불똥이 떨어지지 않을 수 없었다. 노론 측에서는 줄기차게 사도세자의 흠을 들추면서 이간질했고, 이들 배경에는 영조의 계비 정순왕후, 숙의 문 씨 등이 있었다. 이들은 세자를 제거하는 일이 간단하지 않자 사도세자가 몰래 왕궁을 빠져나가 문란한 행동을 일삼는다고 무고하기 이르렀다. 자연스럽게 부자 사이에 갈등이 일어나고 불화가 중첩되자 세자는 급기야 정신 질환을 앓게 된다. 결국 사도세자는 영조의 명에 의해 뒤주에 갇혀 죽는다.

정조는 즉위 이후 당쟁을 없애기 위해 탕평책을 펼치며 신진 세력을 등용하는 한편 화성 건축을 통해 왕권의 강력함을 보여주려 했다. 또 아버지의 죽음에 억울한 마음을 가지고 있었기에 즉위 초부터 사도세자의 복권에 공을 들였다. 사도세자의 능은 원래 경기도 양주군 남쪽 배봉산에 있었는데 정조가 즉위하면서 아버지의 존호를 장헌으로 올리고, 1789년 이곳으로 묘를 옮긴 후 능호를 융릉으로 바꾸었다. 고종 때 의황제로 추존함과 동시에 어머니도 의황후로 올렸다. 융릉과 건릉을 잇는 길은 수도권에서 손꼽히는 산책로로 많은 사람이 연중 찾는다.

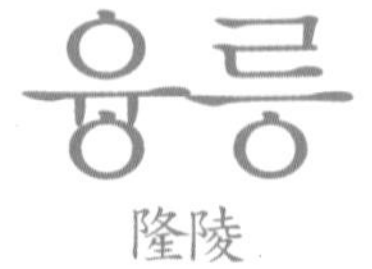

융릉

隆陵

장조와 현경왕후

융릉은 제21대 영조의 둘째 아들로 사후 왕으로 추존된 장조(사도세자, 1735~1762)와 현경왕후(1735~1815, 혜경궁 홍 씨)의 합장릉이다. 사도세자는 이복형인 효장세자(추존 진종)가 요절하고 영조가 마흔이 넘은 나이에 태어난 두 번째 왕자다.

후사가 없어 애태우던 영조는 삼종(효종, 현종, 숙종)의 혈맥이 끊어지려다 비로소 이어지게 되었으니, 돌아가서 여러 성조를 뵐 면목이 서게 되었다며 기뻐했다. 영조는 즉시 왕자를 중전의 양자로 들이고 원자로 삼았으며, 다음 해에 왕세자로 책봉했다. 원자 정호와 세자 책봉 모두 조선의 역사에서 가장 빠른 기록이었다. 영조는 아들이 태어

융릉은 용이 여의주를 희롱하는 형국이라는 명당이다.

난 순간부터 왕위를 물려줄 것을 결심한 것이다.

왕세자에 책봉된 사도세자는 영조의 기대에 부응해 3세 때 『효경』, 『동몽선습』 등을 익혔고 글을 쓸 줄 알았다. 이때 세자가 썼던 글이 '천지왕춘天地王春'이다. 이에 놀란 여러 신하들이 앞다투어 세자의 글을 하사해줄 것을 청하니 영조는 기뻐하며 "네가 주고 싶은 사람을 가리키라"라며 세자의 재간을 대견스럽게 생각했다.

세자는 글쓰기를 좋아했으며 10세 때 당시 세마(정9품)였던 홍봉한의 동갑내기 딸과 혼인했는데 그녀가 혜경궁 홍 씨다. 홍봉한이 당시에 급제하지 못하고 세마라는 말직에 머물러 있었다는 사실을 볼 때, 홍봉한은 딸이 세자빈으로 간택되어서야 비로소 두각을 나타내기 시작한 것으로 추정한다. 홍봉한은 딸의 간택을 계기로 도승지, 어영

대장, 예조, 이조판서, 좌참찬을 거쳐 우의정, 영의정까지 오르면서 영조 중 · 후반 노론의 대표적 대신으로 활동했는데, 홍봉한의 승세는 사도세자의 몰락과 관련이 있다 해도 과언이 아니다.

세자는 영특하면서도 무인 기질이 강했다. 어릴 때부터 반드시 군사놀이를 하면서 놀았으며, 병서도 즐겨 읽어 속임수와 정공법을 적절히 변화시키는 오묘한 이치를 터득했다고 한다. 또한 힘 좋은 무사들도 움직이기 어려울 만큼 무거운 청룡도와 쇠몽둥이를 15~16세 때 자유롭게 사용할 정도로 기운이 대단했다. 무예에 대한 세자의 열정은 저술로 이어졌다. 24세 때인 영조 35년(1759)에 장수와 신하들이 무예에 익숙하지 않은 것을 걱정해 『무기신식』이라는 책을 엮었을 정도다. 이 책은 훈련도감*에서 교재로 사용되었으며, 그 뒤 정조 때 간행된 『무예도보통지』의 원본이 되기도 했다. 『한중록』에 따르면 세자는 늘 군복을 입고 다녔다.

* 훈련도감(訓鍊都監)
조선 시대에 둔 오군영의 하나. 수도 경비와 포수(砲手), 살수(殺手), 사수(射手)의 삼수군(三手軍) 양성을 맡아보던 군영으로 선조 때에 설치해 고종 19년(1882)에 없앴다.

사도세자의 비극은 영조 25년(1749) 15세 때 영조를 대신해 국사를 대리청정할 때부터라고 해도 과언이 아니다. 문제는 영조의 처신이었다. 그는 사도세자가 대리청정을 하면서도 글 읽는 것보다 무예를 중요시하는 데 불만이 있었다. 조선 왕조에서 대리청정은 기회이자 위기였다. 국왕을 대신해 정무를 잘 처리할 경우에는 능력을 인정받고 입지를 다질 수 있지만, 그렇지 못하면 신뢰를 잃고 실각할 수 있기 때문이다. 그러나 기본적으로 대리청정은 훈련을 목적으로 한 우호적 기회임이 틀림없었다. 영조도 정무와 거리가 있는 세자의 기질을 사전에 훈련하려는 의도로 대리청정을 도입했다고 평가된다.

영조는 아들을 세자로 명한 후에 이를 양위 파동으로 적절히 이용했다. 왕이 그럴 의사가 없음을 뻔히 알면서도 세자와 신하들은 혼신의 힘을 다해 양위를 만류했고, 국왕은 자신의 뜻을 관철하겠다고 고집했다. 이런 실랑이를 몇 차례씩 거친 뒤에야 어명은 마지못해 거두어졌다. 그 과정에서 충성은 검증되고 불충은 적발되며, 왕권은 공고해지고 정치적 전환이 이루어졌다. 그런데 그 시기가 매우 부적절했다. 영조는 사도세자가 대리청정을 시작하기 전까지 무려 5회나 양위 의사를 밝혔다. 재위 15년, 16년, 20년, 21년, 25년 때로 세자 나이 4세, 5세, 9세, 10세, 14세 때였다.

무엇보다 4~5세의 세자에게 전권을 물려주겠다는 말을 왕이 했다는 데 문제가 있었다. 어린 세자는 양위 파동 때마다 긴장하고 두려워하면서 철회를 애원했다. 대리청정이 시작된 뒤에도 세 번의 양위 파동이 나타났다. 이 사건들은 그 기간에 누적된 영조와 세자의 갈등을 집약적으로 보여준다.

문제는 이런 양위 파동에도 사도세자가 대리청정하면서 자신의 입지를 굳혀가자 노론과 영조의 계비 정순왕후, 영조의 후궁 숙의 문씨 등이 세자를 무고하기 시작했다는 것이다. 이에 영조가 사도세자를 질책하자 그는 화병과 정신병을 얻었다. 10여 세 뒤부터 점차 학문에 태만하게 되었고, 대리청정한 뒤부터 질병이 생겨 천성을 잃었다고 한다. 사도세자의 죽음에 적극 동조한 장인 홍봉한은 훗날 "무엇이라 꼬집어 말할 수 없지만 병도 아닌 것 같은 병이 수시로 발작했다"라고 술회할 정도였다.

1761년 정순왕후의 생부인 김한구와 홍계희 등의 사주를 받은 나경언이 세자의 비행을 무고하는 사건이 일어난다. 이는 "동궁이 왕손의 어미를 때려죽이고 여승을 궁으로 들였으며, 자신을 따르는 관료들과 20여 일이나 무단으로 관서 지역을 유람했다"라는 내용이 적힌 '허물십조'를 상소한 것을 가리킨다. 이를 본 영조는 "이것이 어찌 세자로서 행할 일인가"라고 한탄하며 세자에게 명해 땅에 엎드려 관을 벗게 하고, 맨발로 머리를 땅에 조아리게 한 후 자결할 것을 명했다. "네가 자결하면 종묘사직을 보존할 수 있으니 어서 그리하라"라는 나름의 명분도 만들었다.

영조가 칼을 들고 자결을 재촉하자 사도세자는 부모 앞에서 자결하는 것이 효에 어긋난다고 항변했고, 영조는 당시 11세였던 정조가 지켜보는 가운데 사도세자를 뒤주* 속에 가두어 죽게 했다. 그런 후 사도(세자를 생각하며 추도한다)라는 시호를 내리고, 나라의 앞날을 위해 그것이 부득이한 조치였음을 내외에 알렸다. 흔히들 말하는 '사도세자'라는 호칭은 이때 생겨났고 이후 사도세자는 비운의 대명사처럼 불린다.

그런데 사도세자 비극에서 가장 잘 알려진 '뒤주'가 『영조실록』에는 나오지 않는다. 『영조실록』 38년(1762) 윤 5월 13일의 기록에는 "세자를 폐해 서인으로 삼고, 안에다 엄히 가두다"라는 말이 나온다. 국사편찬위원회 김범 편사연구사는 뒤주와 같은 협소한 공간에서 9일 동안 살아 있는 것은 물리적으로 불가능하다는 논거를 들어 뒤주 사망설을 부정하는 견해도 있다고 지적한다. 그러면서도 뒤주라는 표현이 혜경궁 홍 씨의 『한중록』에 나오며 『정조실록』에는 '한 물건一物'이라고 되어 있는 것을 볼 때 뒤주가 사망에 중요한 도구가 된 것은 사실로 생각된다고 첨언했다.[13]

＊ 뒤주

쌀 따위의 곡식을 담아두는 세간의 하나. 나무로 궤짝같이 만드는데, 네 기둥과 짧은 발이 있으며 뚜껑의 절반 앞쪽이 문이 된다.

사도세자가 죽은 원인으로는 크게 두 가지 입장이 대립된다. 우선 『한중록』의 기록처럼 사도세자가 아버지 영조에게 받은 정신적 압박감과 왕실 내의 미묘한 인간관계로 인해 정신 질환을 가지게 되었고, 살인 등 여러 기행을 일삼다가 불가피하게 단죄를 받았다는 의견이다.

다음은 사도세자가 영조 시대의 정치를 개혁하려는 비범한 자질의 소유자였기 때문에, 척족과 일부 노론의 사주에 의해서 죽임을 당했다는 의견이다. 이 견해에 따르면 혜경궁 홍 씨는 남편인 사도세자를 지지한 것이 아니라 친정의 손을 들어주었다. 사도세자가 집권할 경우 친정에 큰 화를 불러올 것으로 보았기 때문이다.

이에 대해서는 여러 가지 주장이 있다. 가장 잘 알려진 이유는 노론을 극히 싫어하는 사도세자가 왕위에 오른 후 그를 극히 반대했던 장인, 즉 홍 씨를 제거했을 때 자신에게도 화가 미칠 우려가 있다는 것이다. 중종반정으로 왕이 된 중종의 왕비 단경왕후는 아버지가 반정에 손을 들지 않았기 때문에 살해되고 자신도 폐출되었다.

또 하나는 아들인 정조를 위해 남편인 사도세자를 포기했다는 것이다. 아버지인 영조의 눈에 벗어난 사도세자를 옹호하기보다는 정조를 위해 시간을 버는 것이 유리했다는 뜻이다. 연유는 어떠하든 혜경궁 홍 씨는 정조가 왕이 되는 것을 보았고 극진히 우대받았다.

물론 홍 씨에게도 우여곡절은 있었다. 남편이 서인으로 강등당하고 사망하자 혜빈이 된 홍 씨는 세손(정조)과 함께 사가로 나와 사는데 예상치 못한 일이 일어난다. 영조가 손자인 정조를 10세에 죽은 첫아들 효장세자의 양자로 삼아 왕통을 잇게 한 것이다. 홍 씨로서는 졸지에 아들마저 빼앗긴 셈이다. 결국 정조는 왕이 된 뒤 친부모를 추존하지 못하고 양부모인 효장세자와 현빈을 추존해 왕과 왕후에 봉한다.

물론 정조는 왕위에 오르자 친모인 홍 씨를 혜경궁으로 올리고 을묘원행의 주인공으로 극진히 모신다. 홍 씨는 순조 15년(1815) 81세를 일기로 파란만장한 일생을 마치고 남편과 함께 융릉에 묻힌다. 또한 사도세자가 장조로 추존됨에 따라 정의왕후에서 의왕후가 되었다. 혜경궁 홍 씨는 궁중 문학의 효시로 알려진 『한중록』에 사도세자의 죽음을 남긴 것으로 유명하다.

융릉은 용이 여의주를 희롱하는 형국이라는 천하의 명당이다. 이 자리는 고산 윤선도가 효종의 능침으로 지목하는 등 수백 년 간 풍수가들의 주목을 받아온 곳이다. 뒤로는 광교산, 팔달산, 화산이 둘러치

융릉 장명등. 팔각면에 매난국 무늬를 아름답게 새겨 새로운 양식을 선보였다.

고 앞으로는 겹겹이 둘러싼 봉우리들이 좌청룡, 우백호, 안산, 조산을 이루고 있다.

정조는 융릉 조성에 상당히 공을 들였다. 당대 최고의 조각가였던 정우태를 초빙해 국왕의 위격에 걸맞은 치장을 명했다. 봉분은 난간석을 생략했지만 인조의 장릉 이후 처음으로 목단, 연화문을 새긴 병풍석을 두르고 꽃봉오리 모양의 인석에는 연꽃을 조각했다. 이는 조선 시대 최고의 연꽃 조각으로 평가된다.

특히 장명등은 조선 초기 팔각 장명등 형태이고, 하부는 숙종 이후 명릉에서 나타난 사각 장명등을 닮은 구름무늬 다리로 만들고, 팔각면에 매난국 무늬를 아름답게 새겨 새로운 양식을 선보였다. 추존왕임에도 무인석을 세웠고, 석마가 무인석 곁에만 한 마리씩 있는 것이 특징이다. 특히 문인석은 언제나 사도세자 곁에 있고자 했던 정조의 마음을 담아 조성한 듯 매우 사실적인 모습을 간직하고 있다. 학자들은 조선 시대 문인석 조각의 백미라고 평가한다.

융릉은 특이하게도 정자각과 능침이 일직선상에 있지 않다. 원래 조선 왕릉은 능침이 참배자나 관람객에게 보이지 않도록 능침과 정자각, 홍살문을 일직선에 배치하는 것이 기본이다. 정자각이 능침의 가리개가 되는 것이다. 그러나 융릉은 정자각이 능침 안산 방향에서 옆으로 비켜서 있다. 그래서 수복방이 능침 앞을 가로막았다. 조선 왕릉의 수라간과 수복방이 정자각 앞 신로와 어로를 중심으로 마주하는 원칙을 무시하고 일직선으로 나란히 배치된 것이다.[14]

한편 정조는 자신의 초상화를 현륭원 재실에 걸어 곁에서 사도세자를 봉양하는 의미를 두기도 했다. 그만큼 아버지에게 사후에도 효도를 다하겠다는 정조의 마음을 엿볼 수 있다. 또한 화성 현륭원으로 행차할 때는 한강에 배다리를 만들어 건넜는데, 그 횟수가 10회를 넘었다.

서울에서 화성까지 행차하려면 어머니 혜경궁 홍 씨를 모시고 1,700여 명의 수행원들과 함께 한강을 건너야 하는 문제가 생긴다. 원래 왕의 행차가 한강을 건널 때는 배를 타는 것이 관례이지만, 그때마다 수백 척의 민간 배를 징발해 민폐가 매우 컸다. 정조는 이 문제를 해결하기 위해 한강에 배다리, 즉 주교를 건설했다.

이 배다리는 매우 치밀하고 과학적이면서 안정성과 미적 감각까지 갖추었다. 큰 배를 강심에 배치하고, 이를 축으로 작은 배들을 남북으로 배치해 완만한 아치형을 이루게 한 것은 오늘날 사장교*의 원리와 비슷하다. 특히 동원된 민간 선박에는 못을 박지 않도록 하는 등 세심한 연결 방식을 구사했다. 바닷물이 드나드는 한강 일대의 지리 조건을 정확하게 습득하고 조수 간만에도 안정성을 확보할 수 있는 선창을 조교 형식으로 해결한 것은 현대인들이 봐도 놀라운 일이다.

*** 사장교(斜張橋)**

양쪽에 높이 세운 버팀 기둥에서 비스듬히 드리운 쇠줄로 다리 위의 도리를 지탱하게 된 다리. 물의 흐름이 빠르고 수심이 깊은 곳에 놓는다.

융릉의 원찰은 용주사다. 용주사는 정조가 사도세자의 명복을 빌기 위한 명목으로 건설하면서 백성들에게 효행을 장려하는 장소로 삼았다. 원래 신라 문성왕 16년(854)에 세운 갈양사가 있었다. 갈양사는 고려 광종 21년(970)에 우리나라에서 최초로 수륙제를 개설하는 등 이름 높은 도량이었으나 호란 등으로 소실된 채 공터로 남아 있었다. 그러다 정조가 1790년 융릉의 원찰로 건설했으며 낙성식 전날 밤 용이 여의주를 물고 승천하는 꿈을 꿔 용주사라 부르게 되었다고 한다.

현재 대한불교조계종 제2교구 본사인 용주사는 불교가 정치적,

용주사 천보루. 대웅보전이 있는 안마당으로 들어가는 문루다.

사회적으로 억압당하고 있던 당시에 국가적 관심을 기울여 세웠다는 점에 역사적 의의가 있다. 조선 전기에는 고려의 전통을 이어 왕이나 왕실의 무덤을 수호하고 죽은 사람의 명복을 빌기 위한 원찰이 세워지기도 했으나, 조선 후기에 와서 사림 세력이 부각되고 성리학이 성행하면서 용주사를 마지막으로 조선 왕조에서 왕실 원찰은 더는 세워지지 않았다.

용주사는 조선 시대 사찰 가운데 가장 잘 보존되어 있다. 또한 여느 사찰과는 달리 궁궐 형식으로 지어 특이한 구조를 가지고 있다. 일반적인 사찰은 일주문이 있고 대웅전 앞으로 석탑이 놓여 있는 데 반해 용주사는 사찰 입구에 천왕문이 아닌 삼문각이 있고 그 옆으로 행

■
용주사 대웅보전과 수령 300 년 된 회양나무.

랑과 유사한 건물이 있다. 대웅보전이 있는 안마당으로 들어가는 문루인 '천보루(지방 문화재 제36호)' 또한 여느 사찰의 누각과는 다른 느낌을 준다.

특히 6개의 커다랗고 높은 초석은 사찰에선 드문 형식으로 궁궐 양식과 유사하며, 대웅전 앞마당에는 왕궁같이 왕이 다니는 길에 박석을 깔아 놓은 것이 이색적이다. 큰 틀에서 사찰이라기보다는 왕실의 여러 행사를 치르기 편리하도록 배치한 구조다. 또한 대웅전과 지장전 등 규모 있게 배치된 각 건물과 정교한 내부 치장, 지극한 정성이 담긴 불상과 불화들은 사찰 예술의 전형으로도 평가된다.[15]

용주사는 문화재가 많이 있는데 우선 국보 제120호로 우리나라

범종 양식을 충실히 따르는 고려 시대 초기 범종이 있다. 종 윗면에는 신라 종 양식에서 보이는 음통이 있는데, 유난히 크고 용 허리로 힘겹게 종 몸을 끌어올리고 있다. 종신은 위아래로 문양대를 갖추었고 반원과 당초문이 있다.

또한 금동향로와 청동향로가 지방 문화재 제11호와 제12호로 지정되어 있다. 정조가 용주사를 창건할 때 효심에서 발원해 제작한 지방 문화재 제17호 『불설부모은중경판』도 있다. 정조가 당대의 화원 김홍도를 이곳에 머물게 한 후 그린 것을 판각한 것이다.

특히 대웅보전에는 김홍도가 총주관해 입체적인 인물 표현과 명암법을 써서 초상화를 그리듯 사실적으로 제작한 〈후불탱화〉(지방 문화재 제16호)가 있다. 김홍도는 이 그림을 그린 후 현풍현감을 제수받았다고 알려진다. 이는 우리나라 최초로 음영법을 도입한 그림으로 알려져 있으며, 이러한 기법은 19세기 후반 경기도 지역을 중심으로 널리 성행했다. 이 작품은 그동안 1790년에 김홍도가 제작했다고 알려져 왔으나 그림의 양식적 특징을 볼 때 1910년대 용주사가 대대적으로 중창되었을 당시 제작된 것으로 추정되기도 한다.[16]

대웅보전 앞에는 1979년에 천연기념물 제264호로 지정된 수령 300년의 회양나무가 유명세를 치르고 있었다. 그러나 노회와 훼손으로 생명력을 잃어 2002년 천연기념물에서 해제되었다. ❖

건릉

健陵

정조와 효의왕후

건릉은 제22대 정조(1752~1800)와 효의왕후(1753~1821) 김 씨의 합장릉이다. 정조는 사도세자와 혜경궁 홍 씨의 둘째 아들로 8세 때인 영조 35년(1759) 왕세손에 책봉되었는데 출생과 관련해 남다른 이적이 많다. 사도세자는 정조가 태어나기 얼마 전 신룡이 여의주를 물고 침실로 들어오는 꿈을 꿨다. 태어나기 하루 전에는 큰비가 내리고 뇌성이 일면서 구름이 잔뜩 끼더니 몇십 마리의 용이 하늘로 올라갔는데, 이 모습을 도성 사람들이 보고 이상하게 여겼다는 기록도 있다. 실제로 정조는 사도세자가 꿈 내용을 그린 그림을 동궁(창덕궁) 벽에 걸어놓은 뒤 태어났다.[17]

정조는 신하들의 스승이라 불릴 정도로 학식과 덕망을 지닌 호학 군주로 일컬어진다.

아버지인 사도세자가 비극적인 죽임을 당했지만 정조는 초창기 불안했던 입지가 강화되어 영조의 후사가 되는 것은 문제없었다. 그러나 영조 51년(1775) 노병이 깊어진 영조가 정조에게 대리청정을 명령하자 좌의정 홍인한이 방해해 조정이 크게 긴장하기도 했다. 홍인한은 세손의 외척으로 정조에 힘을 모아줄 수 있는 위치였으나, 세손인 정조가 그를 탐포하고 무지하다고 멀리하자 원한을 품고 세손의 적당이 된 것이다.

1776년 영조의 사망으로 왕위에 오른 정조는 곧바로 어머니 혜빈을 혜경궁으로, 효장세자를 진종으로, 효장묘를 영릉으로 격을 높이고 생부의 존호는 장헌세자로, 묘소는 수은묘에서 영우원으로 격상했다. 왕통에 관한 정리를 마친 뒤에는 홍인한, 정후겸 등을 사사하고 70여 명을 처벌해 분란의 소지를 사전에 제거했다.

정조가 즉위와 동시에 공을 들인 것은 본궁을 경희궁에서 창덕궁으로 옮기고 규장각 제도를 시행한 것이다. 이는 조정의 37세 이하 문신들 가운데 재주 있는 자들을 뽑아 공부하게 한 다음 시험을 통해 성과를 확인해 임용, 승진의 자료로 삼은 것으로 규장각에서 주관했다. 20년간 10회 시행해 100여 명을 배출했는데 무반의 요직인 선전관* 강시講試제도도 함께 시행했다.

정조는 선왕 영조 때부터 시작된 궁성 밖 행차뿐만 아니라 역대 왕릉 참배를 구실로 도성 밖으로 나와 많은 백성을 직접 만났다. 100회 이상 기록한 행차는 단순한 참배뿐 아니라 일반 백성들의 민원을 접수하는 기회로 활용했다. 또한 누구든 억울한 일은 무엇이나 왕에게 직접 호소할 수 있도록 능행 중에 접수했는데 『일성록』과 실록에 실린 상언**, 격쟁***만 5,000건을 넘는다.

과거 제도 개선을 위해 대과는 규장각을 통해 국왕이 직접 관장해 폐단을 없앴으며, 만년에는 각 도에서 행해지는 소과도 혁신하고자 주나라의 고사를 빌려 빈흥과賓興科로 이름을 고쳐 시행했다. 이는 국왕이 직접 출제한 것을 현지에서 개봉, 게시하고 답안지를 거둔 뒤 규장각에 가지고 와서 국왕의 주관 아래 채점해 합격자를 발표하도록 한 것이다.

정조의 한은 아버지가 당쟁의 여파로 뒤주에서 사망했다는 점이었다. 그러므로 정조는 당쟁에 극도의 혐오감을 보이며 왕권을 강화하고 체제를 재정비하기 위해 영조 이래의 기본 정책인 탕평책을 계

*** 선전관(宣傳官)**
조선 시대에, 선전관청에 속한 무관 벼슬. 또는 그 벼슬아치. 품계는 정삼품부터 종구품까지 있었다.

**** 상언(上言)**
백성이 임금에게 글을 올리던 일.

***** 격쟁(擊錚)**
조선 시대에, 원통한 일을 당한 사람이 임금이 거둥하는 길에서 꽹과리를 쳐서 하문을 기다리던 일.

승했다. 그럼에도 노론이 끝까지 당론을 고수해 벽파僻派로 남고, 정조의 정치 노선에 찬성하던 남인과 소론 및 일부 노론이 시파時派를 형성해, 당쟁은 종래의 사색당파에서 시파와 벽파의 갈등이라는 새로운 양상으로 전개되었다. 그런데 신권臣權을 주장하는 노론 중에서도 진보주의적인 젊은이들은 북학 사상을 형성하고 있었으므로, 정조는 이에 주목하고 북학파의 박지원의 제자들인 이덕무, 유득공, 박제가 등을 등용했다.

정조 대의 시기를 조선 시대의 문예 부흥기로 일컫기도 한다. 문예 부흥이 가능했던 배경은 병자호란 이후 17세기 후반의 화이론*에 입각한 조선 중화 의식 등이 고취되면서 조선 성리학의 이념에 입각한 예치의 실현이라는 자긍심이 생겨난 데 있다. 정조는 조선 시대 27명의 왕 가운데 유일하게 문집을 남겼다. 180권 100책에 달하는 『홍재전서』다.

* 화이론(華夷論)
중국을 존중하고 오랑캐를 물리친다는 뜻으로, 조선 시대 성리학적 명분론에 입각해 취한 대외 정책.

일반적으로 정조는 신하들의 스승이라 불릴 정도로 학식과 덕망을 지닌 호학 군주로 일컬어진다. 그런데 화성 행궁 화령전에 봉안된 정조의 초상화는 곤룡포가 아닌 군복 차림이다. 조선 왕실 족보인 『선원보략』에 보이는 간략한 그림과 '우뚝한 콧마루, 네모난 입에 겹으로 된 턱'을 가지고 있었다는 『순조실록』에 의하면 정조의 실제 얼굴은 다부진 모습일 확률이 높다. 그가 무인 기질을 높이 평가한 것은 그의 정조 3년(1779)의 말로도 알 수 있다.

"우리나라는 문치文治를 숭상하고 무비武備를 닦지 않으므로, 사람들이 군사에 익숙하지 않고 군병이 연습하지 않아서 번번이 행군할 때 조금만 달리면 문득 다들 숨이 차서 진정하지 못한다. 이를 장수는 괴이하게 여기지 않고 군병은 예사로 여기니 어찌 문제가 아니겠는가? 훈련대장 홍국영과 병조판서 정상순은 이에 힘쓰도록 하라."

이를 통해 우리가 익히 알던 호학 군주의 또 다른 면모를 볼 수 있는데, 아버지 사도세자는 호방한 무인 기질 때문에 영조에 의해 죽임 당한 것을 보면 아이러니하다.

정조의 사망에 대해서는 독살되었다는 설이 주류를 이룬다. 정약용도 그의 저서 『여유당전서』에서 정조의 독살 의혹을 제시했다. 물론 구체적인 물증을 제시한 것이 아니라 독살의 개연성과 심증이 있다고 적었다.

『조선왕조실록』에 나타난 정조의 사인은 '등창'이다. 이는 등에 난 종기를 말하며 치료하는 과정에서 사망했다는 것이다. 하지만 치료 과정을 살펴보면 석연치 않은 점이 발견된다. 예를 들면 등창의 고름 환부를 직접 짜기만 해도 되는데 굳이 수은 중독의 위험이 있는 연훈방을 처방했다는 점이다. 특히 붕어 순간에 사관과 승지가 배석하지 않았는데 이는 정상적인 죽음이 아닐 수 있다는 설명이다.[18]

정조는 대비 정순왕후가 신하들을 물리고 혼자 약제를 들고 들어간 뒤 갑자기 죽음을 맞았다. 정순왕후는 당시 정조의 죽음을 예견한 듯 군대로 하여금 궁성을 호위하게 했고 약방제조를 물린 뒤 직접 약제를 들고 왕의 침실에 들어갔다. 그리고 바로 곡소리가 들렸고, 왕의 사망이 선포되었으며 왕세자(순조)에게 대보가 넘겨졌다. 순조 즉위 후 정순왕후는 11세의 순조를 대신해 수렴청정을 하고 친정 식구인

건릉은 재실 위 높은 언덕에 모셔져 있고 석상과 망주석, 문 · 무인석이 있다.

안동 김씨를 조정에 끌어들여 순조, 헌종, 철종의 60여 년에 걸친 세도정치의 주역이 된다.[19]

정조의 무덤은 융릉 서쪽으로 두 언덕을 사이에 두고 있다. 아버지 사도세자의 융릉을 자주 찾았던 정조는 영의정 채제공에게 "내가 죽거든 현륭원(융릉) 근처에 묻어주오"라고 했다. 처음에는 아버지 무덤의 동쪽에 모셔졌으나 자리가 좋지 않다는 여론 때문에 효의왕후가 죽은 후 현륭원으로 이장하면서 합장했다. 원래 정조의 묘호는 정종이었는데, 고종이 사도세자를 장조로 높이고 정종 역시 정조라 고쳐 왕실의 묘호를 격상했다.[20]

효의왕후는 좌참찬 김시묵의 딸로 영조 38년(1762) 세손빈으로 책봉되어 정조와 가례를 올렸고, 1776년 정조가 왕위에 오르자 왕비로 진봉되었다. 효성이 지극해 시어머니 혜경궁 홍 씨를 지성으로 모시니 궁중에서 감탄하지 않는 사람이 없었다고 한다. 효의왕후는 1800년 순조가 즉위하자 왕대비가 되었고 소생 없이 69세로 사망했는데, 남편의 묘호에 따라 후에 선황후가 되었다. 능호를 정릉이라 했다가 건릉에 합장되면서 능호를 따로 쓰지 않았다. 능호를 건健이라 한 것은 쉬지 않고 가는 하늘의 도를 상징한 것이다.

건릉은 융릉과 비슷하지만 아버지의 융릉처럼 장대한 모습은 아니다. 융릉은 정조가 심혈을 기울여 만든 반면 정조의 능은 그의 사후 유신들이 융릉처럼 만드는 데 소극적이었기 때문이다. 그럼에도 왕릉으로서의 구색은 모두 갖추고 있다. 능 입구에 홍살문이 있고 넓은 잔디 묘역 중간 왼쪽으로 재실이 있다. 능은 재실 위 높은 언덕에 모셔져 있다. 능에는 석상과 망주석, 문·무인석이 있다. 융릉에는 병풍석이 있고 난간석이 없지만, 건릉에는 난간석이 있고 병풍석은 설치되지 않았다. 장명등에 새겨진 무늬가 융릉의 것과 같음을 볼 때 한 장인이 만든 것으로 추정된다.

구조는 동릉이실로 혼유석은 하나만 놓였고 중간에 세운 팔각 장명등의 기단부는 향로와 같은 형태다. 중대의 창호 부분 팔면에 원을 그려 매난국 무늬를 서로 어긋나게 새겨넣은 것은 융릉과 같다. 혼유석에는 면마다 둥근 원을 그리고 매난국 무늬를 새겼으며, 방향 표시를 위해 난간 석주에 문자로 십이지를 표시했다. 사실적으로 조각된 문인석은 금관 조복을 입고 입가에 미소를 띠고 있다.

융릉과 건릉 정자각 앞 제향 공간에는 다른 능과 달리 신로와 어로 사이에 판석이 넓게 포장되어 있다. 이는 두 왕이 고종 때 황제로 추존되면서 능제가 변화된 것으로 추정된다. 융건릉은 정조의 효행이 깃든 전통적 효 문화 유적으로, 현재 융건릉과 용주사, 만년제(지방 문화재 제161호)를 연계하는 효테마공원이 계획되고 있다.

만년제는 융릉의 반룡롱주혈(용이 여의주를 물고 놀다가 승천하는 혈)의 풍수지리에 의한 보완 시설이다. 길이 181미터, 폭 37미터 규모의 서쪽 제방과 물이 빠져나가던 하수문지, 가운데 위치한 원형의 인공섬인 괴성塊星 등 용이 놀 수 있는 물과 여의주를 상징화한 시설로 사도세자가 사후에서나마 제왕의 지위를 누리도록 한 정조의 효심이 담겨 있다.

2011년에는 효테마공원 계획지 안에서 건릉 초장지 능침 터는 물론 재실 터도 발견되었다. 초장지는 융건릉 경내 동남쪽 경계 부분의 용주사 서쪽으로 태안3지구 개발계획구역과 도로 하나를 두고 맞닿은 곳이다. 제사 때 올리는 술병과 향로 등도 발굴되었으며, 이는 『건릉산릉도감의궤』에서 언급한 초장지 기록과 일치해 한국의 효 문화 선양의 장으로 활용하는 데 적격이라는 평가다.[21] ❖

주

제1구역

1 윤완준, 「조선 왕릉엔 '다빈치 코드' 빰치는 '컬처 코드' 가…」, 『동아일보』, 2009년 6월 29일.

2 이창환, 「5개월의 국장(國葬) 기간 정성과 기술 총결집」, 『주간동아』, 2010년 3월 30일.

3 목을수, 「조선조의 왕릉 문화 이해」(www.boso.kr).

4 이창환, 「국태민안 기원하는 조선 왕릉의 석물」, 『월간 문화재』, 2009년 7월호.

5 이창환, 「4대 걸친 왕실 어른 노릇 두 차례 예송 논쟁 촉발」, 『주간동아』, 2010년 10월 4일.

6 이창환, 「국태민안 기원하는 조선 왕릉의 석물」, 『월간 문화재』, 2009년 7월호.

7 목을수, 「조선조의 왕릉 문화 이해」(www.boso.kr).

8 이창환, 「국태민안 기원하는 조선 왕릉의 석물」, 『월간 문화재』, 2009년 7월호.

9 한국과학문화재단, 『교양으로 읽는 과학의 모든 것』(미래M&B, 2006).

10 한국과학문화재단, 『교양으로 읽는 과학의 모든 것』(미래M&B, 2006).

11 연갑수, 「동구릉의 주인과 그 시대」, 동구릉학술대회, 2007년.

12 이덕일 외, 『우리 역사의 수수께끼(2)』(김영사, 1999).

13 이창환, 「신의 정원 조선 왕릉③ 수릉 대신 도성 밖 10리에 새 왕조 시작 의미 담아 조성」, 『주간동아』, 2010년 4월 6일.

14 이상용, 『왕릉』(한국문원, 1997).

15 이종호, 「동양 의학으로 보는 문종의 의문사에 대하여」, 백산학회, 『백산학보』 제83호,

2009년 4월.

16 안덕균, 「조선조 명의 전순의에 관한 의사학적 고찰」, 조선초 과학영농온실 복원기념 학술 심포지엄, 한국농업사학회 외, 2002년; 이종호, 「동양 의학으로 보는 문종의 의문사에 대하여」, 백산학회, 『백산학보』 제83호, 2009년 4월.

17 『한국민족문화대백과』(한국학중앙연구원, 2010).

18 이상용, 『왕릉』(한국문원, 1997).

19 이창환, 「무지개가 잡아준 왕릉 터 우상 좌하, 우왕 좌비 배치(왕은 오른쪽, 왕비는 왼쪽)」, 『주간동아』, 2010년 5월 4일.

20 이창환, 「수렴청정과 세도 정치 왕은 허수아비 신세였다」, 『주간동아』, 2011년 1월 24일.

21 윤완준, 「조선 왕릉엔 '다빈치 코드' 빰치는 '컬처 코드' 가…」, 『동아일보』, 2009년 6월 29일.

22 이창환, 「임진왜란에 상처 난 王權 능침 조성으로 만회하려 했나」, 『주간동아』, 2010년 8월 30일.

23 하멜기념사업회 채바다 회장과 인터뷰, 2012년 1월 7일.

24 이창환, 「일부일처 고수한 순정파 사생결단 당쟁에 '골머리'」, 『주간동아』, 2010년 10월 18일.

25 이창환, 「왕권 강화 정치적 신념 아들을 뒤주에 가둬 죽였다」, 『주간동아』, 2010년 12월 6일.

26 정해득, 「[王을 만나다 · 3] 동구릉-원릉(21대 영조 · 정순왕후의 능)」, 『경인일보』, 2009년 10월 1일.

27 이상용, 『왕릉』(한국문원, 1997).

28 이창환, 「왕권 강화 정치적 신념 아들을 뒤주에 가둬 죽였다」, 『주간동아』, 2010년 12월 6일.

29 신병주, 「처마에서 떨어지는 빗줄기를 보면 행랑 수를 알 수 있다」, 『월간중앙』, 2013년 7월.

30 한국문화유산답사회, 『답사 여행의 길잡이 동해 · 설악』(돌베개, 2004).

31 홍순민, 『우리 궁궐 이야기』(청년사, 2002).

32 이창환, 「시어머니 장희빈 몰락…고추보다 매웠던 구중궁궐」, 『주간동아』, 2010년 11월 22일.

33 이창환, 「[王을 만나다 · 5] 동구릉-혜릉(20대 경종의 원비 단의왕후)」, 『경인일보』, 2009년 10월 15일.

34 이창환, 「근대 물결 거센 파도치는데 치마폭에 싸인 힘없는 왕」, 『주간동아』, 2011년 2월 21일.

35 이민식, 「[王을 만나다 · 4] 동구릉-경릉(24대 헌종, 효현 · 효정왕후의 능)」, 『경인일보』, 2009년 10월 8일.

36 연갑수, 「동구릉의 주인과 그 시대」, 동구릉학술대회, 2007년.

37 이창환, 「18살에 급서한 효명세자 '문조'로 거한 대우를 받다」, 『주간동아』, 2011년 1월 31일.

38 이민식, 「王을 만나다 · 33] 홍릉(26대 고종 · 명성황후)」, 『경인일보』, 2010년 5월 13일.

39 이종호, 『명예의 전당에 오른 한국의 과학자들』(책바치, 2004)

40 이창환, 「국모 시해…강제 하야…힘없이 나라 잃은 설움이여!」, 『주간동아』, 2011년 3월 21일.

41 이상용, 『왕릉』(한국문원, 1997)

42 김두규, 「王을 만나다 · 34] 유릉(27대 순종황제 · 순명효 · 순정효황후)」, 『경인일보』, 2010년 5월 20일.

43 윤완준, 「조선 왕릉엔 '다빈치 코드' 뺨치는 '컬처 코드'가…」, 『동아일보』, 2009년 6월 29일.

44 한국문화유산답사회, 『답사 여행의 길잡이 동해 · 설악』(돌베개, 2004)

45 이창환, 「[王을 만나다 · 35] 사릉(6대 단종의 정비 정순왕후)」, 『경인일보』, 2010년 5월 26일.

46 이창환, 「남편과 생이별 통곡 소나무는 알고 있을까?」, 『주간동아』 제736호, 2010년 5월 10일.

47 조홍섭, 「광릉 숲」, 네이버캐스트, 2011년 7월 29일.

48 한국학중앙연구원, 『한국민족문화대백과』(한국학중앙연구원, 2010)

49 한국문화유산답사회, 『답사 여행의 길잡이 동해 · 설악』(돌베개, 2004)

50 염상균, 「[王을 만나다 · 22] 광릉(7대 세조 · 정희왕후)」, 『경인일보』, 2010년 2월 26일.

51 이창환, 「두 능에 하나의 정자각…천연박물관 광릉 숲 거느려」, 『주간동아』, 2010년 5월 17일.

제2구역

1 이민식, 「[王을 만나다 · 17] 서오릉-명릉(19대 숙종 · 인현 · 인원왕후)」, 『경인일보』, 2010년 1월 21일.

2 이창환, 「실물 크기 '석물' 은 숙종 시대 알고 있다」, 『주간동아』, 2010년 10월 25일.

3 염상균, 「[王을 만나다 · 16] 서오릉-경릉(추존 덕종 · 소혜왕후)」, 『경인일보』, 2010년 1월 14일.

4 정성화, 「인수대비」,네이버캐스트, 2011년 11월 19일.

5 이창환, 「왕실 피바람 지켜본 인수대비 우비 좌왕의 특이한 형태」, 『주간동아』, 2010년 5월 24일.

6 이종호, 『신토불이 우리 문화유산』(컬처라인, 2001)

7 이종호, 「풍수지리는 위선사」, 『내일신문』, 2001년 9월 17일.

8 염상균, 「[王을 만나다 · 19] 서오릉-익릉(숙종의 제1왕비 인경왕후)」, 『경인일보』, 2010년 2월 4일.

9 이창환, 「꽃다운 19살 왕비 '마마' 의 습격에 스러지다」, 『주간동아』, 2010년 11월 1일.

10 이창균, 「[王을 만나다 · 18] 서오릉-홍릉(영조의 원비 정성왕후)」, 『경인일보』, 2010년 1월 28일.

11 염상균, 「[王을 만나다 · 13] 서삼릉-예릉(25대 철종 · 철인왕후)」, 『경인일보』, 2009년 12월 10일.

12 이창환, 「그저 놀 수밖에 없었던 '강화도령' 백성만 삼정 문란에 신음」, 『주간동아』, 2011년 2월 28일.

13 정종수, 「[王을 만나다 · 15] 서삼릉-희릉(11대 중종의 계비 장경왕후)」, 『경인일보』, 2010년 1월 7일.

14 이창환, 「25년 세자…8개월 재위 꿈을 펼 기회도 없었다」, 『주간동아』, 2010년 8월 9일.

15 김정미, 「문정왕후」, 네이버캐스트, 2010년 7월 9일.

16 김두규, 「[王을 만나다 · 14] 서삼릉-효릉(12대 인종 · 인성왕후)」, 『경인일보』, 2009년 12월 24일.

17 이상용, 『왕릉』(한국문원, 1997) · 문화재청, 『조선 왕릉 답사 수첩』(미술문화, 2006)

18 하일식, 『경주 역사 기행』(아이북닷스토어, 2000)

19 이민식, 「王을 만나다 · 10] 파주 삼릉-영릉(추존 진종 · 효순왕후)」, 『경인일보』, 2009년

11월 19일.

20 이민식, 「[王을 만나다 · 12] 파주 삼릉–순릉(9대 성종의 원비 공혜왕후)」, 『경인일보』, 2009년 12월 3일.

21 이민식, 「[王을 만나다 · 27] 융릉 (추존 장조 · 헌경왕후)」, 『경인일보』, 2010년 4월 1일.

22 이민식, 「王을 만나다 · 10] 파주 삼릉–영릉(추존 진종 · 효순왕후)」, 『경인일보』, 2009년 11월 19일.

23 이창환, 「反正에 '죄인의 딸'로 둔갑 7일간 왕비, 49년간 폐비 비운」, 『주간동아』, 2010년 7월 19일.

24 염창균, 「[王을 만나다 · 37] 온릉 (11대 중종의 원비 단경왕후)」, 『경인일보』, 2010년 6월 17일.

25 이창환, 「살아선 왕실의 살림꾼 죽어선 시부모 다섯 분 모셔」, 『주간동아』, 2010년 12월 13일.

26 이덕일 외, 『우리 역사의 수수께끼』(김영사, 1999)

27 강석경, 「우주의 질서 보여주는 풍광, 생과 사 공존하는 고도」, 『월간중앙』, 2013년 5월.

28 이민식, 「王을 만나다 · 38] 장릉(長陵 · 16대 인조 · 인열왕후)」, 『경인일보』, 2010년 6월 24일.

29 이창환, 「反正으로 정권 잡았지만 明나라 쫓다 '삼전도 굴욕'」, 『주간동아』, 2010년 9월 13일.

30 김두규, 「[王을 만나다 · 30] 장릉(章陵–추존 원종 · 인헌왕후)」, 『경인일보』, 2010년 4월 22일.

31 이창환, 「포근한 매화 낙지형 터 大院君 묘제에 맞춰 조성」, 『주간동아』, 2010년 9월 6일.

제3구역

1 한국학중앙연구원, 『한국민족문화대백과』(한국학중앙연구원, 2010)

2 이창환, 「[王을 만나다 · 24] 태릉(11대 중종의 제2계비 문정왕후)」, 『경인일보』, 2010년 3월 11일.

3 이창환, 「조선 왕실의 측천무후 50여 년간 국정 쥐락펴락」, 『주간동아』, 2010년 8월 2일.

4 정성희, 「임꺽정」, 네이버캐스트, 2010년 7월 12일.

5 이민식, 「[王을 만나다 · 23] 강릉(13대 명종 · 인순왕후)」, 『경인일보』, 2010년 3월 4일.

6 이창환, 「권신들 횡포와 국정 혼란 허수아비 왕권에 '눈물'」, 『주간동아』, 2010년 8월 23일.
7 김흥년, 「의릉 개방 10년을 맞이하여」, 문화재청, 2006년 9월 15일.
8 이창환, 「[王을 만나다 · 39] 의릉(20대 경종 · 계비 선의왕후)」, 『경인일보』, 2010년 7월 8일.
9 윤완준, 「조선 왕릉엔 '다빈치 코드' 빰치는 '컬처 코드'가…」, 『동아일보』, 2009년 6월 29일.
10 이창환,「 수렴청정과 세도 정치 왕은 허수아비 신세였다」, 『주간동아』, 2011년 1월 24일.
11 이규태, 『이규태 코너』(월간조선사, 2001)
12 정종수, 「[王을 만나다 · 31] 헌릉 (3대 태종 · 원경왕후)」, 『경인일보』, 2010년 4월 29일.
13 김태식, 「조선 초 왕릉 능침 추정 건물 터 강남서 발견」, 『연합뉴스』, 2013년 6월 11일.
14 염상수, 「[王을 만나다 · 32] 인릉(23대 순조 · 순원왕후)」, 『경인일보』, 2010년 5월 6일.
15 이근호, 「홍경래」, 네이버캐스트, 2011년 1월 21일.
16 김범, 「순원왕후」, 네이버캐스트, 2012년 4월 9일.
17 문화재청, 『조선 왕릉 답사 수첩』(미술문화, 2006)
18 김경수 외, 『테마로 읽는 우리 역사』(동방미디어, 2004)
19 이한우, 『성종, 조선의 태평을 누리다』(해냄, 2006)
20 문화재청, 『선릉 정릉』(문화재청, 2012)
21 이덕일 외, 『우리 역사의 수수께끼(2)』(김영사, 1999)
22 이창환, 「[王을 만나다 · 24] 태릉(11대 중종의 제2계비 문정왕후)」, 『경인일보』, 2010년 3월 11일.
23 이규태, 『이규태 코너』(조선일보사, 1985)
24 정종수, 「[王을 만나다 · 41] 정릉(靖陵 · 11대 중종)」, 『경인일보』, 2010년 7월 20일.
25 이재웅, 「도굴 막은 조선 왕릉 건축 기술」, 『동아일보』, 2012년 7월 6일.
26 이창환, 「태조 승하 후 파묘 이장 석물은 광통교 축조에 사용」, 『주간동아』, 2010년 4월 13일.

제4구역

1 한국문화유산답사회, 『답사 여행의 길잡이 경기 남부와 남한강』(돌베개, 1996)
2 이창환, 「왕과 왕비 혼령 이동 조선 왕조 최초의 합장릉」, 『주간동아』, 2010년 4월 27일.

3 김두규, 「[王을 만나다 · 25] 영릉(寧陵 · 17대 효종 · 인선왕후)」, 『경인일보』, 2010년 3월 18일.

4 정성희, 「효종」, 네이버캐스트, 2012년 7월 20일.

5 이상용, 『왕릉』(한국문원, 1997)

6 이창환, 「8년간 끔찍한 볼모 생활 자나깨나 '북벌의 꿈' 꾸었다」, 『주간동아』, 2010년 10월 11일.

7 한국문화유산답사회, 『답사 여행의 길잡이 경기 남부와 남한강』(돌베개, 1996)

8 대한불교조계종신륵사, 『봉미산 신륵사』(불교성보문화사, 1999)

9 한국문화유산답사회, 『답사 여행의 길잡이 동해 · 설악』(돌베개, 2004)

10 이창환, 「[王을 만나다 · 29] 장릉(莊陵 · 6대 단종)」, 『경인일보』, 2010년 4월 15일.

11 이창환, 「恨과 눈물 서린 단종애사 세자 묘 형식의 능침」, 『주간동아』, 2010년 5월 3일.

12 김범, 「단종」, 네이버캐스트, 2011년 8월 8일.

13 김범, 「사도세자」, 네이버캐스트, 2013년 1월 7일.

14 이창환, 「뒤주에서 8일간 절규한 세자 "하늘이시여, 살려주옵소서!"」, 『주간동아』, 2011년 1월 3일.

15 유봉학, 『꿈의 문화유산, 화성』(신구문화사, 1996)

16 김경섭, 「용주사 대웅보전 삼불회도(三佛會圖)의 연구」, 동국대학교대학원 석사학위논문, 1996년.

17 이창환, 「과인은 사도세자의 아들…왕권 확립과 개혁은 내 운명」,『주간동아』, 2011년 1월 10일.

18 배우성, 「兩京 구상 통한 개혁으로 왕권 강화 노렸다」, 『월간중앙』, 2004년 7월.

19 이창환, 「과인은 사도세자의 아들…왕권 확립과 개혁은 내 운명」, 『주간동아』, 2011년 1월 10일.

20 한국문화유산답사회, 『답사 여행의 길잡이 경기 남부와 남한강』(돌베개, 1996)

21 이정하, 「정조대왕 초장지 최초 발견」, 『뉴시스』, 2011월 11월 30일.

역사로 여는
과학문화유산 답사기 1
조선 왕릉 편

초판 1쇄 2014년 5월 16일 펴냄
초판 2쇄 2016년 1월 11일 펴냄

지은이 | 이종호
펴낸이 | 이태준
기획 · 편집 | 박상문, 박지석, 박효주, 김환표
디자인 | 이은혜, 최진영
마케팅 | 박상철
인쇄 · 제본 | 대정인쇄공사

펴낸곳 | 북카라반
출판등록 | 제17-332호 2002년 10월 18일

주소 | (121-839) 서울시 마포구 서교동 392-4 삼양E&R빌딩 2층
전화 | 02-486-0385
팩스 | 02-474-1413
www.inmul.co.kr | cntbooks@gmail.com

ISBN 978-89-91945-64-7 04910
978-89-91945-66-1(세트)
값 19,000원

이 도서의 국립중앙도서관 출판시도서목록(CIP)은 서지정보유통지원시스템 홈페이지(http://seoji.nl.go.kr)와 국가자료공동목록시스템(http://www.nl.go.kr/kolisnet)에서 이용하실 수 있습니다. (CIP제어번호 : CIP2014014203)